丰惠古桥

绍兴市上虞区乡贤研究会丰惠分会
绍兴市上虞区丰惠镇新乡贤联谊会 编

浙江工商大学出版社 | 杭州
ZHEJIANG GONGSHANG UNIVERSITY PRESS

图书在版编目（CIP）数据

丰惠古桥 / 绍兴市上虞区乡贤研究会丰惠分会，绍兴市上虞区丰惠镇新乡贤联谊会编 . —杭州：浙江工商大学出版社，2022.11

ISBN 978-7-5178-5153-0

Ⅰ.①丰… Ⅱ.①绍… ②绍… Ⅲ.①古建筑—桥—介绍—绍兴 Ⅳ.① K928.78

中国版本图书馆 CIP 数据核字（2022）第 192474 号

丰惠古桥
FENGHUI GUQIAO

绍兴市上虞区乡贤研究会丰惠分会
绍兴市上虞区丰惠镇新乡贤联谊会　　编

责任编辑　沈敏丽
责任校对　夏湘娣
封面设计　尚阅文化
责任印制　包建辉
出版发行　浙江工商大学出版社
　　　　　　（杭州市教工路 198 号　邮政编码 310012）
　　　　　　（E-mail：zjgsupress@163.com）
　　　　　　（网址：http://www.zjgsupress.com）
　　　　　　电话：0571-88904980，88831806（传真）
排　　版　杭州浙信文化传播有限公司
印　　刷　杭州钱江彩色印务有限公司
开　　本　710mm×1000mm　1/16
印　　张　19.75
字　　数　322 千
版 印 次　2022 年 11 月第 1 版　2022 年 11 月第 1 次印刷
书　　号　ISBN 978-7-5178-5153-0
定　　价　69.80 元

编委会

顾　　　问：罗兰芬　　陈秋强　　冯顺昌　　陈国桢

主　　　编：卢守先

执 行 主 编：史济荣

编纂委员会：卢守先　　史济荣　　赵双裕　　葛兆林　　金炳尧

　　　　　　甄秀丽　　周　翔　　夏大成

编辑部成员：卢守先　　史济荣　　金炳尧　　甄秀丽　　黎健波

　　　　　　陈培加　　姚友根　　沈荣良　　陈丽娟　　王根灿

绍兴市上虞区乡贤研究会会长陈秋强题词

拥河而立、因河而兴的上虞古城——丰惠

丰惠桥——镇因桥而名

山环水绕古县城

九狮桥波映古城

相依相伴八字桥

古韵长存永庆桥

古桥、街河和老街

雄浑的芦黄寺桥

流银泻玉的双溪庙坝

古河道，绿江南

中小学生参观丰惠古桥

序一 《丰惠古桥》序

胡序威

造桥铺路，便利交通，历来是为民造福的善举。江南水乡，多架些桥连通两岸，更为当地百姓所盼。我国至今仍保留了许多著名古桥，它们都是重要的历史文化古迹。例如河北赵县的赵州桥，迄今已有1400多年历史，为世界上年代最久远、保存最完善、建筑工艺最独特的石拱桥，是第一批全国重点文物保护单位，也是世界著名的古桥。

位于杭州湾南岸和四明山北缘的绍兴市上虞区，早在2200年前的秦代就已设县。后虽几经变动，但丰惠镇在中华人民共和国成立前一直是上虞县的县治所在。

与我国京杭大运河相衔接的浙东运河，西起钱塘江右岸的杭州西兴，经钱清穿越绍兴越城区，过上虞曹娥江后经四十里河（其分支穿经上虞老县城街区，称县河）至城东通明坝，过坝后即转入姚江、甬江，经宁波出海。浙东运河曾为古代商贸盛极一时的海上丝绸之路的重要通道。2014年6月，联合国教科文组织在第38届世界遗产大会上宣布：中国大运河项目（包括京杭大运河和浙东运河）成功入选世界文化遗产项目。这也为横跨丰惠老县城县河的几座古桥增加了古文物保护价值。

我出生于上虞老县城（今丰惠镇）东南侧的敕五堂。百余年来，先后从敕五堂走出去的文化人，如我的伯父胡愈之、胡仲持，堂姐胡序同、胡德华，族亲胡鸿基、胡国枢等，自幼从敕五堂前往县城东北侧的上虞县立

高等小学堂或上虞县立中山小学读书，必须每日跨越等慈桥（也称"九狮桥"）。这座在我幼时心目中高大壮观的等慈桥，不仅是我小学上学的必经之桥，也是去东门外高道地看望外公刘琴樵（清末秀才，祖父胡庆皆挚友）的必经之桥，且为迄今为止丰惠镇内保护最为完好的千年古桥，因而我对此桥情有独钟。每次返乡，必访此桥。

2019 年春，子女天羽、天军开车陪同我和老伴黄亦春（其祖宅在镇西蒲湾村，今属永庆村）回上虞故乡。路经河北省时，特地去参观了闻名海内外的赵州桥。到丰惠后受到上虞区乡贤研究会丰惠分会卢守先、史济荣等的热情接待，他们陪同我们参观了仿古重建后的丰惠东、西大街和等慈桥、丰惠桥、通济桥等古桥，并在敕五堂胡愈之故居合影留念。

近闻上虞区乡贤研究会丰惠分会已组织人员对丰惠镇现存古桥进行调查勘测和文化考古，并将在此基础上编写出版《丰惠古桥》一书。他们给我寄来了该书的编写计划和已写就的若干重要古桥篇章，要我为该书写序。我感到这是发掘和弘扬丰惠古镇古桥、古运河文化，具有文化旅游价值的一项重要工程，对受邀作序实难推辞。然而因才疏学浅，且已年迈老朽，只能拉扯地写了以上这些，权充为序。

2022 年 4 月 22 日

（作者系丰惠敕五堂人，1928 年生，研究员、博士生导师，长期从事区域经济地理、区域规划和城市发展研究，曾任中国科学院地理研究所经济地理部主任、学术委员会副主任，《经济地理》杂志主编、中科院区域开发前期研究专家委员会副主任等。主持完成的研究成果获多项国家和中科院科技进步奖）

序二　永不消逝的记忆

潘立峰

人的记忆往往会随着时光流逝慢慢消退，但有些记忆不那么容易遗忘，甚至"逆生长"，随着年龄的增长而越来越清晰，这真不可思议！

我 14 岁离开家门赴春晖求学，20 世纪 80 年代中后期大学毕业回家乡工作 4 年，虽未远离故土，但似有若即若离之感。光阴荏苒，儿时的记忆却越来越清晰……

我记得姐夫桥（丰惠桥的俗称）东边到汽车公路搬运站这段街面是双面街，地面铺的是半米左右宽、1 米左右长的石板，两边都是店铺，特别是每天一早丰惠老卫生院门口尽是赶市的人群，经常要侧着身子才能过去。路边地上摆满了农民自家种植的蔬菜和从河里捞来的鱼虾、螺蛳、泥鳅、黄鳝等，人们摩肩接踵，熙熙攘攘，好一派热闹景象！姐夫桥上则坐满了聊天和看热闹的人。姐夫桥下北面的小吃店里飘出阵阵令人咽口水的肉包子和沸油条的香味。到了下午，沿着姚江从余姚开上来的小货轮，把海鲜送到坝头，下午三四点钟街上"合商"和供销社里的"笪"上已摆满了带鱼、乌贼、剥皮鱼、鲳鱼等新鲜的海产品，营业员用带钩的工具钩住水产，过秤后张口就喊出价钱。过一会儿，街河里就会发现一片片浮在水面的白色乌贼骨……我记得庙弄口有那时丰惠最著名的饭店（丰惠人叫馆子店），特别是外加防蝇罩子、置于柜上的猪头肉等熟食，透出扑鼻肉香，引得路过的人放慢了脚步。改革开放后恢复高考，这里还曾经是被大学录取后上红

榜的地方，我的名字也曾有幸在这里出现。

丰惠酱厂再往西 200 米左右，河之南有一幢西洋建筑，我们都叫它洋房，据说它的原主人叫"八太娘"，20 世纪 70 年代曾驻扎过部队。我小时游过河到里面去过，确实大开眼界，室内是"丝明汀"地面，夏天冰凉，绛红色的长条木地板，走起路来会发出"咚咚咚"的声音，很是震撼！部队搬走后，上虞丝厂的员工住了进去，再后来的情况我就不太清楚了。

夏天，街河成了孩子们的天堂，他们几乎整个夏天都泡在水里游泳。站在河岸往下跳，我们叫作跳"鲤鱼包"，很过瘾，胆大的直接从桥上跳下，就算会把脚踩破，也乐此不疲。

小时候河里的故事还真不少，有两个故事我始终不会忘记，将永远伴随我的人生。第一个是我听说的。我家附近有个比我小一点的同伴经常去河里玩，但又不会游泳。他父亲管不住他，这天直接把他扔到了河中央，强迫他学会游泳。真是绝处才能逢生，从此以后他真学会了游泳。听了这个故事，让人忍俊不禁！第二个是我自己的故事。在我蹒跚学步的时候，父亲用"大手巾布"系在我腰间，后面牵着让我学走路，不知怎的，我自己会走路后自个跌跌撞撞从河岸掉入了河底的木船里。时值冬天，河水浅，从岸上到船底至少有两三米深，但我竟毫发无伤，安然无恙，这简直就是奇迹，也算是命大！

丰惠的街河过去既是沿河居民取水的水源，也是水运的重要通道。我记得城外的人们到城里的供销社来配百货和农资都用船，西门城外的农民到观察第的法院仓库，也就是西门粮站来交公粮都撑着船来的。几千斤的稻谷，船吃水很深，不少船都是靠边摇边拉纤绳过来的，一路要穿过很多桥洞。每当船过桥，很多小孩包括我都会好奇地跑过去，看纤夫怎样变戏法似的把纤板从桥底下甩过桥，然后接住。

到了夏天晚上乘凉时，各个桥头自然是纳凉的好去处，拿个蒲扇，三三两两聊天。据说姐夫桥、九狮桥等桥地处城中心，纳凉的人群中不乏见过世面、饱读诗书之辈，讨论的话题自然更丰富多彩，据说多是谈论某个朝代的历史故事和当今社会现象，颇有借古论今、指点江山的味道。

写丰惠的历史核心是人，最具辨识度的是桥，姐夫桥、八字桥、九狮桥、观桥、蒲湾桥等各具风格的石桥。在丰惠生活过的人无一不对那蕴藏着千年历史、寄托着后人美好梦想且已饱经沧桑的石桥有特别深的印象，它们已成为书写丰惠美妙乐章的重要音符，是游子抚今追昔、寄托乡愁的源头。

上虞区乡贤研究会丰惠分会牵头撰写《丰惠古桥》是抓住了根本，是书写丰惠惊艳历史的点睛之作，它既可作为自然科学研究的史料，又可成为勾起乡亲们回忆的历史教科书。作为一名土生土长的丰惠人，我非常赞同。卢会长邀我作序，我甚是惭愧，由于学识浅显，孤陋寡闻，我权且把古城的童年记忆和生活趣事，碎片化地记叙成几段文字，作为对这本书的补充，增加一点乡土气息，以表达我对家乡的挚爱。谢谢大家的抬爱和包容！

2022 年 5 月 10 日

（作者系上虞区人大常委会党组副书记、副主任）

序三　丰惠桥上凝乡愁

徐松杰

自唐朝中叶到中华人民共和国成立之初，丰惠镇一直是上虞县治之所在，承载着上虞的半部历史，这里历史悠久，人文鼎盛，英才辈出。然而，当今丰惠最精华处在哪里？我觉得是那些历经风雨洗礼仍稳固坚实的石桥。丰惠的石桥古朴雄浑、工艺精湛，且文化内涵丰富，每座桥都有一段历史、一段佳话。

我来丰惠不久，就对镇上的济富桥（丰惠桥）、八字桥、等慈桥（九狮桥）、登仙桥等古桥留下了深刻印象，它们神态各异，因地制宜，极具乡土气息。这些石桥近与我们日常工作和生活息息相关，远则承载了古老的传说，与上虞历史密不可分。桥上被岁月磨砺而成的斑驳痕迹，凝结着丰惠人的浓浓乡愁，烙上了丰惠发展的艰难足迹。

丰惠的石桥是"活"的。它们至今还承担着交通任务，更承载着地域文化，如今又被赋予了景观功能。每当我走过古桥，总能感受到老百姓与石桥之间的紧密联系，比如摊贩喜欢在清晨或傍晚时分，在桥边或两端摆摊叫卖。石桥聚拢了人气，成了百姓交流、交易的媒介。

丰惠的石桥是古县城的"灵魂"。它们在时光中坚守至今，用布满皱纹的脸庞见证了丰惠的沧桑巨变；她们虽默默无语，却便利了交通，装点了城镇；它们静静地倾听着百姓的喜悦和忧愁，记录了社会前进的脚步；它们以古朴的身姿横跨在河道上，勾勒成一幅静谧的山水画卷，是这片土地荣枯兴衰的象征。

最初，我听闻要编写一本关于我们丰惠古桥的书，便觉得这是一件非常好的事情，之后我一直关注着此事的进展。此刻，当看到由上虞乡贤研究会丰惠分会、丰惠新乡贤联谊会牵头撰写的《丰惠古桥》已经成稿，翻阅之下深感欣喜。看着这一张张图片、一段段文字，我更真切地感受到了丰惠古桥的韵味，看到了人与桥的和谐关系，同时书稿也体现了编写者走访调查的全面周到，编纂工作的细致入微。

如今，丰惠古镇正在致力于千年古城复兴试点工作，而古桥集中展现了浓郁的乡愁和地域文化特点。《丰惠古桥》一书，将为丰惠实现全域复兴、打造历史文化名镇发挥重要作用。我们呼唤历史遗存保护，呼唤优秀传统文化传承弘扬，上虞区乡贤研究会丰惠分会一直是宣传和保护丰惠历史文化的重要力量。

随着乡村旅游的兴起，会有越来越多的人前来一览丰惠古桥风貌。当你站在桥顶，会不由得感叹前人建桥技艺之高超，会好奇这些曾鼎盛一时的古桥有着怎样浪漫的传说故事？《丰惠古桥》一书将带你深入了解每座古桥，使你情不自禁地被各具风格的古桥所吸引，忍不住近距离触摸每座古桥，与犹如饱经沧桑的孤寂老人般的石桥良久对视。

受邀为本书作序，我深感荣幸。《丰惠古桥》编委会为此书的编辑和出版花费了大量的精力，我深表感谢！也盼望你们能继续坚守初心，编纂更多优秀的文化作品，展现丰惠古城的多元风貌。

2022 年 9 月

（作者系中共绍兴市上虞区丰惠镇委书记）

目 录

总论一　丰惠，因运而生，因河而兴

　　2011 年 9 月，组织上调我到老县城丰惠工作。丰惠——对我来说完全是一个陌生的城镇。我穿梭在古城大街小巷，轻轻叩响朱漆斑驳的大门，然后就被淹没在厚重的历史文化中了：环庙弄因以前有城隍庙而得名，小庙弄是大户人家居住区域……我沿着街河，从环庙弄走到丰惠桥，这里是东西大街和东西小街的分水岭。我站在桥上，往东望过去是九狮桥，往西则是木桥、八字桥等。桥上，一些上了年纪的老人闲坐在桥栏上，眯着眼睛追忆昔日丰惠的繁华和热闹。古桥、老人和老县城一样，都有一种抹不去的沧桑感。

　　丰惠文化人很多，我常常上门拜访讨教。俞文治老伯被誉为丰惠"活字典"，建议抢救挖掘丰惠的历史文化，因为年岁大的老人正在渐渐故去。其他几个文化人也总是怀念地跟我说："早些年城里这样……可惜某某不在了，要不然……"我想起 2004 年到长塘工作时去拜访三位文化老人，结果只剩下一位，而现在这唯一一位也已作古，顿时有了责任感和紧迫感，觉得趁还有几个"活字典"在，要赶快抢救保护丰惠的历史人文，否则老县城的历史和文化就要断层了。所谓无知者无畏。

　　2012 年 4 月，我向单位主要领导做了汇报，领导很支持，这是关键，并决定把大门左边海派风格的一幢建于民国的四合院——木楼布展为丰惠历史文化馆。

　　于是开始构思方案、整理思路。2012 年 5 月至 8 月，我一边召开几个上虞市和丰惠镇文化人士的座谈会，一边拼命恶补丰惠的历史，渐渐形成馆名、主线、布局等清晰思路。又加班加点不断修改布展方案，按照"大则通意、小则有别"原则（郑春芳语）定馆名为"丰惠文史馆"，最终形成"丰惠文史馆布展方

案"第八稿。秉着"抢救丰惠历史文化，梳理古城文化命脉，全方位集中展示千年县城历史和文化"的主旨，以溯源浙东古运河文化为主线，还原和记录一千多年来上虞县治的前世今生，分序厅、四大主题展厅（"城、风、人、新"）和结束厅6个部分。布展做到与木楼风格相协调，与古城风貌相一致，与文化名城相统一，使之成为丰惠爱国爱乡教育新基地和对外交流的平台，成为上虞重要的文化地标。这里要感谢俞文治、范鸿生、黄俊彦（俞和黄是镇退休干部）和史济荣老师，他们尽己所能，俞文治老伯对丰惠的众多老底子故事很有记忆，黄俊彦老伯对台门文化很了解，范鸿生老师擅长布展，史老师帮我斟酌文字，郑春芳负责工程实施，丰惠文史馆的布展有他们的心血和功劳。

在上上下下起草修改布展方案的过程中，我一边实地考察丰惠街河、各座桥和北面、东面的浙东运河，一边翻阅《中国运河开发史》《中国运河文化》等书籍，尤其是浙东古运河的资料，还在网上查看绍兴运河文化公园的相关介绍，不断思考，梳理概括，提炼了丰惠的主体文化为运河文化。我认为，在古代"以船为车，以楫为马"的境况下，正是因为浙东运河贯通了杭州到明州（今宁波）

四十里运河

的运输航道，浙东运河畔的丰惠才脱颖而出成为唐长庆二年（822）新设上虞县的治所。丰惠文史馆的每一个展厅虽然只有简练的一个字，但都以"运河"为底色并串联起来，如第一展厅突出"城"字——运河悠悠，润泽古城盛世繁华；第二展厅突出"风"字——运河流长，积淀淳朴乡俗民风；第三展厅突出"人"字——运河情深，孕育代代乡贤名人；第四展厅突出"新"字——运河新澜，盛世展现古城英姿。我还决定把"浙东运河走向图、通明堰遗址"作为第一展厅的开头部分，因为正是浙东运河成就了丰惠的繁华，成就了丰惠作为县治的底气。后来丰惠乡、丰惠镇也得名于街河上的丰惠桥。可以说，浙东运河是给丰惠带来福祉的运气之河，是丰惠的城市命脉，是哺育丰惠成长的母亲河。

浙东运河又名杭甬运河，是我国有记载的先秦时期始建的 3 条古运河之一。它西起钱塘江右岸的西兴古镇，东连曹娥江，经上虞四十里河过丰惠到通明坝，与姚江沟通，最后进入甬江，直达明州（宁波），是集灌溉、防洪、运输等多种功能于一体的水上动脉，被誉为"黄金水道"。浙东运河的开通，使浙东地区水上航运便捷，商船穿梭，墨客如鲫，上演了一段南北客商舟来纤往、盛世繁华的运河故事。宋元明时，古运河"舟行如梭，不舍昼夜"，尤其是南宋时地位日隆，运输频繁，形成如北宋画家蔡肇所云"三江重复，百怪垂涎，七堰相望，万牛回首"之奇特景观。

浙东古运河丰惠段（也称上虞运河，始于西晋）包括四十里河（含上虞境内的姚江）和十八里河。四十里河西起梁湖江坎头，到西黄浦桥分流，一经西城门，从东城门流出（即街河，也叫官河、县河），另一绕县城外北，过元贞桥，两河至通明堰合流，到永和镇安家渡村流入余姚境内，因全长近四十里而得名。丰惠正好处于四十里河的中间。河流就像一个通道，沿路吸纳先进文化，然后在丰惠融会贯通，最后又借两端通口走出丰惠，走出上虞，走向中国的其他地方，甚至走向世界。当然丰惠自身条件也很优越，东面平原广阔，南面四明山余脉俊秀，进可达平原利生产种植，退可入四明山地易守难攻。优越的自然环境、便捷的浙东运河滋润着丰惠，使其物阜民丰、文化深厚，还发展为一个水陆路四通八达、经济发展潜力巨大、具有相当规模的中心城镇。唐长庆二年（822）成为县治所在，是当时势在必行的选择。十八里河其实是四十里河的一个分支，从东门落马桥往东北方向（历史上叫后新河），流经虞光村、五云村、陈夏谢村、虞东村和夹塘村，于今余姚市马渚镇汇入姚江。

老县城的修筑，也把运河的优势发挥得淋漓尽致。它以穿城而过的四十里河分支——街河，因势利导作为县城南北之间的横轴线，主建筑关帝庙、县衙、城隍庙、文庙（学宫）、经正书院均坐落在街河北侧，而南侧则是鳞次栉比的民居。又因地制宜吸纳三溪和百楼山脉之水，使得百姓临河而筑，面河营商，枕河而眠，形成小桥流水人家、埠头航船纤道的江南水乡景色。河水还有保卫县城的功能——四周除了山脉外的地方都挖有护城河，护城河通过水门与城内的河流相通，明时有旱门五、水门三，水门设于东、西和西南三门之侧（南门还设有一便水门），为城乡的交通、防御、灌溉、泄洪和百姓生活带来极大的便利。

运河还造就了丰惠数量众多、形式各异的堰埭、船闸、桥梁、码头等水工建筑，目前尚存的石桥就有九狮桥、落马桥、通明桥、通济桥、等慈桥、探春桥等。运河两岸也衍生出寺庙、驿站、关帝殿、城隍庙等景观，以及附着于运河的民俗风情、民间艺术等，成为重要的运河遗产，积累了深厚的文化底蕴，如以通明堰为代表的水利文化，以通明北村为代表的坝头文化，以谢桥夹塘为代表的工商文化，以通明南村——墨庄为代表的耕读文化，还有以运河畔的爱情圣殿——祝家庄为代表的梁祝文化，等等。

更为重要的是，运河还涵养了丰惠人勇于开拓的精神、开放的理念、开创的能力和包容的胸怀，成为一代代丰惠人传承的人文精神。

元至清，浙东古运河重要性有所下降，但河道仍然保持畅通。直到近代，在新式公路、铁路的冲击下，运河作用逐渐被取代。对于历代祖先留下来的珍贵遗产，后人需要发掘、保护、继承和利用。2008年，浙江省对浙东运河进行整治，续写了古运河的壮丽史诗，重现了沿河风情，千年古运河重新焕发了生机与活力，成为江南又一道亮丽风景线。2014年6月22日，作为京杭大运河延伸段的浙东运河成功入选世界文化遗产名录，成为中国第46个世界遗产项目。

浙东运河托起了一座县城的兴起，开拓了一个盛世。今日丰惠，唱响老城保护、新城开发"双城记"，实施古城重生、产业重构、精神重塑，凭借浙江省千年古城复兴试点之东风打造千年古城、运河重镇、江南名镇，将再次扬帆起航！

千年古城，焕彩复兴！（罗兰芬撰稿）

（作者系绍兴市上虞区史志研究室原副主任）

总论二　璀璨夺目的丰惠街河古桥文化

　　丰惠是一座有着千年历史的古县城。唐长庆二年（822）设县治于今丰惠，一直到1954年迁至百官，历时1132年。街河穿城而过，将县城分成南北两片，从东门外的岳庙桥至西门外的西蒲桥长约2千米的街河河面上，散落着式样不同、结构各异、各具功能的诸多古石桥，这是上虞古县治的古老特征之一，街河也因此成为一座小型的桥梁博物馆。

　　街河上和附近的桥梁，最初只为便利人们出行，连接交通，但随着历史流转，岁月更迭，许多桥已经超出桥梁实用的基本功能，而具有历史文化与审美价值；不少桥还有一则则动人故事，承载着人们的文化认同，具有人文内涵，成为古城悠久历史的实物明证。自永丰桥至西门城桥，街河南岸是一式的直立式石驳岸，从永丰桥到八字桥为西小街，是单面街。八字桥至西城门称为纤路，是石板大路，因行船纤夫背纤繁忙而得名，2000年改成了混凝土路面。古县城西邻绍兴，东接宁波，街河是集航运、行洪、灌溉功能于一体的人工运河，是宁绍交往的必经之地，官船、货船大都西来，和水流流向一致。八字桥向西约百米的西大街与南北向的县衙街"丁"字相接，县衙街的北端便是老县衙。可想而知，位于街河南岸的纤路，当时是怎样一派繁忙景象。

　　古桥与纤路构成了水乡古城的特有风貌，在偌大的江南水乡体系中，城镇中保存如此多的古桥、纤路也是少有的。

　　丰惠古城街河上的石桥，在现代经济发展的要求下，有的已经改造成现代的钢筋混凝土拱式或梁式桥梁，以便汽车通行，如东门城桥、黄浦桥等。这使得街河上的桥梁门类与桥型更加多姿多彩，也把街河打扮得更美，让它跟上了时代的步伐，不愧为一个小小的天然桥梁博物馆，而河面上的各色桥梁就是它

的"收藏"。就其"藏品"，自西向东数列如下。

西蒲桥：三跨石梁桥。

茶亭桥（西门吊桥）：单跨石梁桥。

西城门桥：单跨石梁桥，2004年桥面大修，目前桥的宽度已改窄。

桐桥：单跨链锁拱石拱桥。20世纪90年代末，原拆原装移往丰惠凤鸣山风景区，原桥位改建为现代钢筋混凝土梁桥。

大木桥：单孔石梁桥。20世纪50年代时为木梁桥，60年代改成石梁桥。

通济桥（俗名大八字桥）：单跨链锁拱石拱桥。

立新桥（俗名小八字桥）：单跨链锁拱石拱桥。已降低。

永丰桥（俗名木桥头）：三跨石梁桥。已降低。

丰惠桥（又称济富桥）：单跨链锁拱石拱桥。已降低。

北门弄口桥：单跨钢筋混凝土"n"形梁桥。1949年后建造。

等慈桥（又名九狮桥）：单跨干砌块石拱桥，系浙江省文物保护单位。

东门城公路桥：单跨钢筋混凝土矩形板梁桥。原城桥改建。

东门吊桥：单孔石梁桥。

长春桥（又名探春桥）：三跨石梁桥。

米厂桥：三跨钢筋混凝土矩形梁桥。1949年后建造。

观桥（古名永宁桥）：三跨石梁桥。

孟宅桥：单跨石梁桥，带闸。

黄浦桥：原为多跨石梁桥。20世纪60年代拆除，70年代改建为单跨30米跨径的公路桥，2004年改建为三跨60米跨径钢筋混凝土矩形空心梁桥。

岳庙桥：单跨40米钢筋混凝土圆洞拱片桥。原多跨石梁桥于20世纪80年代拆除，改建为现桥。

以上19座桥中，保存完好并且使用正常的古石桥就有14座，它们为丰惠的古老做了明证，也为现代生活提供了便利。如果把街河、纤道、街河两旁的古老建筑连起来，就会让人感受到那么一种浓浓的古朴、古香的氛围。

这是千百年来，上虞人民为我们留下的财富，我们有享受它们的权利，更有将它们保存好、维护好并完整交给后人的义务。（陈国桢撰稿）

（作者系桥梁专家、《上虞古桥》作者）

总论三　浙东运河水网中的丰惠古桥

作为浙东地理大动脉的浙东运河，自西晋开凿之日起，就注定会深度影响它所流经地域的经济文化形貌和城镇分布。处在浙东运河中部的上虞丰惠就是一个凭借运河之利而逐渐崛起的名镇。水运的便利使丰惠地区自古就是杭州、绍兴与宁波三座城相互往来的中转要道。丰富的运河水网，繁忙的运河贸易，以及随运河而来的政治文化地位,给丰惠增加了定居人口。为满足渡水跨河需要,一座座因地制宜的古桥在这片土地上应运而生。

丰惠古桥诞生的山水环境

丰惠古桥的诞生离不开丰惠独特的山水环境。唐代文学家权德舆诗云："越郡佳山水，菁江接上虞。"绍兴东部的古县上虞自古即为山水府。作为上虞千年县治所在的丰惠更是山峦错综交织，河湖溪沟纵横。它地处低山丘陵区之中，五葵山如屏横亘在北，百楼山似案拱卫在南。南北群峰自西而东蜿蜒曲折，相互夹持出中部带状的丰惠盆地。南北群山中的几个大褶皱又都往中部盆地延伸。这种山群的整体分布态势和山体的褶皱方向极大地影响了丰惠的水网走向，也影响了古桥群的分布。

山水自南北山群的各个山谷峁口中涌出，交汇在横亘于盆地中部的浙东运河上。这条运河，西抵梁湖堰，东接旧通明坝，东西横亘三十多里，民间以约数称"四十里河"。在旧通明堰下，四十里河注入姚江。在西黄浦桥附近，四十

里河分成两支，一支穿城而过，另一支从北面绕城而过，两河又在东黄浦桥附近合流。前者开凿较早，后者开凿相对较晚。从北面绕城而过的这支又从落马桥附近拐向东北，直抵新通明坝。此河即是明永乐九年（1411）鄞人郑度开凿疏通的后新河。当时，郑度又疏浚了南宋就已形成的从新通明坝至余姚江口坝的十八里河。由于旧通明坝七里滩处常淤塞，因此后新河与十八里河也成了越明孔道。

至今依然繁忙的四十里河

丰惠的水网由此形成以浙东运河为骨架的类树形结构。四十里河—姚江航道和后新河—十八里河航道构成树的主干，其他汇入它们的各条支流如枝蔓伸展在这片大地上。

丰惠南北皆群山，地势高仰，地形整体西高东低，向东倾斜。河渠东流姚江，因此水源易干涸。为了调节自然水态，中部的人工运河自上游至下游连接了多个调蓄湖泊。丰惠西、南、北诸山之水通过湖泊调蓄后，注入运河，织成经络分明的运河水系网。城南百云湖汇南山诸涧之水，注入城中街河。它的主要脉源有二：源出南山的上舍岭溪以及它下游的百云溪和从凤鸣山谷中涌出的凤鸣溪以及它下游的胡李溪。城西西溪湖汇丰惠西部、西南部的坤山、象田山之水通过东泾、西泾河汇入四十里河。清光绪年间所编《上虞县志校续》（以下简称《光绪志》）云："三十六溪导其源，东西二泾承其委……窥观西南溪涧之水，盘旋交曲，注入于湖，达于运河。"它现在的源头主要是湖西的南岙、瑞象山等诸水。在历史上，坤山和象田诸山的东溪与西溪亦是它的主脉。大小渣湖汇萝岩、查岙、磁窑山诸涧之水，通过支流，补十八里河。

除三湖水系之外，还有诸条重要的直注水脉。源出丰惠西南岙底山的渔门溪，在华渡桥附近注入四十里河。源自费加岭的杜溪、源出坤山的东溪和源出象田诸山的西溪合流后形成的玉带溪注入城河，继而进入四十里河。源自五婆岭下的曹家大溪向南注入四十里河。自寿桃尖山的麻溪汇任岙诸水聚成马溪塍，再汇同下游的朱巷河与孙闸直江，通过孙家闸入姚江。

上虞古县城外，东南部为纵山与姚江河谷密集交错区域。自西向东，凤鸣山、车郎山、应岙、任岙等众山比肩相接。此处的南北纵向山谷更为密集。从凤鸣山仙姑洞旁的飞瀑直下的凤鸣溪，汇同下游的胡李溪和自应岙山谷中涌出的应岙溪，均往北流向城外东南的丰惠盆地中部。自城中盘旋曲折向东的玉带溪出街河向东，其中一股通过孟宅闸也汇入盆地中部。百云湖水在汛期会发大水，向东也流入这片区域。这就形成了古县城外东南部，多股东西向和南北向水流对冲的复杂水环境。在这个区域，古人对水系的人工改造可谓大刀阔斧。这里的多股水脉并非直接流入四十里河，而是通过其他人工河流，反复绕转之后进入姚江主水道。在南部众山与北部四十里河之间的平川腹地上，古人建造了一条直通孟宅闸与姚江的人工水道——潮河。嘉泰《会稽志》云："浚此河，欲以杀运河水。"潮河与四十里河并行，是对运河的有效补充。潮河稍南处的横河在还珠闸桥处引潮河水入河，又在南安桥附近再与潮河相接。河水从同一条河的上游入、下游排的事实可以充分说明，横河是一条人工水道。同时，横河也截蓄了南部的应岙溪和部分胡李溪水。潮河在这个区域通过旱补涝排的方式，调蓄了四十里河和横河的水量。潮河在西面与南新河相接，可泄百云湖水。这是以潮河为主河的人工水网。

自山谷间涌出的溪流从小沟、小溪、大溪，逐步汇聚成大的河流江湖，流向运河。多样的运河水网孕育出各种各样的桥。

每条长河上一系列的桥可看作相对独立的桥群单元。从丰惠水系的整体去观察和研究古桥，有利于我们从宏观上把握丰惠古桥与地域山川及村庄、城镇之间的紧密联系。作为水系骨架的浙东运河上的桥群是其中最重要的部分。

在丰惠四十里河姚江段（这里重点阐述不流经城内的一段，流经城内的一段将在下文中展开），自西向东，曾经分布着华渡桥、西黄浦桥、元贞桥、落马

桥、东黄浦桥、岳庙桥、清水闸桥、谢家桥、永福桥和安渡桥等 10 座古桥。水面的宽度决定了桥的形态。这些桥长度大多在二三十米，以多孔桥为主。除了长 20 米的东黄浦桥为瓮式石拱桥和岳庙桥为五孔桥外，其他桥都为三孔石梁桥。随着姚江段水面进一步扩大，也曾建造有长达 47 米的七孔石梁桥——永福桥和长达 56 米的七孔石梁桥——安渡桥。安渡桥曾是上虞最长的石桥。

这些古桥跨越运河古道，是丰惠陆上联系运河两岸南北交通的生命线。其中古城外四十里河上西、北、东三桥的精心布局更能体现出这一点。这三桥也各自与城门紧密联系，枢纽作用更强。西黄浦桥直通西门，元贞桥直通北门，东黄浦桥直通东门，它们分别扼守着通往虞西、虞北和虞东地区的要害位置。甄底山、三溪以及郑家堡等丰惠西南一带村落的人们通过华渡桥去往百官。落马桥是后山一带村落通往古城的必经之处。联系夹塘和永和地区的古道中转点则是永福桥。

桥梁方便河两岸人民的交通来往，带来生活便利，也带来一些村落的兴旺。丰惠运河边上的有些村落因桥而建、因桥而兴。如运河上一些繁忙的渡口建了桥，桥两岸兴起村落，华渡桥和安渡桥附近的村落就是这样发展而来的。有的借助桥的中转优势发展成繁忙的街市，继而形成集镇，如谢家桥畔的谢家桥市就是这些运河村落市集中最著名的市集之一。有的依托堰坝的水利及交通便利，周边发展成村，如旧通明堰坝的南村至今仍留存着不少规模庞大的古宅。

十八里河是四十里河的一个分支，东至江口坝后汇入姚江，主体段在丰惠境内。它与四十里河几乎并行。由于四十里河七里滩处常淤塞，因此十八里河是明清时期商船常走的线路。十八里河的河道平均宽度十米左右，河上的古桥总跨度要比四十里河上的小许多。十八里河上，自西向东分布着新通明坝、东望桥、五云桥、上木桥、望仙桥、高桥头、丞相桥等七桥。这些桥都分布在十八里河非常繁忙的交通节点上，几乎每一座桥附近都发展出了规模不等的村落。有些村直接以桥名作为村名，如五云桥头的五云村。

东门外的潮河上也古桥密集。潮河古桥群的特点主要体现在一个"潮"字上。对潮汐水势进行管理和调整，在潮河上建造闸桥和坝桥，这也是历代人民的治水智慧。

潮河桥群的特点之一是多闸桥。潮河直通姚江，是潮汛河。在不同的时代，由于对潮汐水和人工水界限控制的不同而有不同的闸桥设置。分别设置于不同水口位置的潮河闸桥就是这种变化的产物。前潮河上，在街河出口处的孟宅闸是最早的控水点。孟宅闸外的东南区域曾饱受旱涝之苦，潮河上姚江出水口处的胡公闸改变了这种状况。在这个"江潮之咽喉，水口之关锁"的地方设闸，实际上是扩大了挡潮的范围。它的作用是进一步加强对潮河的控制力。县南百云湖是潮河另一个不稳定因素，潮河上的芦黄寺闸用来调节这股水。此闸建在横河之西，无法调节横河水位，后来在与潮河交汇口处的横河上建造了老还珠闸，以缓解横河一带的水患影响。老还珠闸东原有竹桥，1951 年以后，这座竹桥被改为闸桥，它上游的芦黄寺闸和老还珠闸不再发挥作用。

潮河桥群的另一个特点是坝桥多。这也是因为潮河是潮汐河。潮河与四十里河之间有埭河，如杨家河和钱家埭河。这条河在潮河河口分别设有杨家坝和泥坝。潮河与横河的接口处还设有还珠坝。横河与潮河之间的汝江河，在两河的河口各设有横河坝和泥坝。包村以东，潮河东端与朱巷河交接处，以横泾坝分隔水系。这些坝，进一步将潮河转变成可被沿线村落充分利用的河流。

历史上的潮河之畔，水网丰富，桥梁众多。周边的孟尝村、花园畈、郎桥、夏王村、包村等都呈现出一村多桥的局面。其中桥与包村的关系最特殊。包村是一座被潮河水包围的孤岛。村子就像一座被水阻隔的城寨一样。西桥和南桥分别建在村子西边和南边的河流上，是进出村庄的通道。1949 年前，为了防止盗贼进入村庄，两座桥上都设置有竹篱笆编制的桥门。后来，包村西北方的胡公祠被迁移到村庄东边的河流对岸。为了方便村庄与胡公祠的交通，东边河流上又架设了第三座桥。在这里，村庄、环形河流与古桥，相互依偎、相得益彰。

汇入浙东运河的每一条支流，各自构成完整的桥群。它们有各自不同的特点，也给周边的村庄带来不同的特点。由山而水，由水而桥，丰惠大地上的古桥群落是古人在解读山川地域自然形态后的精妙设计。

上虞古县城桥群

得益于横穿丰惠的四十里河，唐长庆二年（822），上虞县治从百官移至今丰惠地区。上虞古县城的建造为丰惠的政治、经济和文化繁荣带来了契机，也

使丰惠古桥群有了密集建造的机遇。特别是在元至正二十四年（1364）方国珍初建城池，嘉靖十八年（1539）郑芸依故址复建城池以后，上虞古县城内形成了由发达的河渠和便捷的街巷组成的水陆双棋盘交通网络。

城中水网之源有三：其一为城西南源出坤山之岙的东西溪水；其二为城南源出百楼山的南涧；其三为源出五葵和县后诸山的西北水。《光绪志》云："乃溯源于百楼、坤山之岙，导南涧东西溪诸水，渐为八渠，以合西北之水，饶于四境，号曰玉带溪。"玉带溪入城，分渠八支，构成古城水网。从南水门进入的南涧水，入城以后分为两支，一支直北从杨桥入街河，另一支沿着东南城墙，从打蜡桥入街河。从长者山下便水门进入的另一支南涧水再分成三支，最后都在望稼桥（俗呼小八字桥）汇入街河。从通泽门进入的西南水也分三支，分别从望稼桥、昼锦桥和众安桥到达街河。这就是玉溪八流。西北水，自衙门后迤逦而西，折而南从姜家桥出，达于街河。这便织成了古城水系网的主体。

表 1　上虞古县城玉带溪水系及桥群分布

名称	水源	入城位置	城内河流走向	桥群	水系现状
玉溪第一流	百云湖、南涧	百云门水门	循西涯、傍民居，直北至杨桥，达运河	张洞桥、义井桥、酒务桥（杨桥）	巽水河，今废
玉溪第二流			主支：其稍北转东，从胡家桥入，由陡门蜿蜒以至东城下，转北，过打蜡桥，达运河，以夹辅巽水；分支：由陡门中分向北，从鹅鸭桥出，又桥内过东，经车中丞门内，自小桥出，与打蜡桥水会	主支：胡宅桥、赵家桥、韦驮桥、城河桥、佛迹桥（打蜡桥）；分支：吉庆桥、鹅鸭桥、小桥	城隍河，主支尚存
玉溪第三流			沿城而东，过张宅桥，折而北，汪洋于钟副使宅前，西侧为池，名曰大池头。自后渐窄，由民居中，直至张家桥北，出望稼桥，达运河	张宅桥、小桥、玉溪桥、张家桥、望稼桥	今废
玉溪第四流		长者山便水门	沿城数武，转折而东，东尽为碟池，池西落北过来学桥，至三岔港，向东过玉带桥，出望稼桥，达运河	来学桥、颜家桥、玉带桥、望稼桥	尚存
玉溪第五流			自便门直北，转东，过颜侍御宅前，亦从望稼桥而出，达运河	吴宅桥、玉带桥、望稼桥	今废

续表

名称	水源	入城位置	城内河流走向	桥群	水系现状
玉溪第六流	东西溪水	通泽门	由水门直东，出望稼桥，而达运河	金堂桥、会仙桥、观桥、卫生桥、颜家桥、玉带桥、望稼桥	西南门街河，尚存
玉溪第七流			由东将至三叉河而北，入小桥，自卢氏世仕坊侧，直至后卢屋边，从小桥出纤路口，达运河	金堂桥、会仙桥、观桥、滑漏桥、迎秀桥、众安桥	今废
玉溪第八流			由东山至金罍山后，过观桥，由新河，直至昼锦桥，达运河	金堂桥、会仙桥、观桥、登仙桥、昼锦桥（桐桥）	新河，尚存
青龙沟	发自五葵县后诸山小涧		主支：起自放生池，由池东，从张、朱两家屋后，出北司前，汇为黄蜡池。南向转东，过章、石二家，直至张氏旧宅前，过新街小石桥。新街北有高处者，是从张黄门宅北，谢柱史宅南之前，过陆郡伯宅楼后，抵等慈寺西房门内（今有小池存迹）。横过便民仓后，向南至东城，近北埠头边入运河；分支：其傍张氏旧宅，西偏另分一港，由儒学东出浴堂桥以达运河	主支：平政桥、小石桥；分支：浴堂桥	按《光绪志》，此主支在光绪时已废；今废
			起自衙后，迤逦而西，过颜郡伯旧门，转折向南，从尉司弄（俗呼弄底）直下，由陈侍郎正屋西侧，出姜家桥，以达运河	小桥、姜家桥	今废
环城河	百云湖、南涧、东西溪水		其水从东西吊桥而绕于北门外，以抱县治	西南门吊桥（通泽桥）、西门吊桥（茶亭桥）、北门桥、东门吊桥、南门头闸桥、南门吊桥	尚存
运河（街河）	沙湖、西溪湖、东西溪水、百云湖、南涧、西北水	西城门	自西黄浦桥斜拐，从西城门入，横穿县城，从东城门出，在东黄浦桥附近与北支合抱	西黄浦桥、永庆桥、城桥、大木桥、通济桥、永丰桥、丰惠桥、九狮桥、城桥、探春桥、永宁桥	街河，尚存

　　这个水网是以横穿东西城门的街河为主骨架，以穿西南门的西南门河和横穿南门的巽水河为次骨架。两条支河在城内皆与街河相交。街河是四十里河的老线。它出西城门后，斜拐向北，在西黄浦桥附近与后新河合流。街河出东城门后，又与后新河交汇在东黄浦桥。西南门街河出城，后斜拐向西北，在华渡桥附近与四十里河相接。古城内所有的水系都是运河水网向古城腹地的延续和渗透。古人云："盖运河犹人身，而东南西北溪所出之水，则如人身之血脉，无不贯通于肢节，而环抱乎一身，宛然如带。"上虞古县城也因此堪称江南水城的典范之作。遇水架桥，水多则桥多，古城水网格局铸就多元化的古桥群。

　　古桥群的最终落位与分布也与古城路网的规划有关。古城内曾有八街四十巷。其中八街为东大街、西大街、东小街、西小街、西南门街、南门街、县前街和十字街。其他的巷弄也是曲曲折折、四通八达。当街巷与古城的河网交会时，一座座古桥应运而生。因此，古桥不仅仅是一座座单独的个体，它们使古城河路相连、街巷相连，充满活力。

　　水陆交会的桥成了水城生活的纽带。街河是古城主轴，河两岸是城市生活最繁忙的商贸区，这是由运河的交通属性和城市功能的南北交会所带来的。街河之北是礼仪性的公共功能区，沿河分布着各类祠庙、学宫、书院、寺院和县衙。街河之南是市民的住宅区。为了满足出行便利的需求，街河上分布着年代不同的 10 座桥梁。这些桥形态各异，类型多样，成为南北往来的要津。它们中有的是高拱石桥，如九狮桥、丰惠桥和通济桥。有的是三跨石梁桥，如永庆桥、永丰桥、探春桥和永宁桥。有的是单跨石梁桥，如东西城桥和木桥。千变万化的桥梁形式丰富了城市主轴的空间面貌。

　　在与街河平行的东西大街和东西小街上，桥梁也因汇入城河的各个支流而布局。12 座小桥并行于街河两侧，形成另一道风景。街河桥群是丰惠地区古桥群中最璀璨的一笔。难能可贵的是，虽然有些桥因为现代交通需要已被降低桥高，但许多仍保持着旧时的石桥结构。坐船的人穿梭其间，犹如来到一个开放的古桥博物馆。

　　桥头也是集市贸易发生的重要场所。古城内许多桥附近都有固定的集市。《光绪志》中记载杉木行在孟宅闸上河，猪市在等慈桥上，谷米豆麦市在八字桥上，牛市在东门外河南岸的探春桥与明德观桥之间，而鹅鸭市在浴堂桥附近。有的桥甚至以集市所贩售种类作为桥名。东门外探春桥亦名猪市桥，而鹅鸭桥的得名即来源于它靠近鹅鸭市场。由于桥梁往往处于水陆交会、人流涌动之处，各类集市就以桥头为原点，向东西大街扩散，从而形成多个以桥为中心的集市贸易圈。

在这些古桥中，丰惠桥是最重要的一座。它处于东西大街、东西小街、南门街与街河的交会点。独特的地理位置优势给丰惠桥带来古城最繁忙的街市。《上虞志备稿》云："寻常使用货物大率以丰惠桥为聚集之所。"桥的南北有米行，桥畔有县市，桥上有炭市，街河上还有不定期的船市，再加上丰惠桥地处上虞学宫、城隍庙、火神庙之畔，促成了丰惠桥成为古城的中心。1954年行政中心转移后，桥名成了镇名，足见此桥对于丰惠的意义。它是丰惠作为浙东桥乡的象征。至今，每日仍有自发形成的集市在丰惠桥头忙碌。

桥也是守卫城池的关隘之一。这主要体现在城桥和吊桥的设置。因街河、西南门河和巽水穿城墙入城，五座城门中东门、西门、西南门皆为水陆双城门。城桥设置在城墙内侧。桥洞下设置的水门在平常状态下为了通船是开放的。当战事来临时，水门关闭，以封锁水路。

城墙环城，外再环护城壕沟是中国古代城池建造的一个基本模式。上虞古县城的城池建造亦如此。它们共同确立了古城的轮廓。与五门相通的五条主街，分别与护城河相交时，皆设有吊桥。五座吊桥都在历史上有所记载。但它们的历史应与城池的建造一体。因此吊桥的源头或可追溯至元至正二十四年（1364）方国珍建城时。最初的吊桥，正如其名，是可以在战时起吊的木桥。但后来这些桥渐渐改成了石桥，吊桥也仅存其名而不再具有最初的功能。城桥和吊桥的设置实际上延展了古桥的功能。它们也是城门内外城防体系的重要组成部分。

在部分公共建筑中，桥也因礼仪和制度的需要而建。上虞县衙前的平政桥，孔庙里的泮桥即是型制所需。这两桥分别建在县衙谯楼的放生池和文庙泮池上，是对建筑群礼仪轴线的强调。有的桥也与寺庙、祠观相伴相生，明德观前有明德观桥，天庆观前有观桥，等慈寺前有等慈桥，城隍庙前有永丰桥，关帝庙前有大木桥，韦驮殿前有韦驮桥。寺庙前桥梁的建造有的由寺庙出资，如等慈桥就是寺僧永贻等在元至正三年（1343）捐资重建的。

在街河之南住宅区的各路支河上也分布着一系列的桥。这些桥是家族在地缘区位中的符号。比如胡宅桥、颜家桥、张家桥、赵家桥、吴宅桥等都以家族聚居地命名。

古城桥群连接起水城空间的角角落落和城市生活的方方面面。它们永久地留在古城历史的茫茫岁月中。留存至今的一系列古桥群，让我们遐想这座水城在桥的联系下运转的过往。从古至今，古城的面貌、人们的生活方式已经发生了翻天覆地的变化，但我们仍然能从桥的遗存中，感知到浙东运河水网上的古桥曾经是怎样深远地影响过这座城市的。

丰惠古桥的历史发展

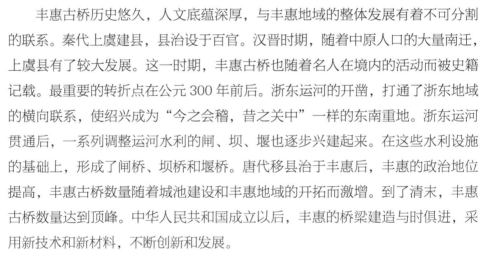

丰惠古桥历史悠久，人文底蕴深厚，与丰惠地域的整体发展有着不可分割的联系。秦代上虞建县，县治设于百官。汉晋时期，随着中原人口的大量南迁，上虞县有了较大发展。这一时期，丰惠古桥也随着名人在境内的活动而被史籍记载。最重要的转折点在公元 300 年前后。浙东运河的开凿，打通了浙东地域的横向联系，使绍兴成为"今之会稽，昔之关中"一样的东南重地。浙东运河贯通后，一系列调整运河水利的闸、坝、堰也逐步兴建起来。在这些水利设施的基础上，形成了闸桥、坝桥和堰桥。唐代移县治于丰惠后，丰惠的政治地位提高，丰惠古桥数量随着城池建设和丰惠地域的开拓而激增。到了清末，丰惠古桥数量达到顶峰。中华人民共和国成立以后，丰惠的桥梁建造与时俱进，采用新技术和新材料，不断创新和发展。

宋代以来所存的地方志中，有大量关于丰惠古桥的记载。记载上虞古桥历史的早期地方志以南宋嘉泰元年的《会稽志》最为详细。它共载录丰惠古桥 19 座、堰 2 座和闸 6 座。明清方志对丰惠古桥的记载更为详尽，《光绪志》记载了丰惠境内 70 余座桥。其中古城内 39 座桥的位置更是详尽绘制在《上虞县城图》中。地方志对桥梁的记载包括桥名与位置，部分重要的桥梁也会记载建桥因由、捐赠人、历代增修重建情况和诗文唱和内容。桥梁的历史信息依靠地方志留传至今。在民间，人们在口耳相传中也保留下来一些桥梁的历史记忆和历史细节。在本次《丰惠古桥》一书的编写过程中，编委对丰惠历史上曾出现过的古桥进行了调研，最后通过走访老人了解到，中华人民共和国成立前的丰惠古桥共有99 座，目前仍基本保持古桥形貌的有 26 座。

表 2　嘉泰《会稽志》记载的丰惠古桥（闸 6 座，堰 2 座，桥 19 座）

桥名	初建年代	位置	备注
通利桥	南宋绍兴年间	县东南一百步	
等慈寺桥		县东一里	
虹桥		县东南一百五十步	
清河桥		县东南一里	
浴堂桥		县东一百七十步	
东黄浦桥		县东二里	
西黄浦桥		县西二里	
姜家桥		县西五十步	
观桥		县南一里	
板桥		县南八里	
杨桥		县东一百五十步	
酒务桥	后周显德年间	县东一里	
望稼桥		县东二里	
清通桥		县东南二里一百步	
营老桥		县东一百五十步	
安民桥		县东五十步	
孟宅桥		县东南一里三十步	根据华安仁诗，至晚北宋已有
泮桥	宋庆元中	文庙泮池上	
思贤桥	宋嘉定四年，楼杓始建	奎文阁旁	
清水闸	北宋景德三年	县西一十里二百步	
浑水闸	北宋景德三年	县西一十二里	
通明闸	北宋景德中	县东一十里	
西溪湖闸		县南三里	
清河坊闸		县东南一里	
孟家桥闸		县东南一里三步	
通明南堰	南宋嘉泰元年始置	县东一十里	根据北宋蔡肇"七堰相望"，此堰北宋已存
通明北堰	南宋淳熙年间		

丰惠古桥始建于何时，已不可考。有迹可寻的传说，能追溯至东汉。孟宅桥是传说中丰惠地区最古的桥梁。桥因人而名，因人而兴，后世为了纪念孟尝，在孟宅桥南500米左右处建造了还珠桥和还珠闸桥。还珠三桥见证了孟尝事迹在民间随时代不断流传的历史。

与孟宅桥几乎同时代的名桥还有杨桥。嘉泰《会稽志》称，此桥是为与曹操共读曹娥碑的杨修而建。不过曹操与杨修共读曹娥碑一事是谬传。宋嘉定中，疏浚玉带溪时，在溪中得到一块镌刻有"杨乔"的石碑，"乔"又通"桥"。明朝万历年间编的《新修上虞县志》（以下简称《万历志》）据此认为此桥得名或许与数次举荐孟尝的同郡尚书杨乔，或者与孟尝故居西面的杨桥巷有关。这座桥如今位置难辨，但作为早期桥梁中记载内容非常详细的一座桥，它是丰惠古桥珍贵历史的一部分。

古桥是丰惠的亮丽风景

晋至唐长庆中，上虞被多次废立，丰惠也非上虞的政治文化中心，因此在那漫长的几百年时间里，几乎找不到其他有关丰惠古桥建造的讯息。丰惠古桥建造活动的兴盛在唐中叶以后。其中丰惠桥的建造是最具有标志性的。它始建于后周显德中，初名酒务桥，是早期史籍明确记载的丰惠地区初建年代最早的桥。

两宋时期是丰惠古桥建造的第一个高峰。这一时期，丰惠地区进一步被开发，社会经济更加繁荣。其中影响较深的是发生在两宋交替之际的"宋氏南渡"这一重大历史事件。宋高宗躲金兵于海上时，浙东运河成了他的逃生路线。后来这条河成了南宋朝廷的漕运线。浙东运河的进一步疏通促进了水利堰坝闸的系统性创建。通明南堰和通明北堰在这期间得到创建和反复修复。宋代文风鼎盛，上虞文庙的始创是丰惠的一件大事。泮池上的泮桥亦随之而生。

元代虽然短暂，但是对丰惠古桥来说，却是一个技术成熟期，特别是石拱桥建造技术在浙东一地独领风骚。元代，上虞石拱桥的建造技术在绍兴府中首屈一指。绍兴府城西，建于元至正元年（1341）的光相桥就是由当时的上虞石匠丁寿建造的。由此可见，元代上虞在石拱桥建造方面已经向邻县输出了技术人才。重建于元乙酉的明德观桥，重建于元至正中的九狮桥都是当时的石拱桥，彰显着作为上虞中心的丰惠的匠人们高超精湛的建桥技术。

元代以前的桥梁在后代被反复修复和重建，原貌已不存。现存的丰惠古桥，从实际建造年代看，最古者当数等慈桥。等慈桥当时是否与寺同在已无考，但可以确证的是它在南宋嘉泰以前已存在。《光绪志》云："元至正癸未，寺僧永贻、良玉、似兰、大逵等募缘重建洞桥。"这是等慈桥为元代石桥的有力证据。从等慈桥可以看出元代丰惠的石桥建造技术已经达到很高的水平。

明清时代是丰惠古桥发展的最高峰，一系列桥梁新建或重修都在这一阶段。保存下来的桥梁基本建于这一时期。一方面，浙东运河贸易在明清时期极度繁盛；另一方面，丰惠在经历宋元的动乱之后政治地位不断稳固。特别是明嘉靖十八年（1539），在元代城基上再筑石城，丰惠地区有了更加安宁稳定的社会环境。在城池的建设和社会的发展过程中，桥梁也不断涌现。

《万历志》中出现了40余座嘉泰《会稽志》中未提及的桥梁，可见明代桥梁建设的兴盛。其中古城内新增的桥几乎都与上虞县城的建设相关：城内因人口剧增而有张家桥、薛家桥、胡家桥；县南因金罍观前的书院建设而有来学桥；因古城水系优化而新开的新河与街河相汇处建有桐桥；为加强城池的防护系统而在五城门外设吊桥，在三个水城门上设城桥。明代，城外新增的一些桥也反映出丰惠地域人口集聚，继而纷纷建村的景象。从东门外街河上永宁桥、探春桥和明德观桥的新建，可以推测当时城东沿街河一带已经成片发展。十八里河上的桥梁如新通明坝外的东望桥、五云村的五云桥、夹塘的镇虞桥与陈哨桥，也是在明代始建或新建的。这些都说明，明代的十八里河畔村落扩张迅猛。落马桥、包村桥、陈大郎桥、谢家桥等也都因村落沿水发展而建。现在可以确定，明代建造且保留至今的石桥只有西南门的登仙桥。

清代，丰惠的桥梁在明代基础上继续发展，重建或修复了几乎大部分的前代桥梁，同时又新建了一批桥梁。宋代存在的东黄浦桥在明嘉靖年间重建后，清嘉庆二十四年（1819）再次重建。光绪十五年（1889），桥渐颓败，当地人再次捐资重建。类似这样不断重建翻修的记载在《光绪志》中比比皆是。

民国年间，丰惠古桥继续延续明清桥梁的建造方法。据目前调研所知，这一阶段的石桥没有受到外来技术的影响，当时时髦的洋灰桥和铁桥都没有在丰

惠地区出现。中华人民共和国成立后，传统技法建造桥梁日渐式微，钢筋混凝土桥梁逐渐兴起，取代了传统桥梁。

丰惠的闸、坝、堰桥

丰惠古桥中有一类较为特殊、具有复合功能的桥，这就是建造于闸、坝、堰之上的闸桥和堰坝桥。

闸是挡水构筑物，被广泛地运用于具有复杂运河水网的丰惠地区。它不是孤立存在的，而总是与桥结合在一起。闸桥通常建在高低落差较大的人工河道与自然河道的交汇处。人工运河与它的支流相交处也普遍设有闸桥。丰惠地区重要的调蓄湖泊，如大小渣湖和西溪湖与它们的支流交汇处，也都建有闸桥。这些闸桥功能不尽相同，但最基本的作用就是控制水位以满足人们生产生活的多样需求。

在以自耕自足为主要经济模式的传统农业社会，蓄水以灌溉农田是闸桥的基本功能。西湖村鲤鱼山头的水闸桥用来蓄积西溪湖水。当西溪湖放水之时，闸板放下，水流不至于立刻排入四十里河。蔡岙山下河快进入四十里河的河口位置，设有一座谷雨后落闸的唐家桥。它的设置目的是在水稻播种季节灌溉农田。还珠闸也同样是按照农业时节开闸与放闸。有的闸桥在蓄水之外也有防洪排涝的作用，比如设在范家月亮河与四十里河交汇处河口位置的闸桥，就是为了防止四十里河在涨水时倒灌而建的。西溪湖湖堤的上闸桥和下闸桥则是用来控制西溪湖水的涨落的。闸桥还有挡潮阻咸的功能。潮河上包村附近的胡公闸、通明坝侧的清水闸和孙闸直河上的孙家闸都有阻挡姚江咸水进入的作用。东门外的芦黄寺桥为了将潮水挡在桥外，还将分水尖朝向迎潮一侧。

闸桥与普通桥的区别在于墩台上有闸槽。闸槽通常设置在墩台的迎水面、背水面或中部的任一位置。丰惠地区现存的闸桥中，闸槽多设在墩台的延长部分。现存的丰惠闸桥以每孔两道闸槽为多，旧时都设有木板泥心闸门。两道闸槽里面固定的是木板。木板之间再填夯泥土，以防水泄。用作闸门的木板不是一整块大板，而是分解成若干可组装的小板。根据所需水位高度，闸板可以不断往上叠加。两侧木板夹持的湿泥形成坚固的关卡，将水锁在桥的上游。

据陈国桢先生《上虞古桥》一书的记载，每块闸板高10—20厘米，厚8—10厘米，长200—350厘米。每座闸都备有闸夫。上闸时，闸夫站在两侧一块一块叠砌闸板，最后填以湿泥。放闸时，闸板被一块一块卸下，露出的泥被水自然冲走。由于水的冲击力很大，闸桥部位的河床位置要用石板铺砌。在民间，这样的基面被称为"水道地"。"水道地"下有密集的松木作为桩基。与普通石桥只在桥墩下打桩不同，闸桥需要在整座桥的范围内打桩。有的闸桥下还会建水门槛，实际上是一个石堰，用来满足上游基本的水量需求。

这样的闸门今天看来十分环保，但耗费人力，安装和拆卸都较为复杂。中华人民共和国成立以后，用电或者用人力控制的预制水泥板闸门逐渐取代了木板泥心闸门。这也导致了闸桥形式发生变化。现代化闸桥需要控制室控制闸门的启闭，因此在桥的一旁或二层需要建造控制室。如孟闸桥、还珠闸桥和通明闸都因为这个原因改变了整座桥的形式。

表3 丰惠闸桥统计表

所属水域	桥名	位置	原闸情况	孔数	所属村庄	现状	功能	备注
四十里河水域	孟闸桥	孟闸河上，与街河交汇的河口	木板泥心闸，双闸槽	单孔	东门村	水泥闸桥	古代：泄洪和防潮；现代：缺水季向潮河和横河输水	桥东有孟闸亭
	太平桥	月亮河上，与四十里河交汇的河口	木板泥心闸，双闸槽	单孔	范家	中华人民共和国成立后改造成启闭闸	主要用于后湖、中湖诸家峰1000多亩低洼田防涝。涨大水时筑闸，以防止水流涌进诸家峰畈	
	水闸桥	溪河与四十里河交汇处，郑家堡鲤鱼山头		单孔	郑家堡村	无闸水泥桥	西溪湖放水时蓄水	

续表

所属水域	桥名	位置	原闸情况	孔数	所属村庄	现状	功能	备注
四十里河水域	北畈闸桥	东泾河上，与四十里河交汇的河口	木板泥心闸，双闸槽	单孔	西泾畈村	2019年改建为水泥桥，水泥面层下仍保持古桥形式	蓄水	
	旧通明坝清水闸桥	四十里河与通明江交汇处	木板泥心闸，双闸槽	三孔	南村	2008年拆除	蓄水、排涝、挡潮	有双向分水尖
渔溪水域	回澜桥	渔溪上	木板泥心闸，双闸槽	三孔	渔门金家村村口	水泥闸桥	蓄水	
	世泽桥	溪河上（渔溪下游）	木板泥心闸，双闸槽	单孔	前龚	水泥闸桥	蓄水	
姚江水域	孙家闸桥	孙闸直河	木叠梁闸门，双闸孔	单孔	孙闸村	桥板改成水泥板，桥墩仍为带闸古桥形式	控制姚江咸水进入和蓄水排涝	
大小渣湖水域	闸上河桥（张家闸桥）	闸河上	单闸	单孔	五云村	水泥闸桥	蓄水和排涝	
	闸桥	大渣湖支流寺河上	两道松木板夹泥心，双闸槽	单孔	五云村	古桥	蓄水和排涝	
十八里河水域	新通明坝清水闸桥	十里河与十八里河交汇处	单块木闸	单孔	新堰头村	水泥闸桥	蓄水	
西溪湖支流	西溪湖上闸桥	西溪湖湖堤上	两道松木板夹泥心，双闸槽	单孔	西溪湖村	尚存	控制西溪湖湖水	
	西溪湖下闸桥	西溪湖湖堤上		单孔	后湖		西溪湖排水	

所属水域	桥名	位置	原闸情况	孔数	所属村庄	现状	功能	备注
潮河水域	老还珠闸	横河上，潮河河口		单孔	朱村		抗旱防洪	
	还珠闸桥（竹桥闸）	潮河上，今东郊南路穿桥而过	木板泥心闸，双闸槽	三孔	孟尝村	现代钢筋混凝土结构闸桥	防洪抗旱、挡潮	
	芦黄寺桥	上潮河	木板泥心闸，双闸槽	三孔	东门村	古桥	原用于防洪抗旱，今失去闸的功能	
	胡公闸（新安闸）桥	潮河上，与姚江交汇的河口	单闸	三孔	包村		蓄上游山水、控制姚江咸水进入	
环城河水域	西南门闸桥	地处西南门环城河，建在西南门街河上	木板泥心闸，双闸槽	单孔	西南门村	古桥	西溪湖放水时拦水	
	南门头闸桥	护城河上，百岭公路西，荷花池东	木板泥心闸，双闸槽	单孔	南门村	无闸水泥桥	蓄水	
贾塔内河水域	大桥（永宁桥）	贾塔内河		单孔	贾塔		蓄水	
玉水河	唐家桥	山下河上，与玉水河交汇处	木板泥心闸，双闸槽	单孔	蔡岙	水泥桥面，下部主体仍为完整石	每年谷雨后落闸，以保闸内田畈灌溉	

　　丰惠地区的堰坝主要为蓄水和通航而建。它们的作用都是解决河流水位落差。堰坝可按地域分为两种。一种是位于山区的垒水坝，另一种是发展成熟的位于平川之上的堰坝。虽然两者从形式上看风马牛不相及，但据陈国桢先生考证，垒水坝是桥梁和堰坝的起源。它们同时具有交通和水利的双重功能。

　　应岙溪、渔溪、凤鸣溪、胡李溪、东溪、杜溪、双溪等山间溪涧上就留存了不少垒水坝。山间溪流在大多数时候水位较浅。村民自古就用溪间的砾卵石堆叠在浅溪之中，以便在溪滩上行走。为了让水能顺利通过，人们常在石间留有空隙，形成一个个间隔的石磴。在民间，它又被称为"石砩""汀步"或"碇步"，

在学术上，被称为"堤梁式桥"。这并不是严格意义上的桥梁，却是石桥最初的起源。这类桥梁的形态远看犹如浮出水面的龟背。两千多年前，古人渡川济海，有"鼋鼍以为梁"的典故。后人考证，这一水中梁即是堤梁式桥。

丰惠山区过去有许多就地取材的自然式堤梁式桥。所谓自然式是指完全采用不经过人工加工的河滩砾卵石建造。这类垒水坝的建造往往选址在进山入田的要道上。在古代村落的营建中，它们曾是重要的村口要素。具体到更细的建造场地而言，人们往往会首先利用河床中袒露的大石块作为垒水坝的一部分，接着在溪中捡拾较大较坚固的石块将它们堆积到大石块的周边，形成长堤。这类垒水坝不破坏溪流的原生态环境，就地取材，建造成本低，在古代的山溪之中有着非常广泛的分布。随着人们生活水平的提高和技术的演进，后来的堤梁式桥，大都采用标准化的经过人工加工的石块。而当代所建的一些堤梁式桥则采用预制混凝土块。

垒水坝通常建造在水位有较大落差之处。固水，提高水位以利生活和农业灌溉是这类桥梁的另一大作用。民间所称的"垒水坝"，是这一功能的形象表达。盛茂村的马溪塍、任溪上，分布着一系列上下有巨大落差的垒水坝。这些垒水坝在溪流的上中下不同位置，将河流纵向切分为多个水位落差，并且服务于依傍溪流而生的村落。其中的智慧始于跨越溪流、稳定水源、调蓄水量和灌溉农业等多种生活生产需求。同时，一个个垒水坝也将原始的溪流改造得更加景观化，既满足了生活生产所需，也美化了山区村落的环境。

平川上的堰坝中，数量最多的是埭坝，它可过水但不能通船。它们是浙东运河堰埭系统的重要组成部分。十里河与十八里河为人工运河，河流浅窄狭小，自身无法预防旱涝灾害。前者与姚江有两条埭河相连，而后者在丰惠境内则有九条埭河与姚江相接。这些埭河与姚江相接的河口都设有坝：十里河在姚江口设有倒凡坝和择水坝；十八里河在姚江口设有官塘坝、俞家坝、下葛坝、唐家坝、丁家坝、黄家坝、章家坝、傅家坝和甘家坝。这些坝都大大提升了运河的调蓄能力。

这些坝大部分都是用泥垒成的土坝，也有的用青石垒砌而成。坝上都会设置涵洞和溢流口。当旱灾发生时，涵洞开启以引姚江水通过埭河入运河。当涝灾发生时，水自溢流口或坝顶排入姚江。埭河每隔一定间距分布一条，也促进了运河水对周边农田的灌溉。十八里河上的每条埭河还分别与大小渣湖的水口相对，形成完整的水利系统。

　　堰坝在盘活古城水资源方面起到关键性的作用。古城南门外稍东位置旧设有横泾坝，是县志所云"附郭水利最要害之处"。明弘治十五年（1502），工部都水司朱衮筑此坝。万历五年（1577）县丞濮阳传重修为石坝，万历二十五年（1597）县令胡思伸改为斗式垒坝。横泾坝蓄百云溪诸涧，溪流入城内与街河相通。另一横泾坝在新安闸南，今已改为水泥桥。

　　浙东运河丰惠段最著名的堰坝是通明堰。它分为南北两堰，各司其职。北堰专通盐运之船，南堰专走官民之舟。所谓通明，是通往明州之意。它是越明两郡舟船的通衢要塞，在浙东运河上有着举足轻重的地位。北宋蔡肇在《明州谢表》中云："三江重复，百怪垂涎，七堰相望，万牛回首。"通明堰是连通曹娥江、钱清江和钱塘江的七堰之一。由于通明堰的存在，浙东运河才能畅通无阻，继而成为浙东地区水运大动脉。

　　通明堰是集闸、坝、堰于一体的综合水利设施，是丰惠闸、堰、坝和桥梁组合中最复杂的，代表着古代丰惠具有复合功能的桥梁的最高水平。自建成之日起，它就一直发挥作用。它既可以蓄积堰西的山水灌溉农田，又可以保持人工运河的水位，还可以在汛期挡潮和排涝。它的建造既利于丰惠的民生，又推动浙东地域水运往来。

　　闸和堰坝桥是丰惠历代水利工程中重要的组成部分。它是农业文明时期，丰惠地区改造自然、利用自然的成果。虽然大部分闸桥与堰坝已不存古貌，但它们仍然在被合理使用，继续发挥原来的水利作用。

丰惠古桥的多样类型与技术成就

　　丰惠古桥，从材料角度可分为木桥、竹桥和石桥；从结构形式角度又可分为拱桥和梁式桥。

　　丰惠地处丘陵，竹木资源丰富。最初的丰惠古桥以竹木为主，但由于耐久性问题，这些竹木桥逐渐被石桥取代。宋代以后，绍兴和宁波一带采石工艺渐趋成熟，石桥日渐流行。《光绪志》中就记载了部分转竹、木为石的古桥。城内大木桥、孟尝村还珠庙前的竹桥、十八里河的下木桥、王家湾堡南的双溪桥、

前半湖庆福桥和孟尝村还珠桥等都在不同的时期改为石桥。石桥取代竹桥和木桥的过程，就像今天钢筋混凝土桥梁取代石桥一样，是时代发展和技术进步的必然结果。

石拱桥是丰惠古桥最精美的一种桥型。它的技术成就和难度在众桥梁中最高。丰惠现存所有石拱桥皆为单孔。但丰惠历史上也曾有多孔石拱桥，如双溪桥，在光绪十二年（1886），由邑绅金堃改建为三洞石桥；西南门外直南，东西溪合流处的合清桥也是三洞石桥。

石拱桥按照材料的规整程度，可分为规整砌筑的石拱桥和乱石砌筑的石拱桥。前者主要分布于平原水网区，而后者主要分布于山区。丰惠地区，两种石拱桥兼而有之，以规整石拱桥成就为高。

丰惠地区规整砌筑的石拱桥现存五座，分别为等慈桥、丰惠桥、通济桥、望稼桥和桐桥（已迁建至仙姑洞景区）。这些桥的拱券都呈半圆形。等慈桥的净跨和矢高最大，分别达到9.95米和6.3米。陈从周先生在《绍兴石桥》一书中将绍兴石桥的拱券砌筑类型分为纵联砌置、分节并联砌置、纵联分节并列砌置和框式纵横砌置四种。按此分类，丰惠现存古桥中等慈桥为纵联砌置，而其他四座桥为纵联分节并列砌置。

像等慈桥一样的纵联砌置拱桥在绍兴地区十分稀少。它是早期桥梁的主要桥型之一。这种桥的拱券由与水流方向一致的数道条石相互挤压排列成整体。由于每块条石的长度有限，每道条石都是由几块条石纵向相接而成。相邻两道条石之间错缝砌筑。这样的桥横向之间接触面较大，整体性较好，结构坚固。纵联拱从两侧砌筑至拱顶时，需要采用尖拱措施。所谓尖拱就是要用硬木楔入龙口，然后不断地捶打木楔，使券石相互挤紧，直到券石受力隆起脱离木模架，然后再用龙口石替换木楔的施工技术。这也是等慈桥能从元代一直保存至今的主要原因。

陈国桢先生认为纵联分节并列砌置这种说法并不合乎实际。因为这种桥实际并不需要砌置，而是由石榫相互锁接而成。因此，他认为这类石桥应该称作瓮式锁链拱桥。本文亦赞同这一观点，下文以此名指称这类古桥。瓮式是指它的桥形如垂虹，而锁链是指石块的构筑方式。瓮式锁链拱在中国拱券技术史上出现较晚，大概在明清时期才出现，是石拱技术充分吸收中国发达的木结构榫卯技术后的产物。它的出现是拱券技术发展成熟的标志，采用这种技术所造的桥梁更加稳固。这也是在明清后修筑的石桥，大都采用瓮式锁链拱的原因。

　　瓮式锁链拱由与水流方向一致的多道横系石和垂直水流方向的券板组成。每个拱券根据跨度的不同被横系石分成几节。每节拱券由券板紧密插在横石上。横石长度一般同桥宽，是整个拱圈的主骨，因此它又被称为龙筋、锁石。券石又被称为链石，券板上的榫头嵌插在横石的榫口上。两者的连接与榫卯连接的原理完全一致。这就将各节券板和各道横石连成了更为稳固的整体。上下两节相邻的券板错缝，进一步强化桥的稳定性。券板长度和横石密度会根据跨度的不同有所变化，但基本上都遵循越到拱顶券板越短、横石越密的规律。

　　丰惠现存的四座瓮式锁链拱桥都遵循这样的基本规律。按照拱券的分节数，丰惠桥、望稼桥和通济桥都曾是七链六锁的瓮式石拱桥。目前，前两桥已被降低桥高，改为五链四锁的瓮式石拱桥。通济桥依然保持着原貌，是丰惠地区现存唯一一座此类桥。它圆曲高俊的优美形象与结构逻辑上的美，完全一致。

　　瓮式锁链拱在建造之前，需要对不同位置的券石和横系石进行编号。现场组装时，石匠需先搭好满堂木模架，再按照编号进行组装，一般先从两侧拱脚开始。最底层的券板榫头插在水盘上，再在券板上安装第一道横系石，依次类推直到最后一道横系石。最后安装的部分是龙门券（指位于拱顶处的券板），也是这个桥型建造中最难的部分。当带榫头的龙门券板准确地落到两侧横系石的预留槽孔中时，桥的建造基本已经完成大半。所以龙门券的准确落位在民间也被看成桥神的落位。在古时，龙门券的落位有一定的仪式。这就像在建造民居时，匠人和主人对房屋上梁很重视一样。拱券合龙后，还需要进行压顶措施。所以龙门石上往往需要压上千斤石。

　　乱石拱桥的建造在山区有着非常广泛的材料基础。丰惠地区现存的乱石拱桥主要在渔门村的渔溪上。乱石拱桥的石块间不施黏结剂而是靠着相互挤压维持平衡。石块往往大小不一，为了增加石块间的接触面，乱石大都选择棱角面较多的山石而少用被水流冲刷过无数次的光滑溪石。整个拱圈从券脚到券顶对材料规格的要求也有所不同。拱脚往往选择较大的石块，而拱顶则选择较小的碎石。有的乱石拱桥还以厚重的天然基岩做基础，增加稳定性。这由拱的受力特点所决定。渔门村村口的一座小乱石拱桥即是巧借凸起的裸岩做拱脚的。乱石拱，乱石驳岸与自然的河床浑然一体。不过现在，渔门村的乱石拱桥上都被加筑了钢筋混凝土路面，它们仅作为道路的一条梁而存在。

丰惠地区现存最多的石桥类型是梁式桥。其中以单孔桥最多,三孔桥其次,其他孔数的石桥均较少。西南门观桥、十八里河望仙桥、五云村五云顶桥都是单孔桥中的佼佼者。而其他留存在山河田畈间的单孔桥更是不胜枚举。现存的双孔古石梁桥有盛茂村的丰震桥、清水塘村大桥头和管塘下村的管塘下桥。三孔桥有永庆桥、永丰桥、文庙桥、探春桥、东门外观桥、张家桥等。三孔以上的石桥目前在丰惠地区已不存。曾经在姚江上的永福桥为六孔桥,永安桥为七孔桥,它们都毁于 2008 年。

丰惠梁式桥桥台的基础做法与江南一带的桥梁基本一致。基础都是在软质土上打松木桩。松木在无氧的环境下最不易腐,因此它是石桥水下桩的最佳选择。民间甚至有"万年水底松"之语。松木桩上架两道自下而上逐步缩进几厘米的盖桩石。有的桥还会在盖桩石上再叠一块水盘石。这便是完整的基础。

桥墙就砌在盖桩石或水盘上。它可分为顺桥方向的金刚墙和顺水流方向的前挡。丰惠地区现存的梁式桥,桥墙基本都是由长条石纵横错叠而成,自下而上略有收缩。桥墙转角处最易被船撞击,因此这个部位往往有较为特殊的处理。有些桥会在转角处抹圆角,如西郊村马家南畈桥;有的桥在纵横石条的端头处会打凿斜向的小勾头,上下石条因这样的咬榫而被紧密连接成一体。这样的处理都加强了桥的抗撞击能力。前挡上一般都会架上通长的承梁石。承梁石凸出桥台 20—30 厘米。它的作用就是把梁石上的力传递给宽厚的桥台。为了给船舶通行预留足够的桥洞高度,梁式桥的桥面都抬高,两侧都会架台阶与两岸相连。

桥面由梁石、望柱和桥栏组成。丰惠的梁式桥大多为石板单孔桥。它按照并铺石板的块数分为独板桥、双板桥、三板桥、四板桥、五板桥等。梁板长度大部分在 2.5—4 米之间,更长一点的可达 4.9 米。丰惠城中,原关帝庙前的大木桥在丰惠现存所有石梁桥中跨度最大。它的梁长达 5.9 米,上面单铺一块独石板。绍兴现存的单孔石梁桥大多无桥栏无望柱。两者兼具的以登仙桥最为完整。栏板与望柱之间用勾榫相互锁紧成为一个紧密的整体。望柱插在承梁石上。

多孔桥与单孔桥构造原理相似,两者相比,不同的是桥墩部分。丰惠多孔桥虽然遗存不多,但桥墩类型仍然较为丰富。薄形叠石墩、锥台型实体墩、设有分水尖的实体墩和石壁墩台都能在丰惠现存多孔桥中找到案例。锥台型实体墩和分水尖实体墩都是实体墩发展成熟的产物。前者以蒲湾永庆桥为代表,后者以盛茂村震关桥为代表。永庆桥中间两个桥墩上小下大,整个截面呈梯形。

震丰桥在迎水面设有分水尖，以分流山洪。分水尖一般都设置在迎水面，只有黄芦寺桥较特别，它的分水尖设置在背水面，应该是用来阻挡潮水的缘故。

为了进一步减小水流对桥墩的冲击和加大桥洞宽度，丰惠地区出现了两种极薄的桥墩。一种是顺着水流方向层层竖叠的薄形叠石墩，另一种是多块竖向条石并立密拼的石壁墩台桥墩。木桥头的永丰桥，两个中墩自下而上都是由厚仅 0.25 米左右、宽 0.6 米的扁形条石层层叠砌而成。扁石的前后两个面都会处理成圆弧形，以防撞击。为减少造价，多块完整的扁石中间往往会插入几块拼接的扁石。另一种薄石墩桥则以东门外探春桥为代表。这座桥中间两个桥墩和北侧靠岸的桥墩都由六块竖条石密拼而成。石壁墩台上顶承梁石下抵水盘，显得十分骨感。

丰惠古桥多样的类型和不同类型所采用的多种技术是丰惠人民自古以来智慧的结晶。历代建造古桥的匠人们改变了丰惠的水利和地理格局，促进了丰惠的社会经济发展。翻查县志，这些匠人大多没留下姓名。这些隐没在历史中的无名匠人，与古桥一样，流芳百世。（黎健波撰稿）

（作者系古城古建筑青年研究者）

街河流域

　　年代久远、造型各异、工艺精湛，丰惠街河上的一座座古桥，有的小巧玲珑如精美的搭襻，有的纤细秀丽如玉带，有的雄伟壮美如飞虹，不仅方便交通往来，也勾勒着丰惠古城春夏秋冬每一季别样的诗情画意。这一座座古桥，凝聚着千百年来丰惠古城百姓的勤劳与智慧，彰显着古城百姓高超的建筑造诣，承载着古城千百年深厚的文化底蕴与历史变迁。

　　街河，也叫县河，以前是当地居民生活用水的主要来源，是水上运输和排涝的通道，是古县城的生命之河。明朝以前，街河与浙东运河相贯通，成为浙东运河上虞段的一部分。

　　明永乐九年（1411），鄞人郏度将旧后沟开通，成为四十里河的主航道，街河从此与主河道分离，自成一体，西起西黄浦桥，款款东流，从西城水门进入古县城，蜿蜒穿过全城，从东门出城，在东黄浦桥下与四十里河相汇合。据记载，街河全长2850米，其中在居民区的河长约2200米，河面平均宽7.6米，最宽处约9.6米，最窄处约6米。

　　在丰惠还是上虞县治的时期，也就是唐长庆二年（822）以后的1100多年时间里，街河两岸是丰惠的核心区域。河之北是官府衙门、书院学宫和庙宇寺院的汇集地，飞檐翘角，高高耸立；河之南是居民区，粉墙黛瓦，青石深弄，紧密分布；沿河两岸是商业街，店铺林立，交易兴旺。河面上船来船往，穿梭不绝，埠头里卸货装船，捣衣洗菜，十分忙碌。

　　街河上有形形色色的石桥，将两岸紧密连接起来，融为一体，方便人们往来。从西向东，依次有永庆桥、西门城桥（见后）、木桥、通济桥、永丰桥、丰惠桥、玉堂桥（新）、等慈桥、东门城桥（见后）、探春桥和东门观桥等。有的是石拱桥，有的是石梁桥；有的是多孔桥，有的是单孔桥；有的桥两边是台阶，有的桥两边是斜坡；在古桥中间或也有新桥，千姿百态，无一重样。其中，等慈桥、丰惠桥和通济桥等石拱桥的桥面宽度都在 6 米以上，超越了江南古石拱桥一般 3 米以内的宽度。这也说明当时丰惠造桥技术的发达。漫步街河边，走过一座又一座石桥，拾级而上，或是依坡而行，仿佛带人穿越时光，走进了桥梁博物馆，各式石桥，一一展现。

历经千百年的岁月洗礼，丰惠街河上的古桥，坚韧的气质与悠远的魅力，正如丰惠人民的精神与品质，代代相传。这些古桥，在丰惠古城的建筑中具有特殊地位，在众多江南古镇的桥梁中，也有一定的代表性和独特性，是前人留给我们的宝贵财富，也是如今古城古貌的精华所在。

永庆桥（蒲湾桥）

永庆桥是一座三孔石梁桥，位于丰惠西门城楼之外约 100 米处，是西大街的延伸段——西郊大路通向蒲湾自然村（合并前属于西蒲村）的重要通道，俗称蒲湾桥或西蒲桥。

永庆桥始建年代不详，明朝的《万历志》已有记载。全桥长 27.6 米，桥宽 1.9 米，是丰惠跨度较大的石桥之一，也是目前上虞保存下来最精美、最坚固的石梁桥，结构齐全，损坏较少。2005 年被列为县级文物保护单位，加以妥善保护。

永庆桥每孔桥面各铺设 3 块长石板，三孔梁长分别为 5.6 米、6.1 米和 5.6 米。

永庆桥

北桥台

永庆桥桥名板

桥墩

两侧各有三块石栏板，长度与梁长相同，高度约 0.6 米，两边各有四个立柱。中孔桥名板上刻"永庆桥"和"光绪戊申年重建"字样。

水中两个桥墩用厚石板整石叠砌，为上小下大的锥台墩，两端近似圆头，以减少流水的阻力。桥墩高约 4.2 米，上有桥帽，长约 2.6 米，通过榫卯结构与立柱相连接。

两个桥台系干砌条石砌筑。桥台的起档踏步宽 5.4 米，台顶宽 2.7 米，北台有石级 10 档，南台有 12 档，两侧随带齐全完好。

《万历志》称："永庆桥在县西门外，跨运河。"这说明，永庆桥在明朝时期已经存在。《光绪志》沿袭了《万历志》的记载，并补充"俗呼蒲湾桥"。

现存桥梁为清光绪戊申年（1908）重建，这从"光绪戊申年重建"的石刻

中可以看出。自重建至今，也过去了 110 多年，永庆桥至今巍然屹立，十分难得。2018 年，在西郊大路离北台不远处挖出一对石狮，未知原本是否就放置在桥头。

永庆桥南为蒲湾村，桥北为仓弄村，两村隔河相望，永庆桥成为临河两村过往的

南桥台

纽带。蒲湾村以渔业为主，兼营农业，是个渔村。每天清晨，渔船穿桥西去外河捕鱼作业，傍晚返回。桥南百米坝滩成为渔港。各家各户的主妇们纷纷前来坝滩帮着男人们收管好一天的成果，拾的拾，挑的挑，热闹非凡，为次日清晨镇上市场供应鱼虾做好准备。

永庆桥北，沿河而建的仓弄村，则是城西的商贸集散地。以十三间楼为中心的小商铺，一字形排开。百货、餐饮、酒馆、理发、建筑材料等商店，一应俱全。

街河从两村中间穿桥而过。过去桥北岸边建有船埠码头。清晨，吹着螺号的"快船"在此停靠，外出经商、求学、探亲访友的都一一上船入座。在那没有汽车、公路的年代，"快船"就成了现今的"公交车"。此外，还有货船、农船、

永庆桥北的"十三间楼"

捕鱼船来往穿梭，永庆桥成了城西黄金水道上的守护神。

永庆桥的白天繁华而祥和，夜晚热闹而欢乐。特别是盛夏的夜晚，忙碌了一天的两岸村民，总在晚饭后早早地来到桥上乘凉消暑。桥两边的石柱上坐满了人，有的人谈古论今，有的人拉家长里短，年轻人拉起二胡高唱绍剧，小孩们则在桥中间来回追逐嬉闹，永庆桥上的夜晚简直成了文化夜市。人们白天辛苦劳作的疲惫被尽情地消解了。

因永庆桥近在西城门边，是进出西城门的必由之地，历史上也发生过多次战争。1941年5月县城沦陷时，日军拉丁抓夫，将桥头三户住宅强制拆除，建造炮楼，构筑铁丝网。丰惠解放时，1949年5月22日，解放军冒着细雨从这里入城。"文革"时，这里遭到破坏；党的十一届三中全会后，改革开放，拨乱反正，桥两边的人民迅速富了起来，新房林立，环境整洁优美，社会平安祥和，蒲湾村和仓弄村成了富裕的社会主义新农村。

2006年4月，在行政村调整中，西蒲村和仓弄村合并，以永庆桥的桥名命

名为"永庆村",村以桥名,桥为村荣。(注:西蒲村包括蒲湾自然村和城门内的西门头,直到溪弄、县前一带的农业人口。)

桥的历史见证着时代的变迁,永庆桥也是这样,她还将继续静静地守候在街河上,看水涨水落、叶枯叶荣,望世间万象、人生百态。(黄俊彦撰稿)

木桥

从西门城桥到通济桥之间长长的街河上,古代没有别的桥,给两岸百姓出行带来了极大的不便。也不知什么时候,位于通济桥西约 200 米处的木桥应运而生。

木桥鸟瞰

听木桥之名,可以想象此桥最初的样子。"桥"是木字旁的,其实原始的桥都是木头架设的。只有一根木头的叫"独木桥",把几根木头并铺,就是一般意义上的木桥。此处的桥先由木头架设,称木桥,后改为木梁石板桥面,到1953 年才变成真正的石梁桥,但"木桥"的名字被保留了下来。为区别于小木桥,此桥也叫大木桥。

桥之北的西大路上,早先有胡家台门、大夫第、朱家台门、观察第等老台门,中华人民共和国成立之初,上虞法院也设在这里,西门粮站则是 20 世纪七八十年代最知名处。桥之南为西纤路,路边有葛家台门、周家大厅和丝厂宿舍等建筑。有了此桥,两岸的交通变得便利。

现存的木桥全长 10 米,宽 1.9 米,梁长 5.9 米,厚 0.36 米。石板之侧刻有"1953 年 6 月建"字样。从这个时间看,此桥不能算作古桥。

南、北桥台由干砌条石砌筑,坚硬结实,用材考究,有些古桥风姿。

两台原各有石阶三四级,为方便车辆行驶,1970 年拆除台阶。原本桥上无

桥侧的石刻

木桥南桥台

木桥北桥台

木桥侧影

护栏，21 世纪初安装了钢管护栏，提高了过桥的安全性。

丰惠的石桥通常都有一个雅致的名字，但这座桥是例外，一直称"木桥"。曾经有热心居民，搞来两只水泥狮子放在木桥头的北端，命名木桥为"双狮桥"，还用石板刻上"双狮桥"之名，及"河清海晏，国泰民安"的"桥联"。古城改造时，狮子和石板被清除。因而此桥至今没有其他名字。

古县城改造后，桥北建起了奎文阁、得真亭和戏台等仿古建筑；明代建筑观察第得到修缮，重放异彩；西门粮站也全面改造，焕然一新；就连木桥边的埠头里，也镶嵌了巨大的雕花石板。

这些改变使平凡的木桥头晋升为古县城又一精彩处，吸引着无数游人的目光，还有电视剧组来此拍摄。此处的蝶变，是古县城雄风重振的一个缩影。

（史济荣撰稿）

通济桥（通利桥、大八字桥）

　　通济桥是一座典型的石拱桥，系七链六锁石瓮式拱桥，位于西大街与西南门街的交叉点，南北走向，跨街河，在南宋嘉泰的《会稽志》中已有重建的记载。通济桥结构完整，随带齐全，全长20.9米，净跨6.8米，矢高4.5米；桥顶宽4.8米，长3.58米，形成一个平台。2005年，通济桥被列为上虞市文物保护单位，立碑保护。

　　通济桥的南台与玉带溪上的望稼桥的西台犄角相连，两桥如一撇一捺组成了一个"八"字，故老百姓通称这两座桥为"八字桥"，通济桥叫大八字桥，望稼桥叫小八字桥。

从西向东望通济桥

　　通济桥在宋代以前叫"通利桥"。据南宋嘉泰《会稽志》记载：通利桥在县东南百步，绍兴年间（1131—1162），王吏部义朝重建。从中可以推断，此桥始建年代还要更早。此处是古县城商贸、交通繁忙处，离古县衙门也仅数百步之遥，其始建年代往前追溯，甚至可能早于丰惠桥。

　　据《光绪志》记载，元朝至元庚辰年（1280），此桥变得残破不堪，在县衙门一个叫海鲁丁的主簿主持下，重建此桥，更名"通利"为"通济"。但明《万历志》记录的重建时间为"至正中"（1355年左右）。两者记载时间不同，或许在这两个年份分别都有修建。《万历志》还记载，明朝万历甲辰年（1604），上虞县令徐待聘筹措资金，命寿来泰等人重建此桥。

　　重建或修缮此桥的记载还有：清朝道光年间（1821—1850）的大修，光绪初年里人葛学元等人再次出资重修。
而如今保存下来的是清光绪二十四年
（1898）重修后的桥梁，桥名板上刻
着"光绪二十四年重修"字样。

桥名板上的刻字

　　通济桥与等慈桥、丰惠桥一样，
是典型的石拱桥。石拱桥的特点之一
是造型优美，桥洞成弧形，桥身像彩虹，
被诗人形容为"长虹卧波""飞虹横渡"。
特点之二是结构牢固，经久不坏。石
拱桥的著名代表——赵州桥建成至今
已有 1400 多年，经历了无数次洪水
和地震，仍然岿然屹立。这是因为其
建筑原理非常科学，建造拱矢的石头

高大的石拱

形如楔子，砌筑时小面在里，大面在外，
当桥面的重量往下压时，石头被紧紧
地夹住，下压的重量转化为向两边挤
的力量，而两头有桥埭顶着，这样只
要桥埭稳固，石头不碎，石拱桥就不
会坍塌。

　　通济桥石拱高大、敦厚，拱圈石
的表面泛着黑色，生长着些许苔藓，
越发显得古韵十足。龙门石底有精美
的石刻。

　　拱圈石边有两根竖直的柱子，称
为排柱。排柱的作用是使受力均匀，
使整座桥梁融为一体。古人还常在排
柱上题写楹联（桥联）。通济桥上原来
也有桥联，只是年月长久，桥联风化，
表皮剥落，字迹难以分辨。排柱上还
有横系，上面雕刻的龙头至今完好。

南台西侧的龙头，下为排柱

石桥上的龙叫螭，是中国古代神话传说中一种没有角的龙。龙生九子，传说螭是龙最喜欢的儿子。螭傍水而居，是古桥的守护神。相传螭因为触犯天条，被贬下凡，被压在巨大沉重的龟壳下看守运河1000年。其因性善好水

南台东侧的龙头

北台东侧的龙头，下为排柱

好水，会调节水量，使运河水"少能载船，多不淹禾"，保佑一方平安，备受百姓崇敬。千年后，螭终于获得自由，脱离了龟壳。后人以螭头的模样雕成石像放于河边的石礅上，认为这样可以镇住河水，防止洪水侵袭，寓意四方平安。

通济桥顶，正中为中心石，也称龙门石

桥顶有个4.8米×3.58米（宽×净长）的平台。站在桥顶，可以凭栏赏景，看桥下舟楫飞渡，看拉纤人弓身往前，看两岸人家枕河而居，看主妇在埠头上捣衣洗菜……

桥顶两边有厚石板做拱顶石栏，以抱鼓石收尾，美观而又坚实。

通济桥南台设石阶21级，首级宽6.1米，北台设22级，起档宽5.3米。这样的宽度在江南古桥中不多见。台阶两边以石条收边，无护栏，但在南台的起档处设有厚石条做护栏，可供人休息，也能防止小孩玩耍掉入河中。

丰惠镇的古桥中，等慈桥古拙而质朴，丰惠桥因改造已无原先的样貌，唯有通济桥，结构完整，随带齐全。

通济桥南台

与通济桥相依相偎的望稼桥于20

世纪70年代被降低拱矢，整体格局有所破坏。尽管如此，八字桥仍然是古县城的标志性建筑，丰惠古镇的风景绝佳处。从西边望通济桥，如一轮弯月，凌空而立，雄伟壮观，与河道、纤路、两岸民居融为一体，古韵盎然。从东边看，全桥尽收眼中，更显雄姿勃发，神形兼

从东向西看通济桥

备，且与望稼桥一高一低相互映衬，把江南水乡特色表达得淋漓尽致。（史济荣撰稿）

永丰桥（木桥）

永丰桥

永丰桥是一座弓形石梁桥，俗称木桥、小木桥。处于古县城的商贸中心地带——庙弄口。记载显示，永丰桥建造于清嘉庆年间（1796—1820）。其北边原是古县城的城隍庙，从城隍庙正大门向南延伸将近百米，便与西大街十字相交，再往前20米，就到了永丰桥，跨过街河，与西小街狭长的青石板路相连接。

站在永丰桥向北眺望，西大街、庙弄口与城隍庙抬头可见。回过头来，则西小街、街河、船埠、驳岸尽收眼底。永丰桥头是人流、物流的南北咽喉和交通枢纽。

永丰桥头的河道、埠头和石坎

　　永丰桥三孔两墩，全长 9.35 米，净宽 1.5 米，每孔三条石梁，每节梁长分别是 2.2 米、4.85 米、1.3 米，两侧桥石栏齐全，采用 0.20 米厚、0.60 米高的长条石分节与桥墩夹柱榫卯相扣，而桥栏夹柱与桥栏平齐。中间桥栏板上有楷书阴刻"永丰桥"，以及"光绪拾捌年葛麟章募捐重修"字样。

桥名板

两个桥墩

　　两桥墩为整石叠砌的双圆头块石。此处的河道并不宽阔，为方便船只通行，桥墩设计为扁长形，长度达 2.5 米（桥墩基座长 2.8 米），而宽度仅为 0.5 米。

　　同时，三孔桥洞，尽量使中孔宽阔，两边收缩，以最大限度保持船只畅通。

　　南北两边桥台全部用条石干砌，宽度稍大于桥宽。桥北，桥踏步下西侧有一个长 2.5 米、高 0.6 米、厚 0.2 米的单侧石栏，因为此处有通向街河的埠头。

　　永丰桥造型简约，整体端庄大方。因地处西大街商业闹市街段，桥梁设计建造有诸多局限，更显示出设计建造者的匠心独具。

　　原桥之北，从西大街口开始，便有

桥墩造得长而窄　　　　　边上的桥孔很小

两级台阶，然后是一块近百平方米的桥前台地，到桥边又是六级台阶上桥。过永丰桥，南边下桥是八级台阶。设计时充分考虑了地形局限，如果八个踏步依常规铺设，势必严重影响西小街道路通行。建造施工者巧妙地降低了两侧边孔的高度，把本该伸出的桥档位置向中间缩回，架设在边跨上，减短了桥面总长度，留下足可通行的空间。

　　永丰桥之名，未见于《万历志》，目前可考的是《光绪志》上的记载：永丰桥在县东城隍庙前，俗呼木桥，嘉庆年间创，光绪间邑人葛麟章募捐重建。从这则记载看，永丰桥建造于清嘉庆年间（1796—1820）。但不知当时是木桥还是石桥，也许简易木桥的历史还要更久，甚至可追溯到明代。

　　首先，由史料可知，明朝中叶以后，古县城以西大街为中心的商业繁华格局基本形成，而且日益发展。随着商业物流的繁荣，人际交流剧增，"布帛丝绵，旧在儒学前，今移城隍庙内"（《万历志》）。城隍庙内商品经营日渐活跃，贸易行市逐步扩大，促进和推动了水上客运、货运的兴旺发达，促使街河南岸停靠船舶、货物、客流的河湾、河埠等渐渐形成了客货运码头，过河建桥需求迫切。

　　其次，街河南岸人家社会地位提升，希望尽快融入街河北岸，与居于街河北边的地方政要有更加密切的联系和沟通，也需要创造更加便捷的通道通过街河。《万历志》载，明弘治丙辰年（1496）进士葛浩和葛浩之子——正德丁丑年（1517）进士葛木的宅邸分别在西小街以永丰桥为中心的东西两边，也就是古城颇有名气的东西父子台门。古代，高中进士是非常了不起的大事情，足以光耀门楣，更何况是父子登科。虽然父子登科以后都在外地为官，但家里的应酬往来一样不少，也需要在正对城隍庙处再架设一座桥梁。

再次，从永丰桥的位置和结构看，永丰桥是在西大街商街、路桥格局已经成形以后根据形势发展进行的补充建造。桥北面，地坪高于西大街约两级台阶，与东西店面的街沿持平。桥前地坪面积将近一百平方米，估计是拆去了街面房屋，给建造永丰桥腾出了空间。永丰桥中轴线与北边桥下地坪中线相偏移，靠向东侧，桥中轴线恰恰居中于东西父子台门。这可能与东西父子进士台门的布局有关。

从以上推断，永丰桥最初的建造时期可能在明朝中叶以后，清光绪十八年（1892）重修之前这一段时期。

永丰桥初始时被人们称为"木桥"，估计是建桥之初采用了木质便桥的形式。但木桥存世时间不长，始建年代、创建人等相关资料缺乏，至今无从查考。与其他任何事物一样，最初的印象总是最深刻的，更何况是省时省力的过河捷径。走的人多了，经年累月，"木桥"之名深入人心。以至于城内城外的百姓还习惯把永丰桥一带民居区域，泛称为"木桥头"。

最近的一次维修

若从光绪十八年（1892）修算起，永丰桥至今已有130年的历史。永丰桥虽不及通济桥、丰惠桥高大宽阔，但其居于这两桥之间，交通也十分繁忙。

20世纪70年代，随着船只的减少、车辆的增多，为方便车辆通行，永丰桥被拆除台阶，改为斜坡，大大降低了高度。如此一来，古桥的样貌变化了很多。

2020年，东侧护栏被车辆撞断，桥板也有开裂的迹象，此桥变成了危桥。政府立即着手抢救，在石梁下垫上钢梁，加固护栏，重铺两台石板。经过修复后，永丰桥仍可供行人往来通行。（沈荣良撰稿）

丰惠桥（酒务桥、姐夫桥、济富桥）

　　丰惠之名来自丰惠桥，丰惠桥自然是上虞古县城的标志性石桥。丰惠桥始建于五代十国时期的后周显德年间（954—960），原名酒务桥。丰惠桥原为七链六锁瓮式石拱桥，古朴雅致，高大宽阔。全桥长26米，桥宽5.22米，桥拱净跨8.5米，拱下南北各有供人行走的步道。

　　横跨街河而立的丰惠桥位于古县城的最中心，既是地理中心，也是商业中心、交通中心。桥之南是东西小街的分界线，过牌坊是南街，直通南门，南街也是曾经的主要商业大街。桥之北是东西大街的交会处，商业繁华，东北是上虞学宫。古代没有

降低后的丰惠桥

向北直通的街道，20世纪六七十年代，有了向北延伸到新建路的街道。1992年人民路开通后，往北的大路成为如今的主要商业大街，而丰惠桥始终是人流、交通、商业的密集处。

　　嘉泰《会稽志》载："酒务桥在县（衙门）东一里。"南宋嘉定十七年（1224），鄞县人楼杓出任上虞知县，见酒务桥"岁月滋久，石或断缺，往来者凛乎有压溺之忧"，作为父母官的他甚感不安，"乃以岁计之余，捐金募工，伐石更造"。因旧名不雅，邑人感其恩德，拟改名为德政桥。楼曰："天以丰岁加惠我民，事幸而集，予何德焉？以丰惠揭之其可。"遂改名为丰惠桥。后来镇也因桥而名，称丰惠镇。

　　尽管书籍和桥名板上都写着丰惠桥，但本地老百姓均称其为"姐夫桥"（音），没有人称其为丰惠桥。"姐夫"之名的来历，可能与最早此桥叫"酒务桥"有关，

桥名板

名字一直在民间沿袭下来，经过千百年后读音有所改变，"酒务"的发音变成"姐夫"。另一种说法是发音可能来自"寄货"。因该桥桥头是米行、柴行等交易场所，从南门外进来交易的山民，常把货物寄存在桥头，久而久之，此桥就成了"寄货桥"，方言发音与"姐夫桥"相同。因"姐夫"两字不雅且易生歧义，故常写成"济富桥"。

桥台南侧为23级青石踏步，北侧为22级。两边设置厚重的石栏板、石柱，每块栏板的榫头（凸出）与石柱的卯眼（凹进）相扣，并与桥身紧密相扣。桥顶东侧栏板外镌刻"丰惠桥"桥名。

南北两侧栏板的收尾为抱鼓石，每块抱鼓石的内外均雕刻了多条精美的缠枝花纹和圆鼓图案，上方刻有蝙蝠图形，显得惟妙惟肖。这些精湛的石雕，象征幸福、平安和美好。

古桥抱鼓石图一

古桥抱鼓石图二

古桥抱鼓石图三

古桥抱鼓石图四

与等慈桥相比，丰惠桥的跨度稍逊；与通济桥比，精美程度也有所不及。但丰惠桥的建筑有其特色。两边桥台采用光滑水磨石构筑，桥拱用数百块楔形条石垒就，紧靠桥台处又分别设置了三处石级埠头做支撑，增加了桥的稳定性、坚固性。

丰惠桥历代都有维修或重建。明《正统志》上就有重修的记载。

现在石桥的桥名板上左右还有两行字："丰惠镇革命委员会""一九七三年十二月重建"。1973 年底的这次重建，大大改变了这座古桥的格局。

丰惠桥位于城南城北的连接处，当时各种机动车纷纷涌现时，高高的石拱、长长的台阶，

目前的南桥坡

便成了现代交通的阻碍。于是七链六锁拱桥被拆改为五链四锁，拱矢高度降低至 3.3 米，两边的石阶改成斜坡道。

经过改造后，丰惠桥失去了原先高大威武的古貌。但无论风雨侵蚀，万人踩踏，车辆碾轧，丰惠桥仍坚如磐石。这彰显了古代能工巧匠的高超建桥技术。从后周显德年间算起，丰惠桥已经历了一千多年的漫长历史，至今仍牢牢屹立，且其交通功能从未削弱，这在建桥历史上并不多见。

如今的丰惠桥一带仍是丰惠最热闹繁忙的地方之一。白天，桥上人来车往，铃声不绝，桥头的各种菜摊小贩，招徕着顾客。老人们喜欢坐在桥栏板上，说些前朝后代的往事。晚上，桥北的广场上更是灯火闪烁，歌声阵阵，跳广场舞的队伍多达五六支，灯光、音乐和舞蹈，点缀着古镇的夜景。

近年来，古县城复兴改造工程在如火如荼地进行。具有千年历史的丰惠桥，沉积着无数时光的雕琢与记忆，引人无限遐想。（姚友根撰稿）

玉堂桥（新）

玉堂桥在东大街北门弄口的"科第坊"前，跨街河，南北走向。此处古代并没有桥。现存的玉堂桥建于 20 世纪 80 年代初，并不是古桥，但它是如今街河上的石桥之一，且名字与古代的"浴堂桥"相关，故收录其中。

据嘉泰《会稽志》记载：浴堂桥在县东一百七十步。《万历志》载：丰惠桥东向北曰浴堂桥。又向南，曰鹅鸭桥。《嘉庆志》载：浴堂桥在丰惠桥东北。

早先，有一条溪流从城北的大水田往南流向街河，位置在学宫（孔庙）之东，其名叫"小河"。小河上有好几座小桥，浴堂桥是最靠南的一座，就在东大街上。浴堂桥两台由石条干砌，上铺五块桥板，两侧有厚石板做护栏，两端无台阶，是早年丰惠廿桥之一。20 世纪 60 年代末胶木厂建造时，小河被填平，小河上的石桥全部被拆除，浴堂桥从此消失。

玉堂桥

在 1992 年人民路开通之前，北门弄是向北出城的唯一通道，交通功能显著。但北门弄到东大街终止，没有过河的桥梁，带来很多不便。20 世纪 80 年代初，北门弄口建造了跨越街河的桥梁。

此桥的两台为街河的石坎，建桥时重新垒筑加固，桥身由钢筋混凝土浇筑，跨度 7 米，距水面约 4.1 米，宽 2.6 米，两边有台阶。

此桥原本没有正式名字，后来借用"浴堂桥"之名而称"玉堂桥"，一是"浴"与"玉"在本地方言中发音非常接近，二是"玉堂"有"金玉满堂"的含义，吉祥喜庆。

如今的桥名板上，一侧镌刻的是"玉堂桥"，另一侧是"玉堂锁春"。

2018 年东大街改造时，玉堂桥进行了全面整修。为兼顾美观与耐用，桥面

桥名板一　　　　　　　　　　桥名板二

南桥台　　　　　　　　　　玉堂桥新景

和台阶都采用大理石。南台先是六级台阶，上有平台，再一个台阶上桥；北台共有八级台阶。台阶中间有一斜道，以方便自行车推行。护栏也为大理石板，两边各设有四个厚重的桥柱。

　　如今的玉堂桥，既是东大街与东小街之间的联结通道，也是街河上的一道风景线。

等慈桥（九狮桥）

　　等慈桥位于东大街离东城门约 100 米处，为干砌单孔石拱桥，桥顶用青石板错缝平铺而成，两边置踏步，全长 26.85 米，通高 6.3 米，桥面宽 8.8 米，净跨 9.95 米，是目前丰惠最高大宽阔的古桥。现存本地最早的方志宋嘉泰《会稽志》上已有"等慈桥"的记载。等慈桥结构紧凑，砌筑方法在古桥中少见，在以"石桥之乡"著称的绍兴也仅此一座，为绍兴著名古桥之一。1997 年 10 月，等慈桥被列为浙江省级文物保护单位。

等慈桥雄姿

"等慈桥"的名字来源于桥北的等慈寺，桥与寺有深厚的历史渊源。《万历志》云："邑治东数百武而遥，有万寿祝釐所，曰等慈禅寺。"等慈寺，始建于梁天监二年（503），初名"化民院"，唐长庆癸卯年（823）更名为"上福寺"，宋大中祥符元年（1008）赐额"等慈寺"。鼎盛时，殿宇巍峨，明堂平旷，晨钟暮鼓，铃铎远闻。由此可见，等慈寺历史之久、规模之宏、地位之尊。

梁代高僧慧皎是上虞人，俗姓陈。他春夏弘宣佛法，秋冬专事著述，著述了我国佛教史上第一部系统的僧人传记——《高僧传》。相传，慧皎幼时皈依佛门，最初受戒便是在等慈寺，成年以后前往会稽嘉祥寺。

老街、古河道和等慈桥

等慈寺也曾是北宋皇室贵胄的容身地。宋建炎三年（1129），赵宋皇室随高宗南渡。宋太宗赵光义的七世孙赵不抑一家，来到上虞县城，就曾住在等慈寺里。赵不抑的第三子赵善傅，曾作《寓居等慈寺感怀》，诗云："钦从王命寄招提，寂寂荒阶绿草齐。明月夜深接佛阁，看来不比汴梁时。"

等慈桥建于何年？史料未见明载。宋嘉泰《会稽志》有载，现存石桥南台的一块巨石上有"宋嘉定七年（1214）岁次甲戌二月重修"字样，表明那一年曾对此桥做过重修。《上虞地名志》载，宋开禧三年（1207），在等慈桥边建石塔经幢。

巨石上镌刻着文字

从上述史料可见，此桥建成的时

冬日的等慈桥

间，至少应在嘉泰年间（1201—1204）之前。考虑到此桥就在寺前，桥与寺相伴而存，有理由推断建桥时间还可以一直往前，甚至与等慈寺同时而建，可谓历史悠久。

等慈桥是街河南岸香客出入寺院的重要通道，其修建便与寺僧有关。现存的石桥便是等慈寺僧人所建。清雍正《浙江通志》载："元至正时，等慈寺僧永贻、良玉、普益、大遄等人募捐重建。"《光绪志》将寺僧募捐重修的时间说得更准确：元至正癸未，即公元1343年。

那时，离宋嘉定年修桥已过去129年，石板多处断裂，过桥者常有坠河之险，慈悲为怀的僧人们四处化缘，募集到足够的款项重建此桥。重建后的石桥，工艺精湛，雄伟壮观，引得无数诗人骚客前来题咏。

早在南宋时，诗人黄和中有《等慈桥》诗云："几年危蹬倦攀跻，叠石成功信可稽。楯列九狮留旧事，车乘驷马待新题。长河俯瞰多飞鹢，高岸横陈有断霓。多谢老僧能起废，尽将胜概付招提。"

此诗对僧人改"危蹬"为新桥的功绩做了高度颂扬。说明南宋时，也有僧人维修了此桥。

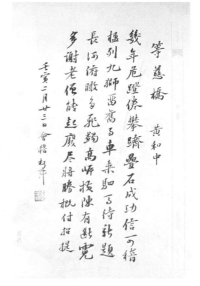

黄和中诗《等慈桥》，范科进题写

古桥春色　　　　　　　　　　　　《十八里相送》到古桥

诗中提到"楹列九狮"的事，指的是早先桥头和桥顶各蹲着四只石狮，加上桥拱处雕刻的一只，共有九只石狮，所以此桥在许多文献中被称为九狮桥，桥前的石碑上也写有"九狮桥"，但当地老百姓仍称其为"等慈桥"。

"等慈"谐音"登仕"，因此给等慈桥赋予了"金榜题名""高中状元"之类的吉祥含义。相传古代时，城里的老百姓，凡科举得中生员（秀才）以上的，县里会举行仪式，让高中者到"登仕"桥上坐一坐，以示嘉奖。如此一来，"等慈桥"也变为"登仕桥"，寄予了莘莘学子"朝为田舍郎，暮登天子堂"的美好愿望。

等慈寺在清末被焚毁，从此没落，终致湮灭。但等慈桥，始终高高矗立，如飞虹卧波，似弯月当空，气势恢宏。

等慈桥桥南、桥北坡各长 10.8 米和 12.25 米，各设 26 级和 29 级石阶，南北石阶与东大街、东小街相接。

等慈桥是古城丰惠最美的风景之一，是观光客必到的景点。站在桥边，那绕桥蔓延的古藤极为引人注目，绿色的藤蔓在桥顶不屈不挠地生长着，悬垂的

枝条和水中的藤影、桥影几乎相融相连。若有小舟荡漾街河穿过桥洞，微风吹拂，桥影浮动，藤影飘荡，给人江南水乡的诗情画意。

2005 年冬，针对等慈桥年久出现的石构风化、桥基下沉、桥顶藤蔓多年生长使得桥石裂开拱起等现象，省市各级文保部门和丰惠镇政府等相关

老桥古藤

部门单位联手，聘请专家进行会诊，拟定修缮方案，进行了抢修加固。为不改变桥的本来面貌，每一块石板拆下时都编号标记，清理完毕后，依照原样契合。

虽然当时已经对藤的根部进行了处理，但现在藤枝依然在桥顶蓬勃生长。藤枝、苔藓映衬着暗黑色的桥拱，古色古香，却又生机焕发。时不时地，穿着古装、手举绣花伞的婀娜少女出现在桥顶，恍惚时光倒流。（甄秀丽撰稿）

探春桥（猪市桥）

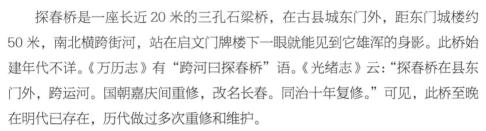

探春桥是一座长近 20 米的三孔石梁桥，在古县城东门外，距东门城楼约 50 米，南北横跨街河，站在启文门牌楼下一眼就能见到它雄浑的身影。此桥始建年代不详。《万历志》有"跨河曰探春桥"语。《光绪志》云："探春桥在县东门外，跨运河。国朝嘉庆间重修，改名长春。同治十年复修。"可见，此桥至晚在明代已存在，历代做过多次重修和维护。

街河依偎在繁华的东西大街边时，显得娇小、温婉，河上的桥梁也以单孔石拱桥为主。出了东城门，河道变得宽阔，流水变得奔放，桥梁也变得多样化。古人撑船出了东门，会有视野开阔、心情疏朗的感觉。

探春桥的建筑很有特色，在丰惠古桥中独树一帜。

先看桥墩。探春桥有两个立在主河道边的桥墩，最下面是厚石板堆砌的桥基，迎水一方的桥基特别长，桥基上各有七块竖立的石柱，构成壁式桥墩，以承受全桥的主要重量。桥墩上各覆有一块石条，称为桥帽，桥帽上下都凿有凹槽，以榫卯结构既与下面的桥墩咬合，又固定住上面的桥板，蕴含着古代匠人的高超技艺。

再看桥面。这是三孔桥，每孔架设了 4 条石梁，共 12 根石梁组成了桥面，宽 2.3 米。中间一孔石

探春桥雄姿

特殊的桥墩　　　　桥面、护栏、桥柱、抱鼓石　特殊的桥台

梁长 4.9 米，为主跨，南北两孔为副跨，相当于引桥，梁长分别是 3.6 米和 3.7 米，两端微微下降，使桥面形成漂亮的弧度。

再看护栏。桥墩上方的桥面上立有四个石柱，底部和两侧以榫卯结构与桥板、护栏相固定，上方雕凿成圆鼓形。护栏均以石板构成，以榫卯咬合，厚实坚固，桥头处雕凿成光滑的鼓形，称"抱鼓石"，既为美观，也为安全，还有美好的寓意。

最后看桥台。桥台是支撑桥梁上部结构，和路堤相衔接的两个顶端，也称桥堍。探春桥北台与桥墩一样，为石柱并立的石壁式结构，壁后紧接干砌条石台身，有青石阶 13 级。

南台上的踏步

南台为干砌条石砌筑台，设石阶 13 级，石阶起档宽 5.3 米，顶档宽 3.5 米，呈八字形，北台连接东郊大道，南台连接南岸路。

整座石桥简洁、朴实，石板上那一层黑黝黝的"包浆"，显现出岁月的痕迹。2012 年南岸路拓宽，街河南岸 3 米多被填为路基，南台的踏步被拆除，改为转弯的简陋水泥台阶供行人通过，影响了探春桥的古貌。

现存的探春桥中孔桥名板一侧镌刻的是"长春桥"，另一侧镌刻的是"探春桥"，有两个名字。关于这一点，县志记载，古代的上虞县令在春耕时，要来桥边询问老农，了解农事，故名"探春"，清嘉庆年间重修时改名"长春"。

这面镌刻的是"长春桥"

在民间还流传着一个美妙的故事。桥北一户人家有姐妹俩，姐姐叫探春，妹妹叫长春，她们从小在河边长大，出落得花容月貌，还蕙质兰心，人见人爱。成年后，姐妹俩分别嫁给如意郎君，生活美满，两人常相约一起回娘家省亲。那时候这里没有桥，回娘家要兜很大的圈子，十分不便。为了回娘家方便，更为了娘家人出门便捷，姐妹俩共同出资建桥。经过一番努力，桥终于建造起来。乡亲们为感念姐妹

这面镌刻的是"探春桥"

俩的恩德，颂扬姐妹俩的功绩，便分别以姐妹俩的芳名来命名此桥，故有了两个桥名。根据这个故事，此桥又叫"姐妹桥"。如今，当地百姓都称此桥为"猪市桥"，因为桥之南原有个猪仔、牛羊的交易市场。

据传，古时候的探春桥一带非常热闹。这跟一种农俗有关，叫打春。古代中国以农耕立国，自古十分重视农业生产。过去的风俗，每年立春这天，要举行隆重的"打春"仪式，劝农促农，祈求农事兴盛。宋代晁冲之《立春》诗中有"自惭白发嘲吾老，不上谯门看打春"之句，说明这个习俗很早就有。耕地离不开牛，打春实际上是打春牛，耕牛经过一个冬天的休养，全身疏懒了，得好好鞭策一下，提醒它即将开始新一年的劳作，但又不能真的打牛，所以就做一个土牛来代替。

打春用的"春牛"用桑枝做骨架，扎成牛的模样，糊上一层又一层的纸，再抹上厚厚的泥土，身上画上四时八节十二时辰图纹。立春这一天，土牛被抬着或放在推车上，前有官衙锣鼓开道，后有舞者秧歌相随，热热闹闹地到大街

小巷游行一圈。这天百姓盛装出门，沿街观看，有的还牵牛扶犁，唱栽秧歌，祈求丰年。

游行后，春牛被"赶"回县衙，在大堂设酒果供奉，祭奠神灵。随后县官手持彩鞭，狠狠地往泥牛身上抽打，一打国运昌盛，二打百姓康宁，三打风调雨顺，四打五谷丰登……打春即由此而来。之后衙役上前，将春牛打碎，这有"催耕"的含意。围观的百姓纷纷上前，将春牛的碎片抢回家，放置在灶梁顶，以保佑今年六畜兴旺。

在探春桥上的"打春"仪式，有清代上虞诗人范兰的《探春桥》诗为证：

探春桥上报春回，南北山头霁雪开。

最是倾城观太岁，彭彭官鼓土牛来。

这首诗生动地描述了立春季节，上虞城南面的百楼山和北面的萝岩山上的积雪随着春天的到来逐渐融化，官府的衙役们"嘭嘭"地敲着锣鼓在前面开道，后面的土牛被高高抬起，向探春桥走来。百姓倾城而出，夹道相迎，热闹非凡。从此诗中可以看出，当初这种官民共同参与的劝农仪式，声势浩大，几如全城狂欢。打春的习俗早已消失，而探春桥还在。探春桥和《探春桥》诗，为打春这个传统风俗做了很好的注解，提供了证据。从这个角度而言，探春桥的历史文化意义非常深远。（史济荣撰稿）

东门观桥（永宁桥）

东门观桥是一座三孔石梁桥，位于东门外，桥长 19.6 米，也叫永宁桥。据传，此桥名称与附近原有的明德观有关。此桥始建年代不详，《万历志》和《光绪志》均未见记载，陈国桢先生的《上虞古桥》上有载。

东门观桥三跨梁长分别为 4.8 米、5.4 米和 4.9 米。水中两桥墩为整石叠砌的柱状墩，双头似圆端形。

南、北桥台为干砌条石，各有石级踏步七级，起档宽 3.2 米，呈八字形。

街河上的东门观桥   桥面与北桥台   桥名与最近的修桥年份

两侧有高50厘米的桥栏，随带齐全。南台离孟闸桥约50米。

20世纪60年代，当地一位颇有名望的接生婆（都称她"三界大妈"）发起募捐，曾对此桥做过修缮，由当地石匠施工，连桥墩也重新砌筑。1997年，此桥被再次修缮，桥面加浇混凝土，拓宽到2.2米。原来的石桥柱配木扶栏被新式栏杆取代，方便行人通行。2012年南岸路改造时，南首桥脚伸向大路的一级台阶被拆除，折而向南。

此桥跨度较大，结构牢固，古韵仍在，也是丰惠难得的一座石桥。但经过多次改造，古桥风貌日益减少。

南台做了改造

东门观桥附近从前还有一座明德观桥，名字也与明德观有关。明德观桥架在明德观东侧原有的向南入街河的支流"庙河"（现已成为地下沟渠）上，是一座单孔石梁桥，平铺三块桥板，跨度2.5米，宽2米，无台阶，两面有高50厘米的桥栏。

《光绪志》载："明德观桥在县东门外，明德观前。旧有日新桥，杨仇香所建，俗呼杨公桥。既圮。元至元乙酉，胡道山居士同本观住持丁信立等募建洞桥。国朝改建平桥，年分无考。道光间，胡道士募修。"

20世纪70年代此桥被拆除，原桥洞设涵管以通水。之后东郊大道浇筑水泥路面，明德观桥已难觅踪影，唯有水河岸处有一涵洞还在。

20世纪80年代末，离明德观桥涵洞约8米处，横跨街河，建起一座水泥小桥，供行人和自行车、三轮车等通行。因街河上已没有船只通过，故小桥建得比较

只剩涵洞的明德观桥

新造的简易桥

低矮。在水泥桥之前，还有木头架设的木桥。

　　无论是木头桥还是水泥桥，此处的桥都没有名字，但也有人称"明德观桥"。此桥也不是古桥，只因跨街河而立，一并收录在此。

　　与东门观桥和明德观桥两座桥名相关的明德观，原在东门外东郊大道边，离东门城楼约 400 米处。明德观曾经规模宏大，建筑精致，是当时当地重要的道观。相传本是南宋宁宗皇后杨桂枝之父的宅第。《光绪志》载："明德观在县东门外。宋宁宗后父杨渐故宅，子孙以为圣后诞育之所，不敢有其居。嘉定壬午，改筑三清阁，命鹿泉刘真人、大弟子冲和先生刘道楫主之，六传至凝妙大师丁义坚，当元至元甲申，改阁为观，额曰明德。"丰惠解放后，明德观被改为粮管所，现在用作厂房。

　　2017 年浙江省开展"五水共治"工程时，在东门观桥的东边，许家弄堂前面，又建造了一座简易水泥桥，通向南面的孟闸亭，以供行人和非机动车通行，有人称之为"许家桥"。这是街河上最东面的一座桥梁，且并非古桥。

　　继续往东，街河在东黄浦桥处与四十里河相汇。那里的桥梁将在后文中叙述。

新建的许家桥

玉带河（西南门河）流域

古县志中，把进入县城的水流统称为玉带河（溪），但古地图上只标注自西南方向流来的溪流为玉带河。本篇中玉带河的概念采用后者。

玉带河发源于古县城西南面的象田山，汇聚双溪、东溪、杜溪等细流。从三溪的合清桥（湖桥）起，属于玉带溪。玉带溪一路又接纳羊角河、沿溪河等支流，从沙滩桥处转而向东，在长者山脚进入县城，再从金罍山边流过，到八字桥处汇入街河，一起东流出城。

这条碧水弯曲的小河，像一条玉色的绸带，镶嵌在古县城的西南面，故得名"玉带河"。南宋诗人赵子潚在《宰余姚道经上虞咏山水》（其一）中说："重华遗泽在东州，景物留奇聚胜游。翠湿金罍山独秀，碧环玉带水交流。"诗中提到了玉带河，并热情讴歌了这一带的山水风光。

唐代及以前，与西溪湖相连的玉带河是浙东运河的主河道，所以唐代的上虞县衙门就建在长者山脚下的玉带河边。之后主河道迁移，其交通功能减弱，县衙门也进行了迁移。

元代末年，上虞县城建起了城墙，西南门城门就建在玉带河旁，玉带河的城内部分恰好与西南门街相偕并行，故也被称为"西南门河"（如今西南门河的概念延伸到沙滩桥处）。

1978 年，当时的三溪公社兴起"改溪造路"工程，在兴建丰三公路的同时，也开挖了丰三河，玉带河主河道改道，改为顺着丰三公路环城而去，直接汇入四十里河中。因而，玉带河的上游改称为丰三河，玉带河的下游（西南门河）流水量减少。

玉带河上曾有很多座石桥。与街河上的石桥比，这里河道狭窄，船只往来

渐少直至停行，故玉带河上的桥相对比较狭小。

从八字桥往西南方向排列，玉带河上的石桥有望稼桥、安庆桥、玉带桥、颜家桥、卫生桥（新）、观桥、卖鱼桥、山下桥、小庵桥、闸桥、沙滩桥等。

望稼桥

望稼桥在玉带河与街河的交汇处，跨玉带河口，西北到东南走向，与横跨街河的通济桥犄角相连，组成一个八字，两桥合称"八字桥"，望稼桥即为小八字桥。古代中国历来以农业立国，"望稼"有重视农业、关心收成的含义，与"无田似我犹欣舞，何况田间望岁心"有相似意境。

降低后的望稼桥桥拱

细看雄姿依旧

望稼桥始建年代无考。因为相邻的通济桥历史悠久，所以推测望稼桥建桥年代也不会很晚，可能宋代就有。元代已经有"八字桥"的称谓，说明元代的望稼桥已非常高大精致，与通济桥相匹配。

明代正统年间的《上虞县志》载："望稼桥在县东南，通济桥东，又曰虹样，俗呼小八字桥。"从"虹样"两字可见，当年的望稼桥为高高耸立的石拱桥。以后的县志中都有相似的记载。

在1971年改造之前，望稼桥是一座七链六锁瓮式石拱桥，下可行船，东西两边有多级石阶。1971年，老桥被拆除，改建为五链四锁瓮式拱桥，两台石阶全部取消，改用石板铺设的坡道，桥名也改成"立新桥"。

桥名已成了立新桥

改造后，桥长 11.8 米，宽 4.1 米，净跨 5.6 米，矢高 2 米，东北侧为石栏，西南侧无栏。这一改造，从路面已很难看出此桥的原有模样，看起来更像一个涵洞。只有站在河埠头，才能清楚地看到圆形的桥洞，仍与通济桥八字相连，相依相偎。

"八字桥"是丰惠景色最美、最具江南水乡特色的地方，遗憾的是如今的小八字桥太矮了，矮到"八字没了一撇"，盼望在古城改造中，能重建望稼桥，恢复其高高耸立的雄姿。（史济荣撰稿）

安庆桥

望稼桥西南约 30 米处，跨玉带河，有一座简易的石桥。《万历志》《光绪志》都称此处有"张家桥"，但陈国桢先生在《上虞古桥》中称之为"安庆桥"，还拍到了桥侧面镌刻的文字。

安庆桥

在走访时，笔者从小弄里找到了这座小桥，但石板上的文字或因没有找到合适的角度，或因被泥沙覆盖，没能看到。经询问曾居住在此地的老人，这就是安庆桥。根据《上虞古桥》中的描述，此桥确是安庆桥。

安庆桥非常简单，由两块厚石梁搭建而成，石梁长 4.05 米，宽 1.06 米，两端桥台宽 1.5 米，全桥长 5.6 米，无护栏，无随带，无台阶。桥的西北面，过一间屋面即为西南门街。桥之东南，沿河坎走十来米，右转往前，通向大池头

两块厚实的桥板

方向。

根据陈国桢先生的描述，这座简陋的石桥，石梁侧面刻有桥名"安庆桥"及"清嘉庆廿一年建"的字样。就像有落款的书画价值倍增一样，这些文字大大提升了此桥的文化内涵，告诉我们此桥的建造年代是嘉庆二十一年（1816）。这也让我们感叹此桥已悄然走过了200多个春秋。

不过既然《万历志》上有"张家桥"的记载，此桥建造年代还可再往前追溯。

这一座隐藏在老屋、弄堂间的小桥，现在知道的人并不多，过桥的人也很少，堪称"养在深闺无人识"。愿此桥能继续安静地留在岁月里。（史济荣撰稿）

玉带桥

河叫玉带河，桥称玉带桥，说明此桥此河渊源深厚，玉带桥可能是这条小河上最早的桥。《万历志》上自然也有记载："玉带桥在通济桥西南。"

玉带桥位于西南门街之侧，跨玉带河，距离望稼桥约200米，过桥南望，十字街就在前方。玉带桥是连接西南门街与十字街的咽喉。

玉带桥

这是一座单孔石梁桥，并铺四块石梁，原桥有石栏，两台各有五至六级石级踏步，小巧而精致。

为方便车辆通行，在20世纪60年代，石桥就被降低高度，石级踏步改为斜坡，古桥元素大大减少。

如今的玉带桥梁长3.3米，全长7米，宽2米，四条石梁上面浇注了混凝土铺装层，石板护栏变成了钢筋混凝土栅式扶栏。

南北两台用条石干砌而成，宽2米，如今已显现出残破之相。不过，从这里还能觅得一些古韵，使人得以想象出当年桥的模样。

古朴的南台   北台已破损

玉带桥与金罍范氏大家族有关。南宋时范氏始迁祖范贞甫来到上虞，就在玉带桥头（今范家弄处）落脚，繁衍生息。之后，范氏家族不断开枝散叶，从西南门街向十字街蔓延，再到大池头、南街及丰惠周边，成为一个庞大的家族，孕育出了许多杰出人物。（史济荣撰稿）

颜家桥

颜家桥在颜家弄口，跨玉带溪，从西南门街、柴家弄往南通行，必过颜家桥。

颜家桥的历史已不可考。原先是由两块石梁组成的简易石桥，跨度4米，20世纪70年代，桥面拓宽到1.5米，并浇注水泥，去台阶，无护栏。2021年在新农村改造时，桥面被进

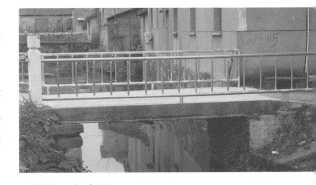

改造过的颜家桥

一步用钢筋水泥拓宽到 3 米，并加装了钢管护栏。

卫生桥（新）

　　卫生桥在颜家桥之西 60 米处，如今从西南门街通向金罍山和丰惠中学必经此桥。

　　此处古代无桥。1945 年日寇投降，在抗战中流亡的上虞县卫生院回归县城。但因原址已毁于战火，西南门街的范家祠堂被选为新院址。

　　抗日战争结束后，当地的抗战物资转为民用，分配给上虞的医疗器材和药物促成了上虞县立医院的成立。县立医院原本设在南门城墙外的知味园里，但城墙外既不安全也不利于守城，于是又迁到西南门的金罍观里。范家祠堂与金罍观隔了一条玉带溪，相距五六十米远，但从卫生院到县立医院要绕道观桥，很不方便。

　　1947 年底，在玉带溪上建了一座桥，是由一条长石梁架设的简易桥，这座桥被命名为卫生桥。有了卫生桥，县立医院和县卫生院连为一体，范家祠堂改成医院的门诊部，金罍观改为住院部，如今的上虞人民医院就从这里起步。

　　20 世纪 50 年代，卫生桥拓宽为四块桥板。20 世纪 80 年代初，卫生桥改造成宽 2.5 米的水泥拱桥，两边有低矮的由碎石砌筑的护栏，用水泥黏合。

　　现存的桥梁是 2018 年建造的钢筋水泥桥梁，有防撞护栏，是现代新桥。（史济荣撰稿）

观桥

　　观桥在卫生桥以西约 200 米处，横跨玉带溪，南北走向。

　　观桥，就是通往金罍观的桥。金罍观在金罍山上，再往前则到达古代的六和寺（也称三官殿），即如今的丰惠中学处。

金罍山是古城西南的一座小山，就像八卦图中的鱼眼，东汉时魏伯阳曾在此炼丹著书。山上有一口八卦井，晋太康年间（约280）在疏浚古井时起获一只金罍，据传是魏伯阳炼丹的器物，遂改井名为金罍井，改山名为金罍山。元人《金罍井记》曰："城南有小阜，特立旷野外，广数十亩，四山环列如画，汉魏伯阳居之，著《参同契》。"

宋大中祥符二年（1009），山上建天庆观，坐南朝北四进三开间，在第四进享殿，有比真人还要高大的魏氏坐像，脚下有鸡狗各一只。后天庆观更名为元妙观、玄妙观，老百姓始终称金罍观，是重要的道教圣地，常有文人墨客前来瞻拜。

去金罍观必须过玉带溪，因此观桥应运而生。南宋嘉泰《会稽志》上有记载："观桥在县南一里，东即天庆观。"此后的县志多照此沿袭。

观桥是一座单孔石梁桥，跨度3米，宽2米，两边有60厘米高的石栏，两台由条石砌筑，北台无台阶，南台有三级台阶。

自从1947年卫生桥建成后，去往金罍山及山后的上虞简易师范（即如今的丰惠中学）可走卫生桥，无须再绕向观桥，观桥的交通功能大大削弱了。到1968年，观桥被拆除，只留下南桥台，后被改造成抽水机埠头，如今南台也不见了踪影。

观桥虽已不存，但作为地名保留了下来，这一带就叫观桥头，2006年并入西南门村之前，这里叫观桥村。（史济荣撰稿）

卖鱼桥

卖鱼桥位于观桥西边约200米处，即如今环城南路跨越玉带河处。

早先，蒲湾一带不少人以捕鱼为业，西南门街也是商业街，桥头

已成为公路桥的卖鱼桥

有卖鱼摊，因而得名。卖鱼桥最初为石板桥，20世纪70年代改为水泥桥，连接机耕路，供观桥村村民通行。

2001年建造环城南路时，卖鱼桥拓宽为两车道的钢筋混凝土桥梁。如今，桥上车来车往，成为重要的交通枢纽。

山下桥

山下桥，即长者山下的桥，在卖鱼桥往西约250米处，跨西南门河。原为简易石桥，铺一块石板，早已不存。现改为水泥桥梁，供行人和非机动车通行。

新修缮的山下桥

小庵桥

山下桥再往西，离西城门约100米处的西南门河上，还有一座简易石桥，因桥南的长者山脚原有一个小庵堂，故名小庵桥。此桥原为单孔石梁桥，单块桥板，长4米，无桥栏，无台阶。20世纪80年代原桥被拆除，改为水泥桥。

桥北原有夏家祠堂和钟家祠堂。

小庵桥现况

闸桥

西南门城门边有水门，上为城桥，跨西南门河。城桥在后文有专门的篇幅进行描述。再往外，已是西南门城外。

城外第一桥即闸桥。《万历志》载：闸桥在县西南门外。可见建造年代很早。《上虞古桥》中西南门闸桥也在列。

闸桥在横街的南端，俗呼闸桥头，跨西南门河，南北走向。在未改造前，是单孔石梁桥，并铺三块桥板，跨度3米，宽1.7米，无台阶，无桥栏。

近年来，此桥做了改造。两边各增加一块水泥梁，宽度为2.5米，跨度3米，加上两台全长8米，两边还增设了钢管护栏，方便人员和车辆通行。

两边桥堍由条石干砌而成，用材考究，坚固耐用，古韵尚在。

西门外的闸桥

底部的石槽还清晰可见

宽度为2.7米。上有闸槽，故名闸桥。放闸拦水时，一是蓄水抗旱，二是可使河水流向护城河（蒲湾河）。此处的护城河，不知什么时候已经断流。因此闸桥之闸已成摆设。

沙滩桥

　　从闸桥再往西南方向溯源，原本此处河床宽阔，蓄水量大，仿若湖泊。继续往前，早先是玉带河与沿溪河的交汇处及河道转弯处，受河水冲刷，形成一片沙滩。

　　此处最著名的古桥就叫沙滩桥。《光绪志》亦有载：沙滩桥在县西南门外。

　　老沙滩桥跨沿溪河，系单孔石梁桥，南北走向，无台阶，两边有 40 厘米高的石栏，跨度 3.5 米，宽 2.5 米，并铺四块桥板，从三溪进出县城经过此桥。1978 年，三溪公社改溪造路时，此桥改建成水泥桥。20 世纪 80 年代建造丰三公路、开挖丰三河时，此桥被公路覆盖，目前只有桥洞可见。

　　丰三河的开挖，改变了原来的水网格局，也阻断了西南门路向外的延伸，于是一座新桥建造起来，位置在离老桥约 20 米处，东西走向，与老桥相垂直。借用老桥的名字，也叫沙滩桥。

新沙滩桥

　　新沙滩桥在西南门路与丰三公路连接处，跨丰三河，为钢筋水泥拱桥，跨度 16 米，宽 2.5 米，上有水泥护栏，是西南门村村民西出的要道。

　　沙滩桥周边还有几座古桥，因与西南门稍远，在其他几篇中描述。（以上由史济荣撰稿）

西河流域

　　西河，原叫新河，位于古县城的西面，城墙之内，现属观桥自然村地界。此处本没有河，明朝中期通过人工开挖才有了河，所以叫新河，目的是连接街河和西南门河两大水系，调节城内水位，起到涝时分洪、旱时互济的作用。

　　西河全长约 600 米，河上有两座古桥，分别处于两端，即街河边的昼锦桥和西南门河边的登仙桥。这两座桥原本都做工精致，桥名很有来历。

昼锦桥（桐桥）

　　昼锦桥也叫桐桥，位于丰惠西纤路上，街河南岸，横跨西河（新河），是昔日拉纤人的必经之处。《万历志》载："来庆桥支分二，一向南新河口曰昼锦桥，直向南至金罍观侧曰登仙桥。一向北至陈侍郎宅西曰姜家桥。"

　　因此桥之故，这一带的地名称作"桐桥头"。昼锦桥（桐桥）东西走向，这一带大多属于观桥村（现并入西南门村），往西为蒲湾里，现属永庆村，两村居民通过此桥来往。

　　昼锦桥名的来历很有意思。"昼锦"的典故出自《汉书·项籍传》，秦末项羽入关，有人劝他留居关中，项羽见秦宫已毁，想着要回江东去，便说："富贵不归故乡，如衣锦夜行。"后遂称富贵还乡为"衣锦昼行"，简作"昼锦"。

　　北宋熙宁元年（1068），名相韩琦告老还乡。宋神宗见他执意引退，就给他司空兼侍中通判相州的闲职。回到相州后，韩琦在州衙内修建了一座楼阁，

取名"昼锦堂",并请好友欧阳修作赋。欧阳修直接引用了昼锦的本意,写道:"仕宦而至将相,富贵而归故乡,此人情之所荣,而今昔之所同也。"

南宋四名臣之一的李光是上虞人,北宋徽宗崇宁五年(1106)进士,进入南宋后升迁至参知政事(副宰相)。但受宰相秦桧的排斥,李光不久被贬出朝廷,转任绍兴知府。家乡人知其回绍兴任职深以为荣,便引用"仕宦而至将相,富贵而归故乡"的典故,命名(或改名)这座石桥为"昼锦桥"。元明时,上虞城的西城门也称作"昼锦门"。

这个传说不仅讲清了桥名的来历,从中也看到,这座桥至少在南宋时已经存在了。

昼锦桥在历史上不知经历了多少次重建和维修,最后一次修建是在1923年。原桥如下图。

昼锦桥原貌

这是一座五链四锁石瓮式石拱桥,全长11.3米,宽2.47米,跨径3.6米,矢高2米,两桥台各设石阶13级,台宽2.47米,用厚石条做护栏,通过榫卯与石柱和桥面相固定。桥名板外侧刻有"民国十二年"字样。桥台随带齐全,以抱鼓石做石栏收尾,桥的拱圈与拱顶龙门有石刻花(亦称鲁班花)。

昼锦桥虽然没有等慈桥、通济桥那么高大壮观,但也是古县城一座精致的石拱桥,具备江南石拱桥的所有元素。老藤垂帘,古意盎然,质朴坚固,几百年中一直守候在两河的交界处,默默为往来的行人提供着便利。

1998年,为了丰惠镇凤鸣山旅游风景区的开发以及车辆的通行,昼锦桥被拆除。拆前编号绘画,将石料原装运送至凤鸣山景区,在山涧溪沟上重建,拱矢、桥板、护栏等都原样安装，仍是五链四锁石拱桥。但因溪沟较窄，或因施工不够规范，安装时许多石块被迫凿去一部分，拆迁后的石桥比原桥要短，古韵大打折扣，但主要构件保存了下来，今天我们尚能看到它的神韵。

搬迁到凤鸣山景区的昼锦桥

原桥位置上新建了一座浆砌块石做桥台、钢筋混凝土做板梁的小桥。新桥宽阔，桥面与路面相平，便利车辆通行，为混凝土桥。

无论是老桥还是新桥，当地百姓都习惯称之为"桐桥"，而不称其为昼锦桥。如果问起昼锦桥，有人会指向另一座桥。

如今的水泥昼锦桥

本地百姓常把石拱桥或其他呈圆弧形的桥称为"环洞桥""圆桶桥"，简称"洞桥"。"桐"本来指桐树，本地常见，会开桐花，结桐籽。在本地方言中，"桐""洞""桶"发音相近。可能是"昼锦"在当地发音中有些拗口，老百姓以桥的形状，直观地称之为"洞桥"，而文字写成了"桐桥"。

桥栏板上刻有建桥时间

此桥在清代已称"桐桥"。清光绪《上虞县志校续》载："昼锦桥在县西南新河口……当即今桐桥，与西门外昼锦桥别。"

难道还有另一座昼锦桥吗？是的，西大路通向吴弄司马第处还有一座同名的桥，后文有介绍。

无论是新河口还是西门外的昼锦桥，都为方便河岸行人而建，因纪念名臣

李光而起名，如今虽已原貌不再，但仍值得我们怀念。（史济荣撰稿）

登仙桥

　　登仙桥位于西南门街上，跨西河（新河）口，东西走向，与北端的昼锦桥遥遥相对，是往返西南门城门的必经之所。登仙桥与近处的观桥相依偎，呈犄角之势，位置近似于垂直。

登仙桥石刻

左边的题刻

右边的题刻

　　登仙桥的建桥时间，推测最早在明代新河开挖成形以后。从护栏外侧"明嘉靖十五年成绿募建"字样看，现存的桥梁建桥时间为明嘉靖十五年（1536），在此之前或许曾有相对简陋的桥。在"登仙桥"之名右侧，刻着"清道光五年杨圣舟、葛遇生、矜启先、葛陈氏、矜上义、王载嵩募捐重修"字样，左侧有"中华民国十年八月里人葛震镛、葛学产、葛焕章、葛尔馨、葛士三、葛顺潮、葛文庆妻孙氏、王扬福妻刘氏募捐重修"字样，清楚记载了此桥几次重修的时间。

　　登仙桥为单孔石梁桥，由五条石梁与两面栏板、栏柱组成，桥宽2.8米，梁长4.06米，厚石条护栏高约50厘米，护栏两边外侧都镌刻着"登仙桥"字样。两桥台由厚石条叠砌而成，并与河坎相连接，用材考究，坚固敦实，连桥台全长20米。两边各有 5 级台阶，走上 3 级台阶以后有一处休息平台，再上 2 级台阶就到了桥面。20 世纪 70 年代，为方便车辆通行，此桥降低了高度，去掉了台阶，斜坡铺上了石板。

2017 年新农村建设中，西南门路拓宽，道路与玉带溪之间的一排房屋被拆除，建起了停车场，以适应家用轿车不断普及的形势。为保护古桥，在登仙桥边建起一座新桥，新路从古桥边绕过。

登仙桥被保护下来，其交通功能也被新桥替代。为了凸显其文物意义和景观功能，2019 年当地政府又对登仙桥做了一次大修。

这次大修，桥台、桥面、护栏基本不变，最大的变化是提高了桥面的高度。两台各设置了 3 级台阶，适当抬高桥身，使古桥不至于从视线中埋没，突出其景观功能。

维修后的登仙桥

老桥的外侧有新桥，可供车辆行人通行，以适应新形势的需要。

登仙桥的两台由条石干砌而成，与两边的堤岸连成一体，用材考究，数百年来坚固如初，在这次维修中基本没做变动。

如今的登仙桥古朴、浑厚，依然有着古桥的风貌。待金罍观修复后，古桥与道观将继续遥望相伴，延续千百年来的仙风道骨，传承美丽传说，为千年古县城添光增色。

桥台及河坎

每个来丰惠的客人，可来登仙桥上走一走，聆听当地人讲述魏伯阳在凤鸣山的炼丹故事；也可探访附近的金罍山，那里曾有魏伯阳的故居。（史济荣撰稿）

观桥二桥（新）

观桥二桥

西河中间，自古没有桥梁，两岸往返要去登仙桥或昼锦桥绕道，十分不便。随着后畈路一带大量新住宅的落成，2002年，在离登仙桥约150米处建造了一座新桥，命名为"观桥二桥"。

这是一座钢筋混凝土桥梁，跨度约10米，宽6米。此桥的建成，方便了后畈路一带居民的出行。

附：隐公池南北的桥

先前还有一条连接街河与西南门河的溪流，与西河平行，在西河之东约400米处，南北走向，流经隐公池，现属西南门村的地界。古地图上也标着"玉带溪"，因玉带溪之名太过宽泛，本文不用此名。明朝嘉靖初年，因西河的开通，这条溪流被替代，其功能逐渐退化。民国时，这条溪流还在，如今实地勘探，其北端还有一条浅沟，南端已被填平或成地下暗沟，上面建起了房子。隐公池也已被填平，平日里溪沟呈断流状态，下雨天还有地下水流的声音。这条溪流再往南40米，与西南门河相汇合。

在这条溪沟上，自北而南古有四座石桥：众安桥、迎秀桥、管家桥和滑塌桥。

（1）众安桥：地处街河南岸的纤路上，系纤路桥。这是座单孔石梁桥，向西走向，并铺三块桥板，无栏沿，有1级台阶。20世纪70年代，因溪流基本被填平，此桥被废，现在只有一个涵洞。

（2）迎秀桥：在后畈路上，隐公池之北，东西走向，平铺三块石板，宽约1.5米，长约2米，无护栏，无台阶。前几年还在，近期因后畈路拓宽硬化，桥面被混凝土覆盖，下雨天有溪水在桥下流淌。

（3）管家桥：在隐公池之南，管家台门边，东西走向。由于此桥南北的溪沟已填平或成暗沟，所以此桥早已名存实亡，但桥板和一侧的护栏完整地保存了下来。桥板厚30厘米，长约4米，虽经岁月的磨砺，仍坚固挺拔。因大多

管家桥成了水井

数桥面已被水泥覆盖，故看不出其宽度。护栏由厚石梁制作，长度也近4米，厚约15厘米，高约60厘米。表面受风雨侵蚀，有所风化，且枯藤绕枝，愈显古朴。从现存的桥梁看，此桥始建年代较早，当初并不简陋。

桥下有一水潭，水质清澈，终年不涸，夏天特别清凉，邻近居民常在此淘米洗菜，洗涤衣被，早前还作为饮用水源，其功能相当于一口水井。

（4）滑溻桥：就在西南门街上，原本是单孔石梁桥，平铺有三块桥板，无护栏，无台阶。如今，此桥已不存在。（史济荣撰稿）

城桥和吊桥系列

三座城桥

　　进入古县城的自然河道有三：一是街河，自西向东穿过全城；二是玉带河，从西南门入城，到八字桥处汇入街河；三是南溪，自南部群山而来，到南门附近分两支入城（城墙处只有水便门，不通船，原无桥，本文不做讨论）。在修筑城墙和五座城门的同时，还在紧靠东门（通明门）、西门（昼锦门）、西南门（金罍门）处构筑了三座水门，县志载："其水门在通明、昼锦、金罍三门之侧。"水门之上各建有一桥，称为"城桥"。

　　城桥建在城墙里侧、城门之旁，其功能一是方便两岸间的通行，二是便于关闭水门，阻止船只通行。在战争时期，关闭水门可拒敌于水上，和平时期出于治安需要，城里也常常宵禁，把城门和水门一起关闭，达到封闭全城的效果。因而，城桥下面都有水门，由两扇大铁木栅栏组成，守城士卒将两扇门闭合，插入大铁闩，再用大铁锁锁上，这样水门就关上了，船只、人员都不能进出。据老人回忆，当年每天清晨，城外的河道上总排着长长的船队，待水门一开，便鱼贯入城，或进城办事，或买卖货物。等候开水门成了惯例。

　　城墙拆除后，水门已无存在的必要，城桥的功能也完全转变。如今三座城桥又怎样了呢？

◎西门城桥

西门城桥即建在西水门上的桥。此桥在《万历志》上第一个被记载："傍城西水门内,曰来庆桥。"因此,西门也曾称来庆门。以后的县志纷纷沿袭。但《光绪志》的古县城图上所标的桥名叫"太平桥"。

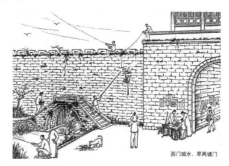

手绘的西城门、水门和城桥

胡士海先生的《画出家乡一片情》一书中,专门为西城门的水旱两门绘了图,还原了当初的实景。从图中可见,此桥为单孔石拱桥,两边各有多级台阶,桥身高高耸立,以便于行船,桥顶两边有护栏,桥下的水门也依稀可见。

图《城桥现况》左面,有一条窄窄的石板路,宽约40厘米,通向桥下,延伸到桥底,这是供守城士卒开、关城门时行走的小路。

桥底下的孔洞,是安装铁木大门的门臼孔。铁门关闭时,流水可进出,船和人不能进出。

城墙拆除之后,水城门也被拆除,原石拱桥也被拆除,改为简易单孔石梁桥。桥面铺设三块桥板,跨度3米,宽2米,无桥栏,两边各有台阶5级。南、北桥台由干砌条石砌筑,保存着原先的精致和坚固。20世纪70年代,为方便通车,拆除了台阶,降低了桥面。

城桥现况

2004年,由民间热心人士徐寿法、陈松海等人发起,对城桥进行修缮,增加一块桥板,宽度增加到2.4米,桥面覆盖了混凝土,两边加筑水泥护栏。桥名板上写的是"城桥"。

安装水门处

桥头有新写的桥联

此桥现为西大街通往蒲湾村的重要通道，也是老人们休憩聊天的场所。

◎西南门城桥

上虞西南门的城楼和水门也相邻而筑,西南门城桥就建在西南门河(玉带溪)上。城墙拆除前的西南门城桥与西门城桥相类似，桥下也有铁木大水门，三溪方向的船只从这里进出城。1959年拆除城墙时，此处留下简易的石板桥，供村民去田畈干活行走。如今，西南门河上已看不到船只，河水也改道从丰三河入四十里运河。原城桥处，目前有一座粗糙的水泥桥，南北走向，河道中浇筑有两个水泥桥墩，上面为水泥板，两边无桥栏。

在走访西南门附近的老人时，老人讲得最多的是当年拆除城墙时的情景。县里组织了大批人马，河面上停满了船只，巨大的条石由四个人抬起，被拆下来装入船中运走。长者山上的城墙巍峨壮丽，两边的大石条也全部被撬下运走，只留下一条夯土堆。印象最深刻的是拆

如今的西南门城桥

水城门时，建造水城门的条石更大更规整，有数吨重。水面以下还有巨大的松木桩，一排排深深地打入地下，以夯实基础，所谓"千年水底松"。这些木头被拔起时仍如新的一样，当当作响，好到可以做船板。

如果没有村民指点，已看不出西南门城门和水门的位置，只有从改造后的小桥和长者山脚的土堆里，才能大致拼凑出一些从前的样貌。

◎东门城桥

从西门、西南门等处入城的河流全部从东门出城，因而东门水城门处街河更宽、更高。由于此处的水位与路面落差大，东门城桥没有建高大的拱桥，只在紧挨城墙处建有一座石梁桥，不会影响船只通行，桥孔处同样设有铁木大门，启闭自如。

20世纪50年代修筑百官至岭南的公路时，公路正好从拆除的城墙基上通过，于是这里修建了一座公路桥，浆砌块石桥台，钢筋混凝土板梁，梁长5.6米，桥长10米，宽12米。

如今已很少有人知道这座公路桥是原上虞东城水门之所在。2018年，原东门城楼处新建了一座"启文门"牌坊，提示人们此处曾是古城的东门。（史济荣撰稿）

已成公路桥的东门城桥

五座吊桥

城墙是城池的盔甲。城墙外通常还有人工开挖的壕沟做屏障，壕沟灌上水就是护城河，城墙和护城河一起守卫着城池，而吊桥则是跨越护城河进入城门的桥。

元朝末年，方国珍的起义军攻占上虞城。至正二十四年（1364），在县治修筑城墙，雍正《浙江通志》有载：东南平衍，西北因山为隍，西南则跨长者山，周回十有三里，高二丈有奇，厚一丈五尺。置楼堞通五门：东通明、南朝阳、西昼锦、北丰宁、西南金罍，水门在通明、昼锦、金罍三门之侧。

这是上虞最早修筑的城墙，护城河也同时初具雏形。城墙有五座城门，对应的也有五座吊桥。当时的吊桥重在防御，由木材制作，平时放下吊桥供行人通过，一旦发现有敌来攻，就从城墙上转动吊索，把吊桥高高拉起，阻止敌军越过护城河。城墙与护城河并不是紧紧相连的，而是保持了一定距离。这一是防止河水浸泡城墙导致地基不牢固，二是需要根据实际地形确定相对位置。上虞城也一样，五座吊桥均建在城门外一箭之遥处。

明朝建立后，战火消散。洪武二十年（1387），信国公汤和拆除城墙，运石筑沥海所，以防御倭寇。明朝中期，倭寇更加猖獗，嘉靖十八年（1539），知县郑芸在旧址重筑城墙，高、厚稍有增加，内外俱甃以石，并更改了城门之名。当时的护城河被开挖得更加完善，除长者山脚外，护城河已环绕全城，吊桥成为不可或缺的设施。嘉靖三十四年（1555）11月，一股倭寇窜至上虞东门外花园畈，遭到参将卢镗所率官兵的迎头痛击，被打得抱头鼠窜。城墙上未发一矢，已拒敌于城外。

和平年代，每天有大量步行、挑担、拉车的人出入城池，处于咽喉要冲的吊桥仍是简易的木桥，已有很多不便。这样，吊桥便逐步由活动桥改为固定桥，由木桥改为石梁桥。

城墙最后一次修缮是在清光绪年间，之后逐渐有所破损。1959年，上虞古县城的城墙、城楼被全部拆除，石块船运到五甲渡建造50孔闸，五座吊桥的功能也彻底改变。

这五座吊桥如今又是什么样子呢？趁着这次古桥调查的机会，我们逐一走访踏勘，了解了五座吊桥的过去和现在。

◎ **西门吊桥（茶亭桥）**

西门吊桥在离西城门30多米的西郊路上，东西走向，跨护城河。桥边原有个不大的庵堂，庵堂门口设有茶亭，义务向进出西城门的行人施茶，故这段护城河叫茶亭河，这座吊桥叫茶亭桥。

《万历志》称："西钓桥在县西门外。"《光绪志》又载："嘉庆二十三年，黄晒捐修，邑令李宗传立碑。"还有清咸丰十一年（1861）太平军进攻上虞城的记录。说明此桥历史悠久，记载清晰。由木桥改建为石桥的时间等情况，则没有记载。

20世纪60年代，茶亭桥两边各有五级台阶。20世纪70年代，道路改造，茶亭桥被拆掉台阶、降低桥面高度，与大路相齐，以方便车辆通行。

西门吊桥

如今，此桥基本保护良好。桥面由六块桥板组成，跨度5米，宽3米。桥的两边各有高60厘米的石板护栏。

从侧面看，护栏板中间已断裂，用铆钉做了固定。据载，此桥南首桥栏有"永庆桥"三字，可能是原永庆桥维修时，换下来的桥栏移到茶亭桥做桥栏。不过我们未能看到。东西桥台由条石砌筑，用材考究，平整坚固，当年的风貌仍存。

从茶亭河看茶亭桥

◎东门吊桥

康熙《上虞县志》载："由东门出，曰钓桥。"钓桥即吊桥，这是同音字替代。《光绪志》载："永安桥在县东门外，即钓桥。国朝康熙八年改名永安。嘉庆壬申，里人捐修，又改名通济。道光戊申，曹克昌重修。同治五年，俞晋、刘辉复修。"吊桥改名"永安"，也许此时木桥已改成了石桥。

东门吊桥

此桥在东城门外约30米处的东郊大道上，东西走向，跨注入街河的护城河。原桥由六块石梁组成，宽3.45米，跨度3.8米，两头各有五级台阶，桥上有厚石板做护栏，外靠石柱以固定护栏。东、西两个桥台是整齐的条石砌筑的，与护城河和街河连成一体。

桥下护城河与街河

到20世纪60年代，台阶被拆除，桥面被降低。20世纪70年代，东郊大道由石板路改为混凝土路面，桥面上也浇了铺装层，以加固桥梁，便于车辆通行。

目前，西门、东门边的街河、护城河、吊桥都基本保存完好，依稀还有古代城池的模样。

◎西南门吊桥（通泽桥）

西南门吊桥位于西南门城楼外30多米处的西南门路上，东西走向，跨护城河。西南门也叫通泽门，近有通泽大庙行宫，所以此桥也叫通泽桥。这座桥还有多个名字。《万历志》中提到，西南门吊桥也称永昌桥，在县西南门外。当地百姓多称其为横街桥，因为古老的横街就在附近。

此桥为单孔石梁桥，全长7.5米，东西桥台宽2.4米，干砌条石砌筑，上各有三级石阶踏步，桥面由四条石梁构成，梁长3.3米，宽2.1米。桥的两边有石板护栏，石栏板外侧刻有"通泽桥"桥名。

城墙拆除后，护城河失去功能。这段护城河处于蒲湾河的上游，逐渐淤塞填平，早已断流，原河道处已建起了房子，桥梁只成了摆设。20 世纪 70 年代，因行车之需，被拆除石阶，降低高度，只有桥台、四块桥板和南侧的护栏还保留着。

陈国桢先生在撰写《上虞古桥》时，四块桥板还清晰可见，有照片为证。近些年，西南门路面拓宽、硬化，在桥板上浇注了混凝土。笔者前去实地踏勘时，只看到一块护栏板。

右图为通泽桥的护栏板，可以想象当年桥的风貌。

西南门吊桥现状

◎南门吊桥

南门吊桥在南门城门向南约 50 米处，跨护城河。《光绪志》称："南钓桥在县南门外，巽水庵右。岁久圮，王敏改创。"

虞南地区以前也称"南门外"，丁宅、下管、陈溪、章镇等地百姓都从南门进城，南门吊桥也成了必经之地。此桥为单孔石板桥，并铺四块桥板，长 4 米，宽 3.2 米，南北走向，边有高 40 厘米左右的桥栏。桥东北首 30 米处是巽水庵。1958 年建百岭公路时，此桥改建成公路桥，桥面用产自东北地区的松树横铺，浇上水泥。20 世纪 80 年代后期，护城河被填平，吊桥也被填埋。

◎北门吊桥

北门吊桥跨北门城外护城河，距北城门约 150 米。《光绪志》称："北钓桥在县北门外半里许（《嘉庆志》按）。正统、万历志作北门桥。"这一段护城河比较宽阔，早先的吊桥是一座三孔石梁桥，两端有台阶，桥上有护栏。

抗日战争爆发后，为阻止日军从北面入城，桥板被拆掉。抗日战争胜利后，

在原桥墩上铺上木条，改建成木质桁架桥。1948年，百丰公路刚建成时，此桥被拆除台阶，桥面也被加固。汽车可从此桥上通过，但存在安全隐患。1960年，公路改道西移，此桥被废弃，几年后拆除，现古桥桥台遗迹仍可见。

　　下图为上虞档案馆保存的老照片，即1960年，百官到下管公路改建，正在施工中的"北门一号桥"（北门吊桥）西移后新建的桥。如今，这座桥也被覆盖在新的公路下。（史济荣撰稿）

1960年的老照片

城南系列

孕育古县城成长、催生古县城繁华的河流，除了街河和玉带河，还有一条发源于上舍岭，从清水塘、百云湖一路南来的溪流。

南溪之水进入南门城边的横溪后，一支从巽水庵旁便水门进入南街，称为巽水河，宛转在城内穿梭，为城南居民提供生活用水，之后或由南街暗河入街河，或经城横河，过佛迹桥，再进入街河；另一支则流经蜻蜓槽，从长者山东麓便水门进入城内，经三岔港，再由玉带溪或西河流入四十里河。

这两支水流组成了城南水网，其地域归属于如今的丰惠镇南门村。古县城街河之北溪流很少，而城南的水系十分复杂，《光绪志》上有"玉带溪八流"的记载。如今随着时光流逝，有的小溪已被填平，有的成为暗河，水网变得简单，主要归结为百云、巽水两大水系。有别于城外的大江大河，流水澎湃汹涌，桥梁魁伟雄浑，百云、巽水的河、塘、池、漕，清清浅浅；小桥，简简单单，温文尔雅。这两大水系仿佛古城南部两片巨大的绿叶，流水微荡，小桥静肃，别有一番风韵情致。

◎来学桥

《光绪志》载："来学桥，在县南书院前，即今金罍观前。"元朝末年，方国珍据有浙东，坐镇上虞的是其弟方国珉。方国珉占据上虞时颇有建树，筑城墙（元至正二十四年，1364）、兴水利、重教育，还把设于西溪湖边的泳泽书院搬迁到了金罍山东面。为方便学子进入书院，又在书院前建了一座石桥，即来学桥。因此，来学桥的建造年代为元朝末年，约1366年。

《万历志》载："池西落北过来学桥，至三叉港向东。"当年的县城图上已经有来学桥的图文标记。如今，来学桥仍在，位于丰惠镇中心小学前的三岔港支流上。来学桥西北约 20 多米处有金罍观故址，南边相邻不到 5 米距离处有一座现代公路桥。

来学桥

来学桥是一座东西走向的单孔石梁桥，横跨在三岔港上，桥上没有护栏，跨度 4 米，厚 18 厘米，桥面宽 1.6 米，由 60 厘米、68 厘米、32 厘米宽的三块石梁板组合而成，桥台由错缝叠砌的石块组成，高 1.6 米，简朴却古韵尚在。

现在的来学桥已低于路面近 1 米，东头的路已经被乱砖断墙挡住，西首的一大丛荒草掩盖了上桥的路，已不再通行。元明古桥，存世至今，亟待妥善保护。（沈荣良撰稿）

◎城墙桥

城南有水便门，便门之上有石梁，民间俗称为城墙桥。古城墙桥在三岔港最南边的城墙根边上，位于紧靠长者山脚的城墙边。

城墙拆除后，城墙桥改建为一座两条石梁单跨的桥梁，东西走向。桥梁总长 4 米，宽 1.2 米，两头各设一级台阶，两边没有护栏。老桥因年代久远，地处偏僻，早已失去通行功能。

2018 年以后，在丰惠镇中心小学东南角的三岔港新拓宽的河道上，新建成了一座钢混结构现代桥，即新城墙桥。

新城墙桥

新城墙桥全长 12.5 米，宽 7.32 米，桥栏高 1.32 米，桥拱（河面）净宽 9 米，高 3.5 米。桥东是一座仿古牌坊，古韵悠长。牌坊中间的铭牌上写有"古城文笔坊"五个红色隶书大字，非常醒目。（沈荣良撰稿）

◎牌坊桥

牌坊桥在大池头路南段，距离范家大厅正门不到 10 米。雍正五年（1727），范廷耀之母受朝廷旌表后，范廷耀在范家大厅南面建造了一座"节孝牌坊"（毁于 1968 年）。此桥位于范家大厅通向牌坊处，故称牌坊桥。牌坊桥的始建年月，没有留下石刻记录印证，据推断，应该是与范家大厅同一时期所建，即清雍正时。

"站在牌坊桥上面，可以听到范家大厅里传来的琅琅读书声，灯光彻夜不灭。"这是周边人家传颂范家先人刻苦攻读的故事。金罍范氏发源于玉带桥边，之后人才辈出，瓜瓞绵绵，成为古城大族。

牌坊桥南北走向，原为三条石梁的单跨石梁桥。据周边知情的老人回忆，桥面并铺三块石梁桥板，长 3 米，宽 2.5 米，有 1 级台阶，当时只可供人在桥上通行。桥的西侧如今被其他民房占据，桥东侧装有护栏。桥下河道宽约 3.5 米，桥东侧有 20 米长的一段河道，原本是建造范家大厅时为聚拢风水而开挖的，再往东河道又进入房屋底下，是巽水河与三岔港交汇的一段河。

现在的牌坊桥总长 4.5 米，桥面宽 3.8 米，桥拱宽 2.8 米，桥东边护栏高约 0.85 米。2010 年以后，统一整修路面。路面覆盖了原来的石梁桥，增加了桥梁的承载力。（沈荣良撰稿）

牌坊桥

◎小牌坊桥

小牌坊桥在傅家弄口，南北走向，横跨在巽水河支流上面，原是一座单跨

石梁小桥，三条石梁，长4米，宽2.5米，没有护栏，一级台阶。未见始建年月以及桥名刻石。

桥往北，过小牌坊，是南街的文武庙后百云广场，往南则可直达南城门，过桥15米右转，是著名的徐家台门，再往西，有一条南北贯通的大路，范家大厅近在眼前。巽水河由南街大夫第分支向西，横穿傅家弄、大池头路，明流暗涌，形成了一个时明时暗的地下河网。

由北向南走，经过傅家弄20号门以后，可见一个残存的古牌坊遗落下的门洞。两根灰白的花岗石立柱，以1.8米的间距分立道路东西两边。立柱上面盖着一块雕刻精美的天盘，天盘上面应有牌坊的上部构件，目前已不存。这残存的牌坊昭示着，在以往的岁月里，这一带曾经有过辉煌。

10多年前，老桥桥板、石梁陆续断裂、下坠，几经维修和加固。2010年以后，统一整修路面，老桥被全部覆于路下。

现桥面采用钢筋混凝土浇筑，长6米，宽3.5米，桥板两头与傅家弄大路齐平。桥两边没有设置护栏。

河道在小牌坊桥东西两边延伸了20多米后，继续进入暗河段。（沈荣良撰稿）

小牌坊桥

◎韦驮桥

韦驮桥在城南巽水河、城横河交汇之处，现在的城横河聚贤小公园西北隅。以前因韦驮桥北边有韦驮殿而得名。《光绪志》的上虞县城图中可见"韦驮桥"桥名。

韦驮桥是一座南北走向的单孔石梁桥，三块长条石梁直接架于巽

韦驮桥

水河岸条石错缝叠砌的桥台上面。一级台阶，桥宽约 2 米，长 2.5 米，高 1.5 米，不设护栏。桥东两岸留有 10 厘米宽的两条闸槽，可以放置闸板，以便随时控制巽水流量。显然建桥时韦驮桥不单是一座供人行走的便桥，而且具有拦水的功能。

现存的韦驮桥，增加了很多现代元素，增加了桥梁的宽度，提高了桥面的硬度，桥面宽度增加到 3.6 米，长 2.5 米；桥面上又铺了一层 18 厘米厚的现浇钢筋混凝土，与路面持平，便于人和物资、轻型车辆通行。

桥东边的闸槽仍被保留了下来。桥梁建造年代久远，因为是一座人行的便桥，所以没有发现桥名和建桥年代的刻石记录。（沈荣良撰稿）

◎ 赵家桥

在韦驮桥西约 100 米处，赵家弄底赵家大道地南侧的胡家台门口，有一座南北走向的石板桥，是巽水河向城横河方向流经的另一座桥梁。名称为赵家桥，《光绪志》中的上虞县城图上有标注。

赵家桥是一座南北走向的单孔石梁平桥，桥长 3 米，宽 2 米，无桥栏，一级台阶。架设在巽水支流上，方便百姓走动交流。2000 年路面修建时，被埋在水泥路面下，仅在桥西侧房檐下留下一个约 1.8 米长宽的方孔，下面是干涸的河床，提示这里曾经有一座桥存在。（沈荣良撰稿）

◎ 胡家桥

巽水支流经过赵家桥以后，约以 15 度角，向西南略微弯曲，后一直往西，流经胡家大厅的正南方，几经弯曲，然后在大夫第附近与巽水河合流。

胡家桥建桥的时间，可以追溯到胡氏始迁祖胡景华（1496—1568）。他选在南门荷花池一带落脚发展，开槽引水，临巽水支流建胡家家宅，在胡家大厅院内临河建桥。这一座桥便是胡家桥。胡家在上虞开枝散叶，经过几代人的努力，陆续在城南荷花池周边，建起了一大片气派的建筑群。根据相关的资料，近现代以来胡家大厅前院青石板铺地，四周白墙高企，一条不算宽阔的巽水河，漾着碧波，在院前荡漾而过。庭院正中架起一座精致的平板石梁单孔小桥，从

大门进来以后，悠闲地步过溪上小桥，随即便进入正厅。

胡家桥南北走向，位于南门荷花池正北约 30 米的通道上。原桥采用三宽两窄五条石梁，两级台阶，两岸错缝密砌条石为桥台，做工精细，两边护栏也采用石雕工艺细细雕琢，桥两边以望柱相夹，安装了栏板。桥长 3.5 米，宽 2.5 米，桥高 1.5 米，桥栏高 0.5 米。

历史的风尘来袭时，往往让人猝不及防。百年以前的灿然风物已烟消云散，当年荣耀显赫的胡家大厅也不知所终。巽水还在，胡家桥则因为道路的拓宽加高，在 2000 年村镇道路修建时，按统一标高被水泥路面覆于地下。（沈荣良撰稿）

◎张洞桥

张洞桥在南街大夫第南大门口，距离古城南门约 80 米。张洞桥是一座小型的单孔石拱桥，东西走向，横跨巽水河。长 2.5 米，宽 2 米，东西两边各设 6 级台阶，很是精巧、灵动、别致。此桥在《光绪志》中已被标注，紧靠南门柴草市、山笋市，属于有年头、有历史的古代家桥。民间也有称它为桶桥的。据民间流传的说法，这座家桥是清光绪以前，南街大夫第的张姓主人认为大夫第这样的荣耀门庭，人员进出在北边的"三板桥"，很没面子，需要在大夫第南门架设一座考究的拱桥，让自己的家人从此可改换到从朝南的向阳门进出而建。不料，桥才建好，桥名还没有正式确定，家道却遭变故而式微，这座桥慢慢地被冷落了。20 世纪 70 年代以前，这座有悠久历史的小拱桥，因没有了通行功能，随巽水河最南段河道填土为路时，一起被拆除。张洞桥是民间对张姓私家环洞桥的俗称。（沈荣良撰稿）

◎南门闸桥（横溪斗门）

南门闸桥位于胡家桥、荷花池以南 50 米偏东。原来在南门城墙以外，南北走向，跨于横溪之上。现在看到的是一座钢混结构的现代桥。南门闸桥具有斗门功能，控制着南溪水进入四十里河的排水量。

古南门水闸，在明、清《上虞县志》中都有明显标注。在闸桥西侧，桥下河道设有石门槛，南北两边桥台正面各有两条 10 厘米宽的闸槽，可加闸板蓄水、控水。

古闸桥全长 16 米，宽 1.4 米，两条石梁长 4.7 米，闸孔宽 3 米，石门槛至梁底 1.0 米。两桥台间宽 6.6 米。古闸桥历史悠久，但是没有在建筑物上留下任何刻石记录。2010 年以后，新建了一座南门闸桥。

现南门闸桥桥面宽 7.4 米，整桥长 11.2 米，桥台间距 7.2 米，桥拱高 3.5 米，南北闸槽间宽 7.4 米。桥台东侧向东伸出，预留 1.6 米桥台空间。梁底到水底石门槛间高 1.8 米。

南门闸桥

南门闸桥直通百悬公路，为这一带的居民出行提供了方便，其交通功能显著增强，而控水功能则已弱化。（沈荣良撰稿）

◎大夫第三板桥

大夫第北首，是大夫第张姓人家出入南街、跨过巽水河的必经之路。小桥东西走向，以三条石梁铺设于巽水河两岸，不设桥栏，桥宽 1.8 米，桥长 4 米，东西各一级台阶，俗称"三板桥"。三板桥北侧巽水河向北河段从这里开始进入房屋地下，称为暗河。同时有巽水支流从胡家桥方向而来，与巽水河在此十字交汇，巽水支流有一个控水小斗门，与三板桥组成一个角尺弯，设立在三板桥东侧河沿，控制着巽水支流的水流量。通往百云的支流也在这里分控。

◎百云桥

以前，过丰惠桥，想从南街出城去的人，走到了南街的尽头，还要再右转过百云桥，跨巽水河，走 20 多米，才到南门城门口。

百云桥，距离古城墙仅十几步，东西走向，横跨巽水河，是巽水、南街方

向人们出入南门的必经之路。

百云桥由70厘米宽的三块石梁板组成，架设于巽水河东西两岸条石错缝叠砌的桥台上面，2级台阶，全长4米，没有护栏。

在南门，有城墙、城门，也必然有了百云桥。因为需要，百云桥的历史是与城墙、巽水河同在的。

20世纪70年代以后，随着巽水河南段河道的逐年改造填埋，百云桥也完成了它的历史使命，淡出了人们的视线。

◎勤桥

勤桥在老南门城门外不远的南溪上面。出南门城约50米左右，向左转，即可看到勤桥。该桥东西走向，是过南溪的主要桥梁；桥面并铺四块石梁桥板，是一座单孔石梁桥。桥长3米，宽3.5米，桥北面装有50厘米高的护栏防护，只供人们行走。2008年被拆除，向南移动5米左右，另建了一座现代桥梁。

勤桥

新勤桥，东西走向，宽约4米，长5.2米。两侧装有水泥加钢的护栏。

桥下溪流中设有拦水石堰，以减缓水流速度。

百云、巽水目前是南门村下属的两个自然村，是两个典型的城中村，几乎占据了整个城南地区。城南历史上一直是大家族的聚居地，胡氏、范氏、钟氏、诸葛氏等大家族都在此繁衍生息。城南的南溪、玉带溪与巽水河水系，盘根错节，仿佛是渗入古城九曲回肠的地下动脉，布满了各个街间巷陌。古城内的古桥，除了运河上的，多数都在城南一带。尽管时代不断更迭，城南的人文历史始终在丝丝缕缕地传递出动人的光芒。（以上由沈荣良撰稿）

附：城内其他古桥

◎泮桥

　　泮桥是泮池中间的石桥。泮池是位于孔庙大成门正前方的半月形水池，意即"泮宫之池"，它是官学的标志。按照古代的礼仪，天子太学中央有一座学宫，称为"辟雍"，四周环水，而诸侯之学只能南面泮水，故称"泮宫"。古代学子入学，须过桥去拜孔子，称为"入泮"，以后继续深造，也称"游泮"。

　　上虞学宫始建于北宋庆历四年（1044），内祀孔子，故又称文庙、孔庙，元、明、清三代亦称儒学。上虞学宫经历代修缮扩充，形成前后五进，左右各有祠、院的宏大格局。清咸丰十一年（1861）太平军攻入上虞城，学宫被焚毁，变成一片废墟，只有泮池、泮桥还在。清同治六年（1867），知县王嘉铨重建了明伦堂、大成殿等主要建筑。

　　上虞学宫内的泮池呈半圆形，东西长约 21 米，南北宽 10 米，四周用石块砌筑池坎，平整坚固，有泉水从石缝里渗出，使池水保持清澈，从不干涸，还有金鱼游弋其间，可供人观赏。因年代久远，池坎和桥墩处长满了青苔，兼有藤蔓垂帘，使泮池显得古朴而充满生机。

　　泮桥是一座二墩三孔石梁桥，全长 10.5 米，净宽 2.4 米，每孔三条石梁，呈浅弧形，各孔石梁长、宽、厚分别是 3.03 米、0.80 米、0.27 米，两侧为长条镜框式石栏板，两边各有四根雕刻的石柱，分别与石栏板相扣。墩台为干砌条石，墩宽 2.4 米，台宽 2.4 米，无石阶。现在看到的桥面，是周围地

现存的泮桥

面抬高，石梁上浇了一层混凝土后的样子，以方便通行。

　　泮池是庆元中（约 1198）由县令施广求开凿，架木为桥，到元至正十三年

（1353），教谕朱矩始将木桥改为石桥，并保存至今。这是上虞区现存唯一的庭院古桥，也是除等慈桥之外的又一座元代古桥。

泮池、泮桥体现了古代礼制，增添了孔庙的灵气，优化了整体环境，还蕴含着鼓励学子跳跃龙门的殷切希望，对后昆寄予了美好的愿望。

民国年间，大成殿后面的明伦堂塌毁，无力修复，前进改为"县立中山民众教育馆"。1941 年 5 月，日军侵扰县境，烧毁古县衙门，之后，民国政府一直在学宫办公。1945 年 7 月成立的上虞县民主政府、中华人民共和国成立之初的上虞县人民政府也驻于此。1958 年到 2015 年，学宫改建为丰惠卫生院，如今是一个文化活动场所。

泮桥，铭刻着岁月的印痕，承载着无数人的足迹，延续着文化的脉络，待上虞学宫恢复后，它还将继续为古县城历史文化的传承做出贡献。（姚友根撰稿）

泮池现状

◎平政桥

古上虞县衙门前，有个长方形的池塘，池塘里栽种着莲花（莲象征着"廉"），老百姓称其为荷花池。池北即是上虞县楼，中间的门洞是通道，上为城楼，城楼上方正中间有一块大匾额，竖写着"上虞县"三个字。城楼上还置有钟和鼓，有报时、报警的功能，故也叫"钟鼓楼"。

进入县楼须跨越池塘中间的桥梁，这座石桥就叫平政桥。

平政，即政治修明，语出《荀子·王制》："故君人者，欲安，则莫若平政爱民矣。"《资治通鉴》中也有"大狱一起，无辜者众，死囚久系，纤微成大，非所以顺迎和气，平政成化也"之语。历任县官都要从平政桥进入县衙，此桥的意义，在于告诫官员，要修明政治，公平执政，爱民如子。

县衙门始建于吴越国时期，完善于南宋，故平政桥的历史也可追溯到那个时代。由于此桥早被拆除，具体数据已不得而知，形状大致与前文的泮桥相似，为二墩三孔石梁桥，微成弓形，两边有护栏。

1941 年 5 月，一伙 300 多人的日伪军攻陷上虞县城，烧毁了历经千年的上虞县衙门，唯剩监狱和钟鼓楼、莲花池和平政桥还在。1958 年，古县衙门上残破的建筑被夷为平地，改成一片桑树林，钟鼓楼亦被拆毁，莲花池被填平，平政桥失去依托，消失在历史的尘埃里了，唯有古地图上还清楚地标注着它的位置。（史济荣撰稿）

◎其他石桥

（1）姜家桥。《万历志》载："来庆桥北，陈侍郎宅西。"《光绪志》载："在县西五十步。"现已消失。

（2）吴宅桥。《光绪志》载："在十字街西，碟池北。"现已查不到。

（3）鹅鸭桥。《嘉庆志》："在丰惠桥南。"现已不见。

（4）佛迹桥。《正统志》："旧名通清。"《万历志》载："在九狮桥东，俗呼李打镴桥。"石塔犹存。

（5）城隍河横桥。在佛迹桥南。光绪十五年（1889），里人经营之妻单氏捐修。

四十里河流域

南宋嘉泰《会稽志》载,西晋永嘉元年（307），会稽内史贺循利用始建于春秋时期的"山阴故水道"，开辟了自钱塘江至上虞江（即今曹娥江）的西兴运河。之后，又往东延伸，经上虞江东支（今四十里河），与姚江连通，再进入甬江，直达明州（宁波），在镇海招宝山注入东海，全长239千米，这便是浙东运河（又名杭甬运河）。浙东运河被誉为"黄金水道"，使浙东地区舟楫往返顺畅，水上航运便捷，同时具有灌溉、防洪等多种功能。

晋代时，海岸线远比现在要近，海平面远比现在要高，这条水道大多利用了自然河道。古上虞江主流向北入海（即今曹娥江），有一分支往东过姚江入海。今四十里河处，即古代的上虞江东支，河面宽阔，水量充足，过河需要船渡，所以至今还有蔡山渡、华家渡等地名。之后随着陆地的抬升，水位慢慢下降，需要疏浚河道方能通船。唐开元十年（722），此时上虞已并入会稽县，县令李俊之修筑了上虞江抵会稽百余里的堤坝，疏浚梁湖到通明的河道，确保水上运输畅通，这就是如今的四十里河，长30余里，民间以约数称四十里河，为浙东运河的南侧运河。

南宋定都杭州后，浙东的地位更加重要。这一带成为主要的粮仓和赋税来源地。浙东运河倍加繁忙，"舟行如梭，不舍昼夜"。丰惠正好处于浙东运河流经区域的中间地段，地势平坦开阔，有利于人和物的聚集和转运，交通便利也促进了丰惠的繁盛，奠定了县城的雏形。之后元、明、清各代，丰惠同样得运河之便，承前启后，不断发展。

四十里河西起梁湖镇江坎头，东至通明闸，历史上河道有所变迁，唐时从西南门河入城，宋时依街河穿县城而过，明永乐九年（1411），鄞人郏度将后旧沟挖通，又开挖落马桥至黄浦桥段，使河道绕城而过，在东黄浦桥处回归原河道（另开挖后新河与十八里河连接，见后文）。

如今，从曹娥江边水闸到通明坝这段河流，全长14千米，平均宽度20米，水深1.8米。通明坝以下称姚江，上虞境内至安家渡止，又名通明江，古称菁江。通明闸距宁波109千米，境内河长8.8千米，平均宽度60米，水深2.5米。

四十里河（含姚江上虞段）因河面宽阔，唐代及以前并没有桥，过河需要船渡。北宋时建起了通明北堰，到南宋嘉泰元年（1201）又建南堰，两者通称通明（旧）闸，也称清水闸桥，可供行人通过，还有拦截河流、抬高水位的功能，以利于船只航行和农田灌溉。

宋代以后，运河上陆续架设桥梁，之后历代都有维修或重建。《万历志》记载的运河丰惠段上的桥梁有：蔡墓桥、华渡桥、西黄浦桥、元贞桥、落马桥、东黄浦桥、青云桥（联登桥）、谢家桥等；《光绪志》上又新记载了永福桥、安家渡桥等。民国年间也有新建或维修的桥。由于运河较为宽阔，运河上的桥梁大部分是多孔石梁桥，比如永福桥和永安桥为七孔石梁桥，是桥孔最多的石梁桥，也有少数石拱桥，比如东黄浦桥。

随着火车、汽车等交通工具兴起，20世纪中叶起，四十里河梁湖到丰惠段的船只逐渐减少，到20世纪末基本停航，只有通明闸以下未曾间断。在这期间，运河上修建了不少钢筋水泥桥梁以替代原来的石桥，局限于当时的技术和资金，这些水泥桥比较低矮、窄小，桥上能通行小型车辆，桥下难以通过大型船只。

船舶运输具有载量大、成本低、不损害道路等优势。21世纪初，浙江省政府决定恢复浙东运河，以可以通行500吨级轮船的标准，对这条航线进行了全面整治，疏浚河道，拓宽河面，加固堤岸，重建跨河的桥梁，之后全线恢复航运，使千年古运河重新焕发生机与活力。2013年，浙东运河作为京杭大运河的延伸段成功申报世界文化遗产。如今运河上的桥梁，大都是在这次整治中进行重建或始建的，桥身高大，桥面宽阔，桥上有双车道，桥下则能供500吨级轮船通行。

本篇所述，是四十里河丰惠段自古至今的主要桥梁。

◎蔡墓桥

东汉时，上虞有名蔡邕者，字伯喈，以文学和孝德闻名乡里。他是曹娥碑阴"黄

绢幼妇，外孙齑臼"八字的实际题写者，因与同时代的陈留蔡邕（蔡文姬之父）同姓、同名、同字，而陈留蔡邕的名气响亮，故历来把曹娥碑阴的题写者当作陈留蔡邕，这个美丽的误会使曹娥碑名声在外，千古传咏。蔡邕的家在今祝家庄村的蔡岙自然村，其墓在蔡山之东。至今仍有蔡岙、蔡山头、蔡山渡、蔡墓桥等地名。

《光绪志》载：蔡墓桥在县西二十里。道光年间，朱茂楠集资重修。清代诗人范兰有诗云："登桥别暮船，步入山村去。村树黑如烟，山人自知处。"

蔡墓桥在华渡桥以西数百米处，跨四十里河，即后龚村与湖塘下村（现属梁湖镇）的连接处，后龚家畈有一条石板路，过蔡墓桥即到湖塘下村的田畈。原桥是多孔石梁桥，形状与如今的永庆桥相似，具体数据已不可考。大约在1974年，石桥被拆除，改建为钢筋混凝土拱桥，2007年在恢复浙东运河时被拆除，没再重建。其西有同心桥（属梁湖镇境内），是通往祝家庄、渔门方向的桥梁。（史济荣撰稿）

同心桥

◎华渡桥

清《嘉庆志》称"华渡桥在县西十五里"。位于今西湖村郑家堡鲤鱼山西首100米处，跨四十里运河，从百悬公路向南去屈华、甑底山（赵家）、贾塔、南岙等自然村需过此桥。此处自古是个渡口，称华家渡，简称华渡。南宋嘉泰《会稽志》有"华家渡在县西十里"的记载，南宋赵必蒸亦作过"文杏堂开华渡西"的诗句。何时易渡为桥已不得知，连《光绪志》也称"年湮莫考"，因华渡之故，称为"华渡桥"。

未改建前，华渡桥系两墩三孔石梁桥，并铺三块桥板，两边均有桥栏，西首石栏上刻有"华渡桥"三个字，两边各有十多级台阶，桥长15米，高4米左右，桥下有纤路，供运河船只拉纤行走。

笔者在走访中，曾听过郑家堡90多岁的郑梦根老人讲的往事：他年幼时，听族中一位清朝秀才郑校定老先生讲过关于建造华渡桥的传说。

华渡桥建在郑家堡村西的四十里河上，为了使皂李湖水通过四十里河流入郑家堡一带的农田，达到抗旱保苗的目的，当时郑家堡有一位姓郑的乡绅力争在华渡桥造闸，让皂李湖水通过华渡桥支流——蛇湾河流入郑家堡的面前河。

郑家堡离皂李湖有一段距离，在地域上又属两个建制，事关当地民众的切身利益，因此，在华渡桥造闸一事受到皂李湖沿村乡人的极力反对。在争执中，郑姓绅士情急之中说了一句狠话："如果不在华渡造闸，我郑字倒头写！"

为此事双方打起官司。湖塘下人计谋良久，趁上虞知县下乡巡视之际，制造了一起皂李湖老太婆为了反对在华渡处造闸而跳水自尽的事件。

人命案子一传出，上虞县令深感无奈，判定四十里河上不能造闸，而把闸造在湖塘下村，就是现在的闸口村处，不让皂李湖水出运河。

湖塘下村赢了官司，为了羞辱郑家堡人，在那座闸桥桥脚处刻上一个很大的倒写的"郑"字。

不过郑家堡人并不气馁，造闸不成就造桥，众人团结一致，终于建起了一座大桥，即华渡桥，大大方便了村民的出行。这就是华渡桥的来历。

1974 年，为了适应当时农业机械通行的需要，华渡桥改建为水泥拱桥，下承式系杆拱，跨度 65.8 米，宽 6 米。2007 年四十里河疏通，华渡桥在北移300 米左右处重建，为下承式钢管混凝土拱式桥。南北走向，全桥长 346 米，北边桥台长 145 米，南边桥台长 133米，桥拱长 68 米，桥宽 6.4 米，水面离桥底部约 20 米，两边混凝土桥栏高0.95 米，整座桥显得气势恢宏。（卢守先撰稿）

今日华渡桥

◎郑家堡桥

此处自古无桥，2007 年在四十里河改造之际，西湖村人抓住机遇，凿穿鲤

鱼山，向北开通道，新建了这座郑家堡桥。

此桥全长 340 米，2008 年 5 月 13 日建成通车，从此西湖村人出行有了捷径。

◎西黄浦桥

郑家堡桥

南宋嘉泰《会稽志》有"西黄浦桥在县西二里"的记载，说明此桥所建年代很早。《正统志》称"西黄浦桥在县西五里廿一都"，《万历志》说"去永庆桥三里"。其位置在今西泾畈自然村之西北，街河与四十里河的交叉处。

光绪元年（1875）蒋德功募资重修。据记载，西黄浦桥原为三孔石梁桥，每孔有三块桥板，具体数据已不可考，状如目前保存下来的永庆桥。1975 年改建为钢筋混凝土拱桥，跨径 30 米，宽 3.5 米。2007 年在运河拓宽时被拆除，原址上没再重建，而在其东约 500 米处建造了惠普大桥。（史济荣撰稿）

◎惠普桥

惠普桥

在西黄浦桥以东约 500 米处，此处原无桥。21 世纪初，为修建新丰章公路（即丰惠到章镇的公路，过三溪五婆岭）而建。

惠普桥全长 390 米，2004 年 6 月建成通车。

此桥建成后，从百官往下管、章镇方向的车辆不需要绕道丰惠，直接走五婆岭即可，大大缩短了距离，同时使丰惠的车辆分流，减轻了交通压力，也为丰惠人的出行带来方便。

◎人民桥（丰惠大桥）

人民桥也叫丰惠大桥。
1992 年丰惠人民路开通，这
是除北门弄外，古县城新的向
北通道，在其延长线上，跨运
河，建起一座新桥，即人民桥，
其位置就在元贞桥之西约 200
米处。结构为下承式钢管提篮
拱，跨度 81.64 米，宽 17 米。

人民桥

2007—2008 年，浙东运
河改造工程期间，此桥进行了重建，长度和高度都有所增加。重建后，此桥全
长 243 米，2008 年 5 月通车。（史济荣撰稿）

◎元贞桥

元贞桥位于北门外，在北门城楼西北两三百米处，跨四十里河，南北走向，
是一座三孔石梁桥，两边有护栏，两端有台阶，为县城通向虞北各地的要道。

"元"为大、始，"贞"为正。取名元贞桥，有圆满、亨通、有利的寓意，
寄托了古人的美好期盼。由于方言发音的不同，"元贞桥"的音被读成了"南京
桥"，直到新建的大桥前面写着醒目的"元贞桥"三个字，丰惠百姓才把读音纠
正过来。

1948 年，百丰公路建成，老桥被拆除，改建为木梁结构公路桥，原石桥墩
仍被利用。木梁桥宽 3 米，桥长 20 米，中间直铺 4 块 50 厘米宽的厚木，边上
横铺供人行走的木板，木板之间有较大缝隙，两边有木制桥栏。

那时候车辆仍然罕见，桥上通行的多为自行车一类的车辆和挑担的行人，
但木质桥板受日晒雨淋加上车碾人踏，容易损坏，故其间有多次加固修理。木
质桥板相对粗糙，平整度较差。当地人回忆，刚学会骑自行车的人过元贞桥很
具挑战性，要先酝酿一下，才敢鼓起勇气奋力冲过去。

元贞桥西北桥脚处有一长埠头，傍晚农人从田畈归来，都在这里清洗手脚

和农具，拾掇一番再回家，一时间人声、水声、喧闹声，十分热闹。元贞桥西北不远处，原有路亭，供行人或田间劳动的农民歇脚、避雨、乘凉，亭柱上有"踏遍青山聊自憩，面临清泉畅开怀"的对联。后路亭三间曾改作加工厂，附近村民常肩挑车拉稻谷到此处轧米。

桥东南，距离现桥 50 米处，即目前北门夜排档一带，古有接官亭，凡有官员从四十里河经过，都在这里迎送，上下船则是在桥南往东约 20 米处的河岸。桥东南这一处，曾是客来人往的喧闹之所。20 世纪 80 年代初，分田到户后，这里改建为水田，北门人称其为七亩畈。笔者家所分 4 亩田正在此处，田间劳

新元贞桥

作时，经常能听到老农回忆起昔日的繁忙和繁盛。

1978 年，元贞桥改建为跨径 50 米、宽 7 米的钢筋混凝土结构公路桥，载重 10 吨。2007 年浙东运河拓宽，拆除重建成跨径 69.38 米、宽 11.5 米的下承式预应力钢砼结构拱式桥。（甄秀丽撰稿）

◎落马桥（东升运河桥）

落马桥位于上虞古县城东门外，即民间传说中"金钩钓鳖"的地方，跨四十里河。桥边有亭，古代每当上级官员来本县视察或过境，县官会守候在亭子里迎接，送别也到此亭止。此处文官落轿，武官下马，故民间称为落马桥。

清《光绪志》载：落马桥在东黄浦桥北。乾隆二十七年（1762），钱必美捐建环桥，改名万安桥。道光初圮，里民募建平桥，旋又被水冲断。道光二十六年（1846），夏廷俊、刘未等捐建，改名万年桥。同治五年（1866），俞晋、刘辉重修。

落马桥为三孔石梁桥，每孔并铺三块石梁，两侧有石板护栏，两端各有 11 级台阶。

落马桥边之亭在桥北稍靠右处，十八里河河口岸边。此亭长期存在，直到

20 世纪 60 年代末被拆除。

当现代交通兴起时，石桥成了车辆通行的阻碍。1974 年，县航道队将落马桥改建为 30 米跨径单孔圆洞拱片桥，全长 34 米，宽 3.5 米，更名为"东升桥"。四十里河上的岳庙桥、西黄浦桥、华渡桥、蔡墓桥、外梁湖桥等也都在 20 世纪 70 年代被拆除。2007 年，在浙东运河改造工程中，东升桥再次被拆除重建。重建后，桥梁全长 333 米，2008 年 12 月通车。（陈培加撰稿）

新落马桥侧　　　　　　　　　　　　　　　新落马桥顶

◎东黄浦桥

东黄浦桥在丰惠东门外，距古县城东城门和通明坝各约为 1000 米，街河与四十里河在此汇合。

该桥始建年代不详。南宋嘉泰《会稽志》载：东黄浦桥，在县东二里。说明至少在南宋时该桥已经存在。《万历志》载：东黄浦桥，嘉靖中，令江公楠重建。《光绪志》又载：东黄浦桥，在县东二里，后圮。嘉庆二十四年（1819），通明钱氏乡绅钱其栋、钱佩勋、钱芝畹、钱名魁等改建。光绪十五年（1889），桥渐圮，钱氏乡绅钱振镐、钱振钿董捐重建。

东黄浦桥呈东西走向，桥全长 20 米，为单孔石拱桥，两端桥台至桥顶，各有台阶 20 余级，桥面宽 3.5 米，拱矢高 4 米，净跨距 5.5 米，桥拱下两边有可行走的石条步道。

这座瓮式链锁型石拱桥，无论是拱面的链锁石，还是桥台的干砌石条或桥栏板，都雕琢精细，做工考究，桥顶两侧和台阶两侧各有两对桥望柱，桥栏板一直延伸到桥台后踵，桥两端台阶平缓舒坦。在漫长的时间长河里，无数人的足履将台阶踩得光滑平整。如若行船通过桥下，抬头仰望，只见穹顶优美的弧线，大块链石板和锁石条严丝合缝，浑然一体，令观者惊叹古代石匠精湛的工艺。

东黄浦桥西原有供路人休息的路亭，亭西有建于乾隆乙未年（1775）的节孝牌坊，亭北有建于乾隆五十年（1785）的桑王庙，后旁边又建有尼姑庵（1958），1967年，牌坊和桑王庙先后被拆除。

老桥碑

桥东有龙王堂、奎文阁，一条石板大路穿过黄浦村，经高马路头、梁王庙通向夹塘、马渚，另一条通向通明坝、钱氏大宅。

桥的南侧，即流经桥下的后河和街河汇合处，有一水潭称为黄浦桥潭。汛期时，从桥洞北面后河流来的河水被桥基阻挡抬升后形成的落差猛烈冲刷着河道，形成了一个深不见底的潭，即使在大旱之年周边河底全都干涸时，这里也从未干过。水性一般的人不敢潜到潭底，除憋气不足的原因外，还有越往下水越凉等因素，不过也有水性好的人曾从潭底的石块下摸到了鳜鱼。

东黄浦桥是当时走出古城东门外人流最密的一条跨河通道，每天过桥的人熙熙攘攘，赶集的、挑脚、做生意的、求学的，近至谢家桥、夹塘等虞东之地，远达马渚甚至余姚的远程跋涉者，均体验过这座虽不算高大却庄重优雅的拱桥带来的行路之便。

桥是路的连接和延伸，由于陆路交通的发展，原来的石拱桥显得不再适应现代交通的需要，被频繁地拆建改造。从1967年到2007年的四十年间，东黄浦桥又经历了四拆四建，平均每十年一次，而桥名不变。

1967年的四十里河裁弯工程中，在古桥东北方向约50米处的新河上，建了一座西南到东北走向的混凝土石砌拱桥，东黄浦桥的交通功能被替代。这座桥还有存在的必要吗？当时引起了争论，有人提议应该保留古桥，但此提议未被采纳。

据当年参加过拆除古桥的老人回忆，拆桥时，在两个桥基下面，发现有两块似竹箩般大的铁团块,铁块是由无数块铁钱片锈蚀而成的。中国历史上在汉代、南朝、五代十国、宋代及清代的乾隆年间都铸过铁钱,而东黄浦桥最后一次重修在清光绪十五年(1889),当初可能已不能辨认钱币上的字,至于埋在桥基下什么用意,或许只有古代的风水学可以解读。

拆掉的古桥石块中,有一块刻有"黄浦桥"三字的桥栏板,被通明坝管理员保存下来。在以后的孟宅闸升级工程中,这块石条被从通明坝运来用到了孟宅闸中,直到2013年孟宅闸移位时,刻有"黄浦桥"字样的石条被发现,有热心人曾把残存的石条放置在闸桥旧址旁。

为满足行驶机动车的需要,1977年,新的钢筋水泥桁架拱片桥在稍西位置建成,单跨30米,桥面宽3.5米,旧的混凝土石砌拱桥于1984年被拆除,之后该桥又有一次大的加固,2004年改建成钢筋混凝土矩形空心梁桥。

直到2008年,在浙东运河拓宽时,前桥拆除,建成了现今新的公路大桥,2008年8月通车,桥名仍叫黄浦桥。新公路桥为下承式钢管混凝土拱式桥,桥面高水面7米,桥下运河能通行500吨级的船只,桥面宽12米,有双向行车道和非机动车道,全桥长393米,净跨60米。(陈培加撰稿)

新黄浦桥

◎岳庙桥(通江桥)

岳庙桥,现名通江桥,位于通明南村,距东城门约1.3千米。原为一座五孔石梁桥,横跨在通明坝前,旧时称为东明湖的运河开阔处,南北走向。

此桥始建于南宋嘉定年间。据《思贤桥记》:"宋嘉定四年,宰楼公杓始建此桥。"至1974年拆除,七百多年中几经修复、重建并易名,曾用名有德政桥、

思贤桥、杜公桥、青云桥、联登桥等。《康熙志》有载："青云桥，在龙王堂侧……始，宋县令楼构建，邑人名曰德政，元至元壬辰年沂水王公璘重建，不欲袭旧名于此斯桥，而易之曰思贤。……复圮。元至正乙未，邑人杜致甫倾私囊架石梁，尹林公希元又名杜公桥……明万历丙戌，令朱公维藩北构文昌，南新奎文，复创桥其间，以青云名焉。今又名联登桥。"

清《光绪志》记载：青云桥，又名联登桥，在县东东岳庙侧，康熙九年（1670）县令郑侨捐募重建，仍名联登桥，后改称今名，同治九年（1870）复圮，钱荣光等募捐重建。

《上虞通明钱氏宗谱》记载："联登桥，初名青云桥，在县东东岳庙侧，二十二世明德公捐修，康熙间改今名，同治九年复圮，章字号荣光董捐修建。"

岳庙桥之所以多次重建，和其所在河道位置的河床地质有关。1984年在疏浚四十里河的工程中，发现岳庙桥下超百米长的河底下，打满了密密的松木桩，这显然是前人为了稳定河床，防止水流冲刷侵蚀桥基的一种筑桥方法。

岳庙桥是闸前桥，每年汛期，当东边450米外的通明坝起闸放水时，河水从桥下奔腾而去，四个桥墩成中流砥柱，巍然屹立湍流中，场面颇为壮观。同治九年（1870），史书记载岳庙桥最后一次由钱氏乡绅捐资重建，至1974年被拆除，此桥又经历了104年的风浪急流，且雄姿不减。

早年出上虞古城东门，登上东黄浦桥，就可看到横跨在运河上的岳庙桥，五孔石梁桥气势恢宏，如长虹卧波。中间四个桥墩为锥形双圆头结构，稳固坚实，全桥长约32米，五孔桥洞宽大挺拔，每跨由四块桥梁板组成，全桥共有20块长4.8米、宽0.6米的石梁板。早先上虞东门外有民谣称："五洞廿板桥，直落到余姚。"说的就是岳庙桥。

岳庙桥桥面宽约2.8米，从南到北，呈中间略高、两端略低的微坡形，连接桥梁石和桥栏石的六对望柱上端，雕刻着十二个姿态各异、栩栩如生的小石狮。和别的石梁桥不同，岳庙桥的桥栏，两端一直延伸到条石干砌的桥台后踵（桥脚），以抱鼓石收尾，桥台后踵宽于前口呈八字状，显得庄重大气，两端台阶平整细凿。桥南走下台阶，即是建于康熙四年（1665）的东岳庙，桥北古有文昌祠、奎文塔、先农坛等建筑。桥南北两端边上长长的河岸均用长条石错缝叠砌而成，更能衬托古桥的凝重厚实。

关于桥南的河心洲上的"水东精舍"，《光绪志》记："水东精舍，在县东门外，即龙王堂故址,嘉靖三年,令杨绍芳建楼三间用塞水口,前立石坊,匾曰水东精舍,楼之额曰奎文阁,塑朱文公像祀……后圮,康熙四年新改为东岳庙。"

明代上虞籍诗人陈继畴留诗于奎文阁:"半暝上虚阁,开尊对夕阳。人将花共老,心与日俱长。树密藏游舫,莺啼过石梁。濯缨吾党事,余响发沧浪。"从"开尊对夕阳"这句,可知奎文阁是面县城方向而立;"莺啼过石梁"中的石梁即为当时的青云桥。

《光绪志》介绍岳庙桥及周边建筑的历史时写道:"明万历丙戌,令朱维藩北构文昌,南新奎文,复创桥,其间以青云名焉。今又名联登桥。"

岳庙桥周边,有古代上虞重要的人文景观。两岸庙宇琼阁,亭台翘角,楼宇飞檐。西与巍峨的上虞东城门相呼应,东有高耸的通明闸来映衬。南北则百楼、萝岩两山对峙,紫云萦绕凤鸣,彩霞伴飞玉峰……咸丰十一年(1861),太平天国军攻破上虞,烧毁所有的庙堂寺观,这里也难逃一劫,全都化为灰烬。同治年间,邑人倪桂林募捐重建东岳庙,而奎文阁、奎文塔、文昌祠及先农坛等桥边古迹未能重建。桥西边的罗星亭直到20世纪60年代还在水面上。即便如此,早年在四十里河终点的东明湖上,气势不凡的岳庙桥和东岳庙,连同不远处的通明坝,仍是古城东门外的亮丽风景。

1974年,新的钢筋混凝土圆洞拱片桥在不远处建成,冠名城东新桥。同年,岳庙桥被拆除,历时763年的古桥从此消失在浙东运河上。桥南的东岳庙于1984年被拆除,其场地和1925年部分由庙舍改建的学校合成一处。

1974年建城东新桥,已拆除

2000年,在岳庙桥原址东面又新建了公路桥,更名为通江桥。2008年,浙东运河拓宽,新建了跨度更大的通江桥,老通江桥和城东新桥,以及古桥南侧的通明小学同时被拆除。

新通江桥位于古岳庙桥原址东边,2008年8月通车,为下承式钢管混

2008年新建通江桥

凝土拱式桥，全桥长 357 米，净跨 70 米，桥面宽 8 米，桥下通航高度为 7 米。桥上可双向通行 30 吨以内的各种汽车。

如今，这一带到处洋溢着新时代的繁荣景象。水东精舍、文昌阁等古代精美的建筑，以及当年文人雅士聚会的场景留在长长的历史之河中。

◎庙南小桥——稳旋桥

稳旋桥位于东岳庙南面，是岳庙所在的河心洲和南岸的连接桥梁。四十里河流经东门城外黄浦桥后，河面豁然变宽，被史书称为东明湖，湖中布着几个小岛，其中最大的一个，东西长约 150 米，南北宽 40 米，东岳庙就建在这个岛上，庙北有岳庙桥连接北岸，庙南有稳旋桥连接南岸。

该桥南北走向，为单孔石梁桥。桥下能通行一般船只，铺有五块石梁，净跨 3 米，桥面宽 3 米，无桥栏，桥北是 7 级台阶，桥南走下 2 级台阶后是一个东西长 2.5 米、南北宽 2 米的平台，左右各有 3 级台阶，朝东有石板路，沿河岸通往钱家埭河和通明坝，朝西有曲折的石板路通往花园畈、孟尝村、凤鸣村等各地。

稳旋桥虽小，却做工精致。两边几十米的河岸均用长条石砌成，北面的河岸，还有一段上下两根铁环索做的桥栏，往北走下小桥，即东岳庙大门外，是一块被称作荷叶地的空地。相传古时候在这里演社戏，无论看戏的人再多也站得下，好像荷叶地会变大一样，且发大水时这里不会被淹，就如荷叶能始终浮在水面上一般。

古代上虞县城每年的游花迎节，庙南小桥是折返路上的最后一桥，跨过小桥，游行队伍就回到了终点——东岳庙。

稳旋桥始建年代不详，有可能是和庙北的岳庙桥同时建造的，如果和东岳庙同时建造，也有 300 年的历史。

1926 年，岳庙的部分庙舍被改建成小学，周边较近的学生在这里读完小，稍远的村，就到这里读高小，每天上学放学，孩子们都要经过这座小桥。

1958 年，桥边的铁链和学校的铁艺大门被拆掉送进了小高炉。1969 年，南侧桥台为车辆通行，改台阶为斜坡。1974 年，老岳庙桥拆除，在稳旋桥的北面，新建了钢筋混凝土拱片桥，稳旋桥被拆掉后成了新桥的南引桥，桥下的小河，连同岳庙前的一对石狮子，都被填埋了。

2007—2008 年，浙东运河改造工程期间，在小桥南面的田畈上，新建了通明小学，稳旋桥的遗址，就在运河的南河岸边。（以上由陈培加撰稿）

◎ 通明闸

又名古清水闸、通明坝、通明堰。通明者，通达明州（宁波）也。

通明堰在上虞县城东十里处，南北走向，坝体高大，堰上设闸。通明堰上接四十里河，经梁湖江坎头与曹娥江相连；下及姚江，直达余姚、宁波，是上虞十分重要的桥、闸、坝三位一体的水利工程、交通枢纽。

河道中筑堰设闸，兼有蓄水和运输的双重功能，为船舶航行和农田灌溉而建。唐代及以前，这里没有也不需要水闸。随着陆地的抬升，四十里河的水位不断下降，到北宋时期，枯水期水位不足以满足水运之需。故北宋景德三年（1006）构筑北堰于此，以抬升水位，利于行船和农田灌溉。到南宋时，因运输繁忙，仅有一堰通航太过缓慢，又于嘉泰元年（1201）构筑南堰。南堰专通官民之舟，北堰专通盐运。元至正八年（1348），海塘府史王永重建，并加宽加深。后于清康熙四十三年（1704）、乾隆二十四年（1759）、乾隆二十六年（1761）、嘉庆二十一年（1816）、同治二年（1863）和光绪十六年（1890）多次重修。

通明闸、坝、桥的设立，促进了两岸相连村落的发展，逐渐形成南岸的南村（今属通明村）和北岸的北村，俗称坝头（今属东门村）。南村主要以农业为主，钱氏为南村望族，今存钱氏大宅，为省级文保单位。北岸以水上运输为主业，为拖船过坝和码头搬运货物提供劳力。

镌刻着"古清水闸"的石梁

明代诗人杨珂和谢谠都在通明坝留下过诗篇。杨珂诗云:"四明山尽到通明,春水随潮恨不生。隐隐雷声惊乍起,却疑身向禹门行。"嘉靖二十三年(1544)进士乡贤谢谠也有诗云:"金罍山下百花明,云岳溪头绿水生。准拟今春多乐事,不妨长日驭风行。"

《万历志》载:"……七堰相望,万牛回首,盖自杭经越至明,凡三绝江七渡堰,此其一云。"旧时东来西往的官宦骚人、商贾行者过此都在这里下船歇脚,促使了此处的商贸发展。至今,通明堰附近还存埭河、石砌埠头、堤岸、码头、城隍庙、商栈、通济洋龙局(民间消防局)等遗址和旧址,可见昔日此处处于交通要冲,东来西往的人流物流,促进了当地的繁盛。

拦坝筑堰是为了抬高水位有利行船,但堰坝自身是对行船的阻碍,水闸处也不能行船,因此船要过坝,无论从下游到上游,还是自上游去下游,都得把船拉过坝去。每个堰边都有"拖船坝",两边有拖船道,需用人力和畜力把船拖到坝顶,再滑下坝去。过坝时,人先下船,货也得卸下,等过坝后再装上。因此坝头需要大量坝夫,他们被称为"吃坝头饭"的。

用人力或牛力拖船过坝,毕竟力量有限。之后发展为用辘轳(俗称"绞盘")

拖船上坝时的场景

拉船。船头的绳索分两股,分别系在左右的绞盘上,每只绞盘要好几头水牛来拉,驱动水牛,转动绞盘,船只沿着斜坡被牵引上来,翻越坝顶。宋代时"胜舟二百石(约相当于 12 吨)"。近现代改为机车绞拖。

翻越堰坝,需要留下过路费,有一首《过坝谣》这样说:"上坝挽长绳,下坝收短缦。高低三尺水,长养百夫命。客船上坝横索钱,官船下坝不敢言。"

通明坝 1966 年列入曹娥江翻水站配套工程,将闸门改建为钢筋混凝土梁板式闸门,用电动螺杆启闭,下游加做钢筋混凝土护坦,接长闸墩,两岸砌石坎。

有关资料记载,通明坝在拆除前,整体自北至南共由三个单元组成。

第一单元为"古清水闸"。三孔,中孔跨 2.8 米,边孔跨 2.7 米。东为石质桥栏板,西为混凝土闸楼,桥面由三块条石板铺就,桥净宽 2.1 米,中孔桥栏板外侧阴刻横书"古清水闸"字样,边款竖刻:"嘉庆乙亥仲春吉旦重修。"闸底至梁板高 2.8 米。

第二单元为闸坝。1973 年将闸旁过水堰改建为闸，2 孔，每孔净宽 4.3 米，总宽度 8.6 米。西侧为闸楼。

第三单元为拖船坝。顶宽 2 米，坝体水道东西长 29.4 米，拖船道宽 6 米，两侧有拖船夫行走的石阶，北首宽 1.5 米，南首宽 1 米。通明闸后期已经不通船了，其作用相当于普通的水闸，以蓄水灌溉、保障百姓生活用水及排涝为主。

早年的通明闸坝   未拆除前的通明闸坝

家住通明村的一位年已八旬的范姓老人，10 多年前曾经历运河拓宽。他这样说："先前的运河中央有座河心岛，将运河隔成两面；坝北端，是古代时依靠人力、牛力及绞盘拖船过坝的地段；坝南首设有水闸，用以泄水；古代时坝旁还有一座关帝庙；船拖过坝后，如船底损坏，可就近在河心岛上维修。"

2007—2008 年浙东运河拓宽改造期间，拆除了所有建筑以及河心岛，河面拓宽至 60 米。过往舟楫过坝时人拉牛牵、人声鼎沸的场景也消失了。横跨运河两岸，2009 年 10 月建造了气势雄伟的现代化钢梁人行大桥。这座名闻遐迩的千年古坝虽然已退入岁月深处，然而那一段过往和那份凝结在通明坝上的厚重文化却依然留在历史的长河中。

2008 年，新的通明船闸、水闸在原坝以东约 1 千米处建成，可供 500 吨级轮船通行。进入通明船闸

新通明人行大桥，全长 123.9 米

区域，绿树成荫，花卉遍地，如同公园。如今过坝的方式与古代不同，船只不需要牵引过坝，通过上下两座船闸调节水位来实现。

新建的通明船闸

通明闸上下两闸间的水位落差约 2.5 米。通明船闸所在河道水深 3.5 米，每次可容 4 艘载重 200—500 吨的内河船舶过闸，主要运输煤炭、黄沙、石子和钢材。紧靠船闸南首有调节水位的水闸，关闸蓄水，能提高水位以供行船和灌溉，开闸放水，则用于汛期泄洪排涝。（史济荣撰稿）

附：追忆当年船过坝

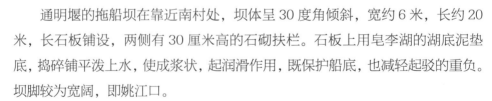

通明堰的拖船坝在靠近南村处，坝体呈 30 度角倾斜，宽约 6 米，长约 20 米，长石板铺设，两侧有 30 厘米高的石砌扶栏。石板上用皂李湖的湖底泥垫底，捣碎铺平泼上水，使成浆状，起润滑作用，既保护船底，也减轻起驳的重负。坝脚较为宽阔，即姚江口。

船只过坝，收取酬劳，这是通明古堰的生存之本。据史书记载，古时船只过堰用牛牵拉，所交之税称牛埭税。元代柳贯《月夜下通明堰》曰："挽舟下通明，初宵落潮后。两犍才负轭，十夫齐奋肘。引重如举虚，欸过姚江口。细水不生鳞，月色金光走。"意思是说，在月光下，两头大牯牛套着牛轭，十个壮汉裸露手臂，配合着牛奋力牵拉，才使船只平稳过埭，且船入姚江无浪花。

据周边老人回忆："民国时期，用人力盘车，有4人、8人、16人不等。"1949年至20世纪70年代中期，通明堰为通明运输社管辖，坝顶有一机房，安装了一台齿轮传动的手摇卷扬机，摇柄长长的，左右相对，轻船2人，重船4人、6人不等。

船只过坝要先用铁网紧裹船头，网罩与绊索钢缆相连，卷扬机摇动后，船头稳稳上升，过坝后，沿坝缓缓而下，当船头接近水面时，站立船头的艄公，迅速打开网罩，使船顺利下滑。这是艄公的一项绝技，非一朝一夕之功。船只上坝与下坝，基本原理相同，上坝牵引力大，下坝危险系数大，但1949年后坝头无重大伤害事故。

每当早晨八九点钟时，阳光普照，波光潋滟，百官、娥江、梁湖、通明等运输社的船只和各大队的农船一艘接一艘地涌来，狭窄的河道两边停泊着装载不同货物的大小船只，只留出中间一道窄窄的通道，笑语声、呼喊声混合着坝上的号子声，汇成一支雄浑的乐曲，飘散在虞东平原的上空。坝下姚江口的余姚船、宁波船和上虞航行公司的船也在争先恐后地向上涌。但坝有坝规，先开票，后上坝，一般都遵循票据号码有序上下。

但这样热闹的光景持续不长，鼎盛期为20世纪50年代，之后随着陆上公路的兴建和其他各方面的影响，坝上渐渐萧条下来，大约在1978年前后，通明堰停驳。

停驳，不等于停航。当时主要货物是黄沙，通明运输社改换操作流程，先把曹娥方向运来的黄沙，用传输带送到坝顶，然后通过传送带，直接把黄沙传输到坝脚运输船上，省工省力，功效倍增。坝脚沙船由大型机械船拖拉，十几只不等，形若长龙，蔚为壮观。大约1991年前后，通明堰停运。

1987年，停驳了十年之久的通明堰，迎来了央视"话说运河"摄制组。丰惠运输社领导调动人员统一布局，围观群众数百人，坝头村民任小兵，头戴笠帽，身穿蓑衣，站立于船头，表演了套罩、下滑、撒罩的全过程，使这个古老的"船只过埭"画面定格在历史资料里。（金慎言撰稿）

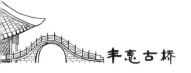
◎谢家桥

《万历志》载：谢家桥在通明堰东五里许。又名太平桥。如今处于谢桥与虞光二村的交界处，横跨于姚江上，呈南北走向，桥南是谢桥村，桥北为虞光村。

谢家桥原是一座三孔石梁桥，设有两个高4米的以石条砌就的桥墩，桥面三块石板并铺，宽2.5米，高4米有余，全长约30米，桥头东侧有一条石板小道与桥头平连。

原桥南首有一条内河与姚江隔堤并行，内河东有一石砌堤坝，一条宽3米、长10余米的土石路由堤坝通往老桥。因外堤长年受水浸泡冲击而溃塌，内河也成为一个斜坡河滩，故而南首的石砌引桥较长。为行人安全和美观，桥面两侧设有高0.5米的石条做桥栏，亦可用于桥旁村民夏夜纳凉和过往行人歇脚。

桥北端与地面高低落差较大，故设有石条步梯十级，下桥左右两侧即为原虞光老街。

谢家新桥

谢家桥历来是原虞东地区人们进县城丰惠、走余姚、到梁弄的交通枢纽，也是人们南来北往的主要通道，此桥因桥南谢姓人氏众多，故称为"谢家桥"。

20世纪70年代初，因交通发展所需，老谢家桥被拆除，并向西移40余米，另建一座高5米余、宽4米、长40多米的单孔水泥拱形桥。2008年浙东运河整改，谢家桥再次被拆除。目前的公路桥——谢家新桥，全长441.4米，2008年7月通车。

还有座只供人通行的钢架步行桥，名叫"虞永人行桥"，全长98.5米，2009年10月通行。（金炳尧撰稿）

虞永人行钢架桥

◎永福桥（新桥）

按现在的行政区划，永福桥位于丰惠镇虞东村的孙家与姚江对面永和镇石溪桥村的联结处。

《光绪志》记载："永福桥在通明江七里滩，旧有永福渡。国朝康熙间，戚廷元妻章氏捐建，凡七洞，俗名新桥。道光间，许宗耀募捐重建。"

永福桥是横跨于姚江之上的一座重要石桥，南北走向，为七孔石梁桥，每孔架设三块石梁，全长47.4米，宽1.85米。由于第六个桥墩被穿桥而过的船舶撞倒，1970年，六、七两孔合并成一孔，永福桥成了一座六孔桥。

拆除前的永福桥

该桥南北两端各有三级台阶，两侧无栏板，但桥面石梁两侧设有矮柱。矮柱顶面与石梁平齐，嵌入墩台帽的榫孔，防止石梁横移。

五个桥墩为单向分水尖锥台干砌条石墩，双层帽石，墩宽3米，包括分水尖，厚1.15米，帽石平面尺寸1.35米×3米。此桥分水尖设在下游，以阻止潮水冲刷，可见当年潮水之患非常严重。两边桥台为干砌条石，光滑整齐，宽3米，后踵宽5.2米，呈八字状。1949年以前，桥北有路廊，旁边有永福寺。

第四孔边梁侧刻有"乾隆丁卯年始建""道光戊戌年重修"字样。路亭石碑中刻有"光绪丙申年重修"。

永福桥与永安桥称为姚江上的"姐妹桥"。永福桥的跨度小于永安桥，但建造的时间比永安桥早一百多年。永安桥建造的形状、结构与永福桥非常相似，可能是在建造永安桥时，参考了永福桥。永福桥为上虞区内第二长的古桥，是连接夹塘与永和之间的主要桥梁。

由于浙东运河拓宽的需要，永福桥于2007年被拆除（据称整体拆迁到曹娥江景区），向西约80米处，新建了下承式钢管混凝土拱式桥。

姚江上这两座气势恢宏的七孔古桥，在漫长的岁月中曾经给当地人出行带来便利，增进了姚江两岸人们的往来，也为滔滔的姚江增添了无限的风采。原

桥的图片和桥型结构，被早年实地调研的陈国桢先生记录下来，为后人留下了珍贵的图片资料。（姚友根撰稿）

◎永安桥（安渡桥）

永安桥位于永和镇安家渡村（丰惠镇夹塘村塔山畈直出的交界处）。此处姚江水面宽阔，原先过河靠渡船摆渡，故名安家渡。

安家渡上早有建桥的历史。南宋嘉泰《会稽志》就有关于安家渡桥的记载。《光绪志》载：安家渡桥在县东北二十里通明江。先前的桥梁通常是简易木桥，因姚江常遇洪水暴发或潮汐倒灌，木桥极易被冲垮，故已无原桥。本文所说的永安桥，是由小越横山的陈春澜先生等出资，于民国年间建造的一座气势恢宏的七孔石梁桥。

陈春澜幼年家境贫寒，生活艰苦，少年时只身去上海谋生，凭借勤奋努力和卓越智慧，从小伙计晋升为多家钱庄的老板，成就了自己，也造福乡里。58岁那年他把钱庄托付给侄子打理，自己离开上海，回到了魂牵梦萦的家乡。从清末到民国初期，他慷慨捐资，创办了春晖中学等几所学校，让无数学子沐其恩惠。他不仅捐资办学，还创办实业，修桥铺路，功德流芳百世。永安桥的建造，也得益于陈春澜的捐助。

拆除前的永安桥

永安桥于 1921 年动工建造，1925 年竣工。桥边原有一块石碑，上面刻有捐款人的姓名和捐款数量，捐款多数千元以下，最多的有三千银圆，姓名中多有无名氏、隐名氏等，似不愿留下姓名，总捐款为十万大洋，陈春澜先生包底该桥的大部分资金。后来石碑被毁坏。

永安桥呈南北走向，南通往永和、余姚梁弄四明山区；北通往夹塘、横塘、丰惠、上虞及马渚等地，过往行人、货物甚多。此桥的建成方便了两岸百姓往来，犹如长虹卧波，也给滔滔姚江增添了风采。

　　永安桥全长 56.65 米，略呈弧形，桥面、桥墩均为天然大隐石，整座桥的结构严实，砌石整齐，气度宏大，是上虞境内最长的七孔石梁桥。桥面由 28 块石梁平铺而成，石梁的最大厚度为 32 厘米，各跨梁长短不等，桥面宽 2.31 米。在第四孔外边梁侧，刻有"民国辛酉建"字样。全桥无栏，两侧的矮栏柱高于梁石 8 厘米，锁定石梁以免桥板移动。在江水平稳的状态下，桥面最高处距水面约 2.8 米，最低处 2.37 米。

永安桥雄姿

　　永安桥有南北两个桥梯，南桥梯长 6.2 米，北桥梯长 7.8 米，两桥台宽 2.94 米，呈八字形，各有三级石阶。江中有六个桥墩，西端为分水尖（面向上游），东端为圆形（面向下游），双层台帽干砌条石墩，柱状墩身，厚 1.09 米，宽 1.83 米。

　　永安桥西首原建有一座凉亭和一座新庵。凉亭上方挂有"永安亭"匾额一方，两边柱上嵌字联一对，上联是"永年谈话会"，下联为"安步往来人"。石柱上也有对联一副，上联是"莫匆匆去小住为佳"，下联为"且缓缓行稍安勿躁"。这些直白、朴素、温馨的文字，折射出建造永安桥的初衷，即为过桥行人送上暖心的祝福语。可惜凉亭和新庵在"文革"中被毁坏。

　　随着浙东运河的疏浚建设，为满足 500 吨级航船通行的需要，2008 年，永安桥由绍兴旅游公司拆除，石桥材料被运走。这座绚丽多姿的七孔石板桥也完成了它的历史使命。（姚友根撰稿）

西溪湖之东北

西溪湖之东北，由屈华、甄底山（赵家）、郑家堡、后半湖（以上四个自然村已合并成西湖村），以及西泾畈、吴弄（两者已合并成西郊村）等村落组成。从地理位置看，其北面四十里河自西向东流淌，西南是西溪湖水域。这一带除了郑家堡村后有鲤鱼山，其余皆地势低洼，属于西溪湖的灌溉区。

区域内的纵横河网，古代是为农田的灌溉和西溪湖泄洪、排涝之用。主要的河道分别源自西溪湖的上闸和下闸。上闸开启，湖水流入中湖村的庙前河，流向田野（这一部分已记录在《西溪湖东南面》中）。下闸开启，湖水流入郑家堡的面前河，再分散到各条小河中，由西泾河、东泾河、渔门溪下游（后龚前面河）等流入四十里河和街河。久旱放水，雨季泄洪，晴不缺水，涝不遭淹。这些古代的水利设施，确保了湖区乡民的生活安康。此外，渔门溪下游、丰三河下游、街河上游、四十里河也流经这里。

河水悠悠流淌，小桥静静横卧。这一带的桥梁以单孔石梁桥为主，或连接于村落间，或守候在田野上，时常能够看到。四十里河上的桥梁已在前文做介绍，本篇为其余古桥。

屈华自然村

◎小华渡桥

小华渡桥原名郑家桥，地处西湖村屈华小华渡桥自然村南，小华渡桥自然村又称小岸，与大华渡桥自然村（又称大岸）仅一河之隔。小华渡桥跨面前河（即渔门溪下游），南北走向，单孔石梁桥，桥长4米，宽1.2米，离水2米，两边各有三级台阶，无桥栏，主要便于村民去河对岸田畈干活，并与南面甑底山村相通。

抗日战争时期，日寇在郑家堡北的鲤鱼山上建造碉堡，控制着百丰官道和四十里河的水陆交通。为了拔掉鬼子的这个堡垒，1943年5月的一个晚上，国军200多人向山上进攻，双方发生了激烈的战斗。因敌军凭借碉堡等工事，居高临下地射击，国军虽付出了死伤多人的代价，仍没能拔掉这个钉子。事后，日寇为防止再次遭到进攻，把桥板撬起丢进河中。抗战胜利后，小华渡桥才被重新修复。

1958年，为了蓄上游渔门溪之水灌溉农田，小华渡桥被拆掉，改建为闸桥。后因沿河灌田采用船机，闸桥未能发挥作用。

1978年，小华渡桥重建为钢筋混凝土圆洞拱片桥，同时建造此类桥梁的还有水闸桥和东桥，为适应农村水网地带拖拉机通行。据造桥的陈海清老人回忆，先预制八片拱片，后吊装焊接拼拢，横向也用钢筋水泥预制桁条连接，桥面用钢筋预应力水泥板铺装。这类桥的特点是结构轻巧，建造方便，承重大。此桥改建后，桥拱跨度为15米，宽度3.5米，正式被命名为"小华渡桥"，桥名刻在桥板上。因卧龙桥已移至村面前河东首，此桥成为小华渡桥村民外出的唯一桥梁。

随着时代的进步，车流大量增加，该桥又变得不堪重负，影响村民的出行安全。2021年，小华渡桥被再次重建。重建后，新桥为双孔平桥，有一桥墩，全长14.5米，宽7米，高1.8米，两边有桥栏，栏高1.45米，汽车可双向通行，成为西湖村美丽乡村建设的一处亮点。

小华渡桥（新）

◎卧龙桥

卧龙桥地处小华渡桥自然村东200米的面前河上，跨渔门溪支流的出口处，

南北走向，旧时华渡桥村及龚家畈村村民须经此桥，再往东过华渡桥后沿四十里河北岸的纤路去丰惠。

小华渡桥自然村面前河与西溪湖湖塍河相通，一直延伸到三溪港头。因此，卧龙桥也是旧时西溪湖周边村民的船只通向百官的必经之桥。

相传，此桥西 60 米曾建有一座水闸，用来拦截溪水以灌溉农田。太平天国运动时，一小撮人追杀一位小华渡桥村人，追至闸边，这位村民无路可去，情急之中，奋力跃过水闸，顺手拿起一把明晃晃的铁锹，对准追上来的人大喝一声："有种的过来！"对方不知这么宽的铁器是什么新式武器，不敢上前，回头走了。

小华渡桥面前河南面原有一处大水洼，阻断沿河道路。20 世纪 70 年代，大水洼被填，在断头河口处建造新桥。村民经过小华渡桥后可以直接从新桥通行，卧龙桥失去作用，故被拆除。

◎祠堂桥

祠堂桥处在屈家堡村前，跨面前河，南北走向，桥北原有龚氏祠堂，故称祠堂桥。桥面平铺两块桥板，桥长 5.5 米，宽 1.5 米，无台阶，无桥栏。此桥旧时系村民出入主要通道，向南延伸为石板路。20 世纪 60 年代，政府在原址进行多次修建。目前，此桥系钢筋混凝土桥梁，长 6 米，宽 4.4 米，两边有低矮的混凝土桥栏，汽车可通行。

◎樟桥

樟桥现状

樟桥位于屈家堡村西面，跨面前河，南北走向，并铺三块桥板，长 1.9 米，宽 2.6 米，无台阶，无桥栏，供村民通行。此桥系闸桥，旧时与皂李湖相通，控制面前河水位。20世纪 90 年代，流向皂李湖的河道被填后，新挖河道过百丰公路通四十里河，并在百丰公路上新建一座桥梁，屈家堡面前河成为内陆河。此桥 1949 年后几经修扩，最近一次是在 2000 年以后。原桥向西加扩，桥基仍在，闸槽明显可见。桥的两边各有一个埠头。扩建后，新桥全长 10.3 米，净长 1.9 米，宽 4.6 米，水面与桥底高度为 1 米，可通汽车。

◎ 水沟桥

水沟桥建在屈家堡村西首，跨溪流，系溪桥，东西走向，上铺两块桥板，宽 1米，长 2 米，无桥栏，无台阶，方便村民通行。曾被改造为水泥桥，桥长 3.3 米，宽 5 米，水面与桥底高度为 1 米，目前桥西首已有村民建房。（以上由卢守先撰稿）

水沟桥现状

郑家堡自然村

◎ 水闸桥

水闸桥地处郑家堡鲤鱼山西南首，东西走向，单孔石梁闸桥，上铺两块桥板，桥跨度 3 米，高 2.5 米。闸在桥北首，双道闸板，中间筑土，宽度 0.35 米。旱时，西溪湖放水灌田，此桥落闸关水，以阻止西溪湖水通过四十里运河外流；涝时起闸，将洪水通过运河排出。旧时南岙、王牌岭、贾塔、前龚、水仓头、甑底山等村民去百官需经过此桥，但去县城丰惠一般过郑家堡前西桥，沿面前河北石板大路直通西南门沙滩桥。

水闸桥距离鲤鱼山西首蛇湾约 20 米，相传此地曾有一条大蟒蛇出现，故称蛇湾。蛇湾面前是高家墩，历史上曾有高氏一族居住。

1978年，为了适应拖拉机通行，水闸桥重建为钢筋混凝土圆洞拱片桥。桥台仍用原闸桥的条石干砌，坚固结实。新桥全长17.7米，拱跨度净长10.6米，

宽度3.56米，水面至桥底部高度为2.8米，双面桥栏，高1.1米，采用水泥结构护栏，护栏底部有水泥柱脚。

此桥目前还在，供郑家堡村村民出行。虽已破旧，但汽车尚可通行。随着时间的推移和交通的发展，此类桥梁丰惠存量已不多。

水闸桥现状

◎西桥

西桥在郑家堡面前河西首，跨郑家堡面前河，与郑家堡东桥有"东青龙，西白虎"之称，所以高度低于东桥。单孔石梁桥，有两级台阶，无桥栏，跨度约3米，高约1.5米。旧时从西溪湖南沿湖各村走西溪湖湖塍石板大路，经过下闸桥后折向东北沿十字江河岸，过十字江桥继续北上，经过此桥、水闸桥、华渡桥去往百官，是一处交通要桥。

20世纪70年代因农业机械通行之需改建为水泥桥。21世纪初，此桥再次重建，新桥全长15米，净长6米，宽6.6米，水面至桥底高度为1.7米，桥栏高1.1米，水泥结构四柱，两道横栏，柱脚由混凝土浇筑，汽车可通行。由于交通网络得到调整，三溪方向去百官一般走惠普大桥，而后半湖则过东桥出郑家

西桥现状

堡过四十里河进百丰公路去百官。目前此桥主要用于郑家堡村村民去甑底山自然村和去田畈干活通行。

◎东桥

地处郑家堡东，跨郑家堡面前河，与西桥有"东青龙，西白虎"之称，故也叫青龙桥，高于西桥30厘米。据说在"文革"后期重建此桥的时候，在桥板上看到过"青龙"二字。

东桥为单孔石梁桥，南北走向，有两级台阶，跨度约3米，高约1.8米，为郑家堡村村民去面前河对岸干农活通行之桥。

此桥南端的西面桥台前曾有一个大土墩，起到挡水的作用，主要用于西溪湖天旱开闸时减轻水流对此桥的冲击。

据91岁的郑梦根老人回忆，此桥还有一个民间传说：在东桥旁边曾有一棵大樟树，这棵樟树的影子荡漾在远在河北乡的一个大户人家的水缸里。水缸中出现大树影子，主人家感到非常奇怪，于是差人四处打听这棵大樟树的具体位置。后有人发现这棵樟树与那户人家水缸里的影子非常相像，为了辨明真假，就在这棵樟树上挂了一只草鞋做记号，回去一看，果然就是。但事出意外，后来有一位村人拿走草鞋挂上了一盏灯笼，结果那户人家还发生了一场火灾。

20世纪70年代因农业机械通行之需改建为水泥桥，后半湖去百官不用再过西桥，只要过此桥即可。21世纪初，此桥再次重建，全长28.6米，净长6.5米，宽6.6米，水面至桥底高度为2.3米，桥栏高1.1米，各设四根水泥柱子、两道横栏，整座桥显得宽敞结实，有公交车通行。

今日东桥

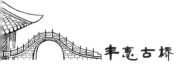

◎ 南郭桥

南郭桥在郑家堡面前河东桥以东 400 米左右处，跨长兴河出口，东西走向，有一级台阶，无栏。单孔石梁桥，并铺 2 块桥板。

郑家堡面前河向东直通西南门沙滩桥，此桥是东桥以后第一座由面前河向北流向小堡支流——长兴河上的桥梁。旧时小堡至此桥没有河流，只在桥西 20 米处建了一处叫大坝头的小码头，小堡村村民用船运货，要肩挑手提到这小码头上装货，十分不便。后来村民从小堡到南郭桥挖了一条河道，称长兴河，两岸砌石，用船运货可以直接到村口，此后，大坝头就不再使用了。

改革开放以后，为了农业机械通行需要，南郭桥重建。后实行农田承包，农船不再是村民的交通运输工具，石板不再，道路受阻，此桥仅作农田承包者通行之用。

重建后的南郭桥长 4 米，宽 4 米，水面至桥底高度为 1.2 米，水泥混凝土制桥栏，高 1 米，系三柱单栏，柱脚由混凝土浇筑。

南郭桥现况

◎ 樟基桥

樟基桥在南郭桥向东约 500 米处，东西走向，系单孔石梁桥，铺有 3 块桥板，无桥栏，无台阶。郑家堡面前河向东直通西南门沙滩桥，此桥是东桥以后第二座架在面前河向北支流——樟基河上的桥梁，目前还在。

樟基桥桥板长 3.4 米，净跨度 2.4 米，桥宽 1.6 米，水面至桥底高度为 1.5 米。

桥台系条石干砌，为节约石材，也掺入了毛石，维修时用的全是毛石，成混砌之状。

樟基桥

田野中的老桥   古朴的桥台

樟基桥目前虽然破损严重，但古貌仍在。在现代新农村建设全面普及的情况下，田园之中还有这么一座古桥，殊为难得。

樟基河旧时只是向北伸进 20 多米的断头河，洪水暴发时，三溪之水来势汹汹，郑家堡面前河排水不及，故在 20 世纪 60 年代人工开挖了直通西泾河的樟基河，减缓了洪水对面前河的危害。

◎ 下闸桥

下闸桥又名郑家堡闸桥，地处后半湖与郑家堡交界处的西溪湖湖塍上，系西溪湖放水之石梁闸桥，南北走向，单孔，一级台阶，无栏，上铺三块桥板，长 3.5 米，宽 2 米。闸建在桥的西首，双道闸，闸宽 30 厘米。北面与郑家堡交界，连十字江。桥南为后半湖地界，桥西北为甄底山地界。

西溪湖是沿湖各个村落赖以生存之湖，筑坝蓄水，遇旱放水，以灌溉农田，抗击自然灾害。《上虞县志校续》称："有泥坝蓄湖水，卫粮田。"

20 世纪 60 年代起，随着曹娥江上源闸翻水工程建成，这一带农田受益，西溪湖的灌溉作用被取代，下闸桥也被弃用。"文革"期间，沿湖各个村响应政府"农业学大寨"的号召，改湖造田，扩大耕种面积。改革开放时期又响应国家号召搞多种经营，挖塘养鱼，成为上虞有名的鱼虾养殖

下闸桥现状

基地。

如今下闸桥原址处建起了一座水泥桥,全长 18.1 米,净跨 3.7 米,宽 6.15 米,水面离桥底 1 米。原来的闸桥已看不到痕迹。(以上由卢守先撰稿)

甑底山自然村

◎金家桥

金家桥现状

地处甑底山,跨后泊河,通贾塔村,东西走向,系单孔石梁桥,上铺两块桥板,两边各三级步梯,无桥栏,桥长 3 米,宽 2.5 米,旧时水仓头、南源方向村民去丰惠须过此桥。20 世纪 80 年代因农村道路扩建需要,道路裁直,拆除此桥后向南移动 30 米,新建一座水泥桥梁,长 4 米,宽 7.4 米,两旁建有低矮的水泥桥栏,后因通车需要,在两旁加设公交车专用护栏。

◎甑底山桥

又名安济桥,跨甑底山面前河与后泊河交界处,与南源村相近。系单孔石梁桥,并铺两块桥板,两边各有一级台阶,无栏,桥长 3.5 米,宽 1.5 米,旧时供南源、水仓头人去百官,甑底山村村民去田畈干活也须通行此桥。

2005 年改建为水泥桥,长 6.5 米,宽 4.6 米,两旁有低矮的混凝土桥栏,河面离桥底部高 2 米。两台系石块干砌。

21 世纪初，兴建乡村公路，在此桥东首 60 米处新建公路桥一座。目前此桥虽在，但形单影只，已不再承担交通功能。

甑底山桥现状

◎横江桥

横江桥跨甑底山横江河，是西溪湖通向甑底山第一桥，南北走向，单孔石梁桥，两块桥板，3 级台阶，无桥栏，桥长 3.5 米，宽 2.5 米。旧时甑底山、龚家畈村民去西溪湖畔干活须经过此桥，也是半湖、三溪方向沿西溪湖边去甑底山、龚家畈的必经之桥。1990 年在原址上改建为水泥桥，桥基不变，目前桥长 4.2 米，宽 3.5 米，河面至桥底高 1.1 米，供村民通行。

横江桥现状

◎福禄桥

福禄桥又名"大桥"，处甑底山村前，跨甑底山面前河。"福禄桥"三字曾刻在桥板上。其系单孔石梁桥，两块桥板，南北方向，一级台阶，无桥栏，桥长 3.4 米，宽 1.5 米，供村民去面前河对面干活通行。旧时半湖、三溪方向村民沿西溪湖边石板路去甑底山、龚家畈须经此桥再沿河岸北上。

20 世纪 80 年代改为水泥桥。21 世纪初，在美丽乡村建设中，这一地块的河流覆于地下，此桥只露出西首桥沿，并在桥沿设有 0.3 米 ×0.4 米混凝土桥栏。

◎万安桥

万安桥现况

万安桥在甑底山村前,跨甑底山面前河,西南为甑底山祠堂。其系单孔石梁桥,并铺两块桥板,一级台阶,桥长3米,宽1.5米,无栏,供村民去河对面祠堂以及田畈干活通行,去丰惠亦过此桥。21世纪初,在美丽乡村建设中,此路段河流成暗流,此桥被覆于地下。

◎新桥

新建的新桥

在甑底山东,跨甑底山后泊河,通面前河和茶湾河,离东北处水闸桥约200米。其系单孔石梁桥,铺有两块桥板,有3级台阶,无桥栏,桥长3米,宽1.5米,供村民去对岸渔低畈干活通行,旧时南岙方向村民去百官从此桥通过。

21世纪初美丽乡村建设中,此桥建为公路桥,全长10米,净长5米,宽8.7米,两旁为高0.75米的公交车铁护栏。

◎十字河桥

十字河桥地处郑家堡西溪湖北十字河上,系闸桥,跨横江河东出口,南北走向,单孔石梁桥,并铺两块桥板,桥长4米,宽2.5米,水面至桥底高0.9米。该桥旧时是郑家堡去西溪湖的必经之桥,后湖及三溪方向村民从湖堤东折过此桥，再过郑家堡西桥可去往百官。
20 世纪 50 年代，为了便于农业机
械通行，此桥被改建为平桥，但桥
基不变。由于后期农村交通另辟新
道，此桥只供郑家堡村民在田畈劳
作时通行，目前桥台仍在，闸槽
留存。（以上由卢守先撰稿）

十字河桥

后湖自然村

◎书院桥

书院桥，又名来学桥，东西走向，横跨在后湖自然村书院山前原泳泽书院
西 100 米处的摸夜江上，单孔闸桥，在西溪湖开闸放水时，关闭此闸可抬高水位，
以利于灌溉地势较高的水田。

摸夜江是一条连贯西溪湖上闸与下闸之间的护塍河，宽 20 米左右，深 2—
3 米，当年西溪湖水通过这条护塍河流向四面八方，担负着三乡十八堡两千多
亩农田的灌溉和汛期排水抗洪的使命。此河是沿湖各村水上交通的要道。

书院桥是一座单孔石梁桥，桥全长 8 米，净跨度 4 米，高 2 米。桥面最初
只有 2 条石梁铺设，每条宽 70 厘米，厚 30 厘米，1949 年后加宽为三条石梁，
桥宽 2 米，两边各有 3 级台阶。据参与重建的石匠回忆，桥台底部用松树桩打底，
松树桩上盖有石板，石板上采用条石干砌，最上面用石墩台帽加固后架上石梁。
无栏板，在桥梁北侧刻有"书院桥"三字。

1987 年，因交通需要，书院桥在原址上进行了第一次改建，原桥被拆除，
去掉台阶，桥墩与桥面采用钢筋混凝土浇筑，桥面扩至 3 米。2018 年，此桥进
行了第二次重建，底部用混凝土浇筑，桥身采用原桥条石浆砌，在原桥位置向
南扩至 6.5 米，目前通公交车。

书院桥是一座具有悠久历史的古桥。

南宋时，湖畔居住着一位饱学之士孙邦仁，他与其侄孙应时都是当时的理学名家。孙邦仁原籍余姚，其祖父孙昶，喜西溪湖山水之胜，迁居而来。孙邦仁在湖畔左右山上构筑起富春亭，读书讲学会友。淳熙五年（1178），朱熹过上虞，仰慕孙邦仁之名前来拜访，与之相谈甚欢，在孙家小住，并讲学于富春亭。后孙邦仁对朱熹考注《大学》《中庸章句》等著作多有帮助。后人为了纪念朱熹，在左右山上设祠。

《万历志》记载

元至元八年（1271），赵友直等文人在朱熹讲学处创建泳泽书院。赵友直曾作《创泳泽书院初成》诗："万古湖山一望央，紫阳道脉壮宫墙。佳朋鳞集互联榻，多士云从相共堂。地有金罍非福瑞，天将玉汝任纲常。要知学问无他术，只在功夫不怠荒。"

随着时间的冲刷，书院被废。明万历十二年（1584），县令朱维藩恢复西溪湖，并修复湖滨的泳泽书院。《万历志》载："南北深一十二丈，东西阔九丈，盖屋两层……并复朱文公泳泽书院于湖滨，前为丽泽堂，后为祠，迁文公像于中，榜曰：'文公祠'，前石坊题曰：'泳泽书院'，再前为来学桥。"

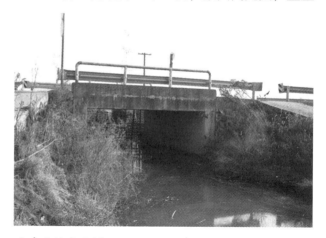

改建后的书院桥

年延岁迁，山名变为书院山，桥名变为书院桥。

书院桥不断演变，成了右图中的样子。

◎方塔桥

方塔桥横跨新江河。新江河继续北上流入郑家堡面前河至西南门沙滩桥的河里清河段。方塔桥东西走向，是中半湖与后半湖的分界桥。桥西属于后半湖地界，桥东属于中半湖地界。桥东靠桥头建有路亭，亭内置有石条凳，供来往行人和在田间劳作的农民避雨、乘凉、休息。此路亭在"文革"后期被拆除。

旧时的方塔桥有5级石阶，上铺3块桥板，桥面宽2.5米，净长3.5米，无桥栏，河面至桥顶高2.1米，桥台采用条石干砌，是后半湖通向丰惠的必经之桥，至今仍是后湖村民去丰惠镇的主要通道。

方塔桥旧时有闸，系单道闸。西溪湖放水灌田时，为了使处在高处的象田大溪至前半湖和东溪湖桥一带农田能得到灌溉，就用单道闸板落闸拦水（小高桥、书院桥同时落闸），用此方法抬高内河水位。

20世纪50年代，因农业机械通行需要，拆除该桥台阶，将方塔桥改为平桥，1998年4月拓宽重建，目前在两面桥栏上刻有"方塔桥一九九八.四.重建"字样。重建后的方塔桥全长13.5米，净长2.8米，宽5.5米，水面至桥底高1.45米，两端制有0.25米×0.25米的混凝土桥栏，汽车可通行。

今日方塔桥

◎木桥

木桥之名，源自初建之时，何时改建为石桥，已不得而知。此桥为后半湖村内桥，地处后湖诸家峰内河流向范家月亮河的横河上，东西走向，系单孔石梁桥，铺两块桥板，桥长3.5米，宽1.5米，向东300米连方塔桥，是旧时后半湖村包括范家村民去丰惠的必经之桥。

20世纪80年代因机械通行需要重建成水泥平桥。目前桥全长14米，净长3米，桥面宽5.75米，

木桥现状

水面至桥底高 1.7 米，两端有 0.25 米 ×0.28 米的水泥混凝土浇筑的桥栏。桥之侧刻有"诸丰桥"字样。

◎大平桥

大平桥系闸桥，地处西湖村后湖范家月亮河上，东西走向，旧时上铺两块石板，3 级石阶，无桥栏，桥长 3.5 米，宽 1.5 米，是后湖范家自然村村民外出的主要桥梁。

月亮河是诸家峰低洼田内河与外界连接的唯一通道。旧时的洪涝灾害，对诸家峰低洼田危害极大，稻苗常遭灭顶之灾，灾后形成一片汪洋。为了改变这一状况，1955 年政府在大平桥造闸，遇大雨时拦住倒灌的洪水。大平桥闸采用双道闸，闸宽 0.3 米，中间填土，后又在闸桥南侧建机房，遇涝落闸后，开动抽水机，使诸家峰受淹之水向外排出。

目前的大平桥、闸、亭

之后，大平桥和桥闸不断地进行修建和完善，至今全桥长 8.2 米，净长 2.8 米，宽 5.7 米，水面至桥底高 1.9 米，两端有 0.28 米 ×0.24 米的水泥混凝土桥栏，其中桥门正中设有长 3.1 米、高 0.8 米的塑料护栏，桥上可通汽车。目前桥闸已经改造成电动启闭闸，闸宽 3.15 米，闸板厚 0.22 米，高 2.9 米，两扇闸门相连，操作简单，效果好。在闸槽离地约 2 米处，一间长 3 米、宽 2 米、高 3.5 米的平顶管理房凌空而建，显得高雅气派。

◎前石桥

前石桥地处后湖高墙门西荷叶山西首，处于书院桥与下闸桥的中间，跨西溪湖护塍河摸夜江，系单孔石梁桥，铺有两块桥板，桥长 3.5 米，宽 1.5 米，河面到桥底高 2 米，有 3 级台阶，无桥栏，主要供后半湖高墙门村村民通行。

旧时后半湖陈家村村民去郑家堡须过书院桥走湖塍，而会市头、高墙门村村民去郑家堡则是过前石桥走湖塍，然后都从西溪湖湖塍路过下闸桥、十字河桥、西桥到郑家堡村。

1949 年以后，前石桥由于农业机械通行需要几经修建，目前已经改建成水泥桥，全长 11 米，净长 2.5 米，宽 4 米，桥栏高 0.07 米 ×0.21 米，水面至桥底高 1.5 米，通汽车，主要用于西溪湖鱼塘承包者通行。（以上由卢守先撰稿）

前石桥现状

西泾畈自然村

◎ 东泾桥

东泾桥在西泾畈自然村之东，横跨东泾河。《光绪志》云："东泾桥在县西南二里许。"

东泾河与西泾河相平行，南北走向，是人工开挖的河道，兼有灌溉和排涝两重功能，尤其当西溪湖洪水泛滥时，主要就靠这两条河道来泄洪。

在西黄浦桥（现已不存）处，街河与四十里河相分离，往古县城奔去，东、西泾河之水都注入街河。街河东流到苗桥处分成两股，一股继续向东穿城而去，一股经苗池河（即今丰三河下游）向北注入四十里河。

东泾桥就在东泾河将要汇入街河处，离吴弄自然村不远，离古县城西城门也已不远。东泾桥是早先的交通要道，西泾畈、郑家堡等村人去丰惠都要经过此桥。旧时桥下还有船只通行。

东泾桥是一座单孔石梁桥，东西走向，跨度 3 米，并铺三块桥板，宽度 1.7 米，无护栏。两桥台由条石干砌而成，整齐坚实，桥两边各有 3 级台阶。20 世纪 70 年代，因机动车通行之需，去掉台阶，降低桥板，嵌入水泥，拓宽桥面

至 2.5 米。到 1990 年，中间一块桥板被水牛踩断，时值西泾畈村民管柏良家建房，因通行之需，由他负责浇注水泥，修复桥面。

2015 年，丰惠医院迁到西郊，医院前面修建了宽阔的马路，这一带得到开发。自新公路延伸、跨越丰章公路通向西泾畈的村道随即修建起来了，向西通

往郑家堡方向，更直达、更便捷，在老桥之南约 100 米处建造了跨越东泾河的新桥。

这样一来，东泾桥的交通功能被取代，它几乎已被废弃在田野里，淹没在荒草中，只有拨开藤蔓，才能看到它古朴、苍老的容颜。

苍老的东泾桥

唯有桥下的清水，依旧汩汩而逝，从古流到今。

◎西泾桥

《光绪志》云："西泾桥在县西南三里许。"受西泾河灌溉的田畈叫西泾畈，而村落的名字也叫西泾畈村，从这里可以看出，西泾河比东泾河更重要。西泾桥跨西泾河，就在西泾畈村的西边，是村中之桥，东西走向，过桥往西，是通向郑家堡的道路。

西泾河与东泾河一样，肩负着灌溉农田和为西溪湖泄洪的重任，早先还有船只航行的功能。原来的西泾桥是一座高大的单孔石梁桥，是村中的标志性建筑，两桥台由条石干砌，两边各有 3 级台阶，上铺 3 块宽阔、厚实的石板，单侧有石栏。桥板长 3.5 米，净跨 2.8 米，宽 1.5 米，加上桥台，全长 10 米。

等到机动车兴起、船只退出运输舞台时，西泾桥也难逃被改造的命运，台阶被拆除了，桥面被降低

从现存的桥梁中还能看出原桥的坚固厚实

了，且在桥板之间浇注混凝土，桥面拓宽至 3.2 米，不再高高挺立，而更加朴实耐用。

西泾桥现状

在新农村建设中，西泾河的河岸加固了，上面装上了实木护栏，与周围的小洋楼一起勾勒出现代新农村的美丽景致。西泾桥两边低矮的护栏上，常坐着闲聊的村人，共话今天的美好生活。

◎西泾畈闸桥

闸桥在西泾畈村之北的田野上，离许家墩不远，跨西泾河。再往北约 100 米，就到了西泾河注入街河的地方。这是座单孔石梁桥，两台石条干砌，整齐坚实，闸桥跨度 2.8 米，宽 1.8 米，上铺石梁。

西泾畈闸桥

此桥除供村民去田畈干活通行、桥下行船外，还有水闸的功能，如今还能清楚地看到桥台上的两道闸槽。这是西溪湖水的最后一道关口，旱季时，筑起两排闸门，中间用泥土填实，可使西泾河断流，滴水不漏，全部用于农田灌溉。

桥下的石槽

如今水闸的功能已逐渐退化，桥梁也已经过多次改造。眼前看到的是 2019 年改建后的样子，上面加铺了水泥层，安装了自来水管护栏，可供三轮车、电动自行车通行。

◎竹桥

竹桥在西泾畈村之西北，横跨于西泾河支流上，是西泾畈去郑家堡龙山头的通道。这是一座单孔石梁桥，南北走向，跨度 3 米，并铺三块桥板，原宽 1.6 米，中间嵌入水泥后，加宽至 2.2 米，小汽车可小心通过。

现在的西泾畈竹桥　　　　　　　　　竹桥侧影

现存的小桥是 2015 年维修加固后的样子，无桥栏，无台阶。

竹桥不在交通要道上，算不上精美，也没什么传奇故事，但乡间旷野，还有这样一座小桥，带着原始的质朴之美，带着未曾磨损的粗犷棱角，仍让人感到很难得。

◎小桥头桥

西泾河南北走向，闸桥在最北端，小桥头桥则在最南端，再往前是与西泾河垂直的南湖塘，即从郑家堡到西南门沙滩桥的直河（此河不同河段各有不同叫法）。西泾畈村还有多个小村落，小桥头桥就在马家和柴家的交界处。

此桥横跨西泾河，东西走向，系单孔石梁桥，跨度 2.5 米，宽 1.5 米，上面并铺 3 块桥板，无桥栏，两端各有 3 级台阶，以前郑家堡、西泾畈村村民，若从西南门进县城，则过此桥。

西泾河以前通船，拉纤的人从小桥头桥上通过。

岁月流逝，时势变迁，如今此处的河道还在，路已改道，桥便失去了作用。这座本来名声响亮的石桥，终于遗落在时空之中，只有一块长长的桥板，还静静地躺在草丛中，坚守着昔日的辉煌。

◎上桥头桥（出港桥）

西泾河最南端是小桥头桥，与之相呼应，东泾河的最南端则是上桥头桥，更往前则是与之相垂直的南湖塘了。上桥头桥屹立于旷野中，其东系蒲湾村田畈，其西是西泾畈村的田畈，对面是后湖范家地界。

此桥在《光绪志》上亦有记载："出港桥在东泾桥外。有泥坝蓄湖水，卫粮田。"

上桥头桥系单孔石梁桥，东西走向，跨度 2.5 米，宽 1.7 米，并铺三块桥板，无护栏，原本两边各有三级台阶，20 世纪 70 年代为方便机动车通行拆除了台阶。

早先这里河汊纵横，行船通畅，既有从华渡桥、郑家堡东来的船只，也有北去西泾桥、四十里河的船只，还可直通三溪港口，因上桥头桥比小桥头桥更高大，所以经此桥的船只更多，是故，此桥也称作"出港桥"。

待船只的运输功能被汽车取代后，桥梁不再需要高大的桥洞，降低高度已成必然。河道也不再要求畅通无阻，就像如今的东泾河，密密麻麻长满了"水葫芦"，成为钓鱼人的乐园。

好在，熬过岁月沧桑、历经风雨

被遗弃的小桥头桥石梁

上桥头桥

田野中的古桥

侵蚀，上桥头桥完整地保留到如今，为充满现代气息的田野留住了一丝古意，殊为难得。（以上由史济荣撰稿）

吴弄自然村

◎苗桥（昼锦桥）

吴弄自然村有个司马第，因明代曾出过任"司马"的高官而得名，司马家的宅第已经不存，但地名保留至今。苗桥在司马第之东约 20 米处，街河北岸的西郊大路上，跨苗池河（今丰三河），是古县城出西门的交通要道。

此桥在民间因近苗池而称苗桥，但古地图上标记的是"昼锦桥"（县城之西有两座昼锦桥，另一座即桐桥，见前文）。《光绪志》称："昼锦桥在西门外，司马第东。进士陈景祺殉难处。"［注：陈景祺，湖塘下村人，咸丰壬子年（1852）进士，以知县归吏部铨选，因母病未赴任，在经正书院讲课，颇获人望。咸丰辛酉年（1861），战火烧至浙江，陈将母亲转移到皂李湖墩，自率丁壮守御城池，决心与城共存亡。城被攻陷，陈被掳去，到城西昼锦桥时屹立不行，大声怒骂，身中数枪，跌入河中死。四日后家人寻得尸首，检查身体，有矛伤 70 余处，仍须发怒张，犹大义凛然。］

此桥原系单孔石梁桥，东西走向，跨度 3 米，宽 2.4 米，并铺四块桥板，两边有 60 厘米左右桥栏，两端各有 5 级台阶。此桥也是纤路桥，常有拉纤人从桥上经过，往前直达古县城西城门。

1978 年，三溪公社改河筑路，丰三路从桥东通过，苗池河被拓宽延伸，成为丰三河的下游，老桥被拆除，改建成钢筋混凝土圆洞拱片桥，宽 2.2 米，跨度约 8 米。

丰三路跨越街河时，又建了一座水泥桥。此桥与苗桥相垂直，就在近前。

2015 年医院迁到西郊时，修建了一条新公路，同时建了一座跨丰三河的桥（丰三桥），与苗桥平行，隔街河相望，相距不足 20 米。这样一来，苗桥的交通功能大大削弱，只供吴弄村人行走。

新苗桥   跨街河的桥

跨丰三河的桥

　　这小范围内的三座桥，老百姓通称为"三棚桥"。发达的交通使这里成了热闹之所，菜市场、小吃店纷纷在桥头立起，为居民生活提供了便利。（史济荣撰稿）

西溪湖之东南

西溪湖位于丰惠西南，汇蓄西南山丘大小 36 条溪流之水，集水面积 140 万平方米。本系天然湖泊，春秋时也称勾湖。北宋时，水位渐低，县令戴延兴筑堤七里以障之，故又名七里湖。南宋末年，因历年淤积，几成陆地，周边农田缺水灌溉。元代至正年间，县令林希元发动疏淤浚湖，但没能复湖。明代，湖田归亩纳税，废湖垦田既成事实，但每遭旱灾，粮食歉收。万历十一年（1583），县令朱维藩力主复湖，终于成功。

得西溪湖之利，邻近三乡的稻田得到灌溉，粮丰鱼肥，成为富庶之地。

西溪湖东南面，有三溪村的何岙自然村，有西溪湖村的徐家岙、王家山头、前半湖、中半湖等自然村，还有西南门村的羊角畈等地。

这一带地势低洼，河网纵横，除了从三溪方向奔向西南门的玉带溪（今丰三河）外，有何岙自然村的大港河，有西溪湖，有庙前河、刘家河、新江河、十字江河、木勺斗河等小河，还有西南门村的羊角河等，众多河道围绕在西溪湖东南边，为农田灌溉提供方便，也为船只运输提供了便利。

河多则桥多。这里的桥梁同样纵横交错，数量众多，以单孔石梁桥为主，也有两孔的，堤岸、桥台都用长条石砌筑，用材考究。历经漫长岁月、沧桑变迁，能够保存至今的古桥，都已十分难得。

何岙自然村

◎港口桥

地处何岙自然村,是何岙湖田畈出水处,何岙、南岙、王牌岭、湖岙和徐岙旧时去三溪码头——港头以及去丰惠方向的必经之桥。

系单孔石梁桥,旧时能装一万多斤的余姚大船经常来港口采购树木和叶柴,港口桥左边在20世纪五六十年代是高机埠和粮食加工厂,

改建后的港口桥

右面是三溪货运码头,后为三溪供销社所在地的集市区。此桥目前被覆于路下,桥上可通汽车。

◎小港头桥

地处何岙,系单孔石梁桥,上铺两块石板,是南岙、王牌岭、湖岙和徐岙旧时去三溪码头——港头和经港口桥去丰惠方向的通桥。抗日战争时期,小港头岭下山有一处食盐中转区,堆有盐堆,是日寇设在郑家堡鲤鱼山和丰惠的碉堡监管地,贩卖私盐的百姓常常在这里遭到日寇的袭击。

重建后的小港头桥

◎庵山头桥

地处何岙村东一里，跨庵山头秧田小畈的小溪，系双孔石梁桥，并铺两块桥板，长4米，宽1米，高1.5米，无桥栏，无台阶，供旧时村民去田畈干活通行。（以上由卢守先撰稿）

前湖自然村

◎马王桥

在前湖与黄家埠自然村的交界处，因桥东曾有岳王庙，故又名岳庙桥。《万历志》载：由西南门出……上南曰黄家埠桥，再南曰合清桥。马王桥疑为县志所载的"黄家埠桥"。

马王桥原是一座两孔石梁桥，东西走向，各铺3块石板，跨度3米多，全桥长7米，宽1.5米，两端各有3级台阶，无桥栏。1978年改溪造路时，此桥在原地被拆除，重造混凝土桥梁，跨丰三河，桥西与丰三公路相连，桥东连黄家埠桥自然村，净长16.5米，宽6米，护栏采用公路桥铁质防护栏，高1.25米。可通汽车。

重建后的马王桥

◎木桥

木桥跨丰三河，东西走向，桥西与丰三公路相连，是前半湖通陆家岭必经之道。原为两孔石梁桥，各铺3块石板，全桥长7米，宽1.5米，两端各有3级台阶，无桥栏。过桥向东通向资圣寺（已被拆）。20世纪50年代石桥因破旧

而倒塌，后在此处建木桥，中间
有桥墩，宽 0.5 米。1976 年改
溪造路，此桥被拆除，在原地建
造水泥桥，桥全长 13.8 米，净
长 11.3 米，宽 3.1 米。混凝土桥
栏宽 0.33 米，高 0.48 米。

重建后的木桥

◎五福桥

又名庆福桥，跨前半湖村南
的里河，南北走向，单孔石梁桥，
无台阶，无桥栏，平铺两块桥板，
净长 2 米，宽 1.7 米，系前半湖
村中主要通道。相传清光绪年间
由前半湖陈氏五房建造。《光绪
志》有"庆福桥，在前半湖。旧
用木桥，光绪十六年，里人募捐，
改建石桥"的记载。

如今的五福桥

21 世纪初，里河被填，五福桥被覆于地下，至今仍可见到此桥横切面。（以
上由卢守先撰稿）

王家山头自然村

◎十字江桥

十字江桥在屈前公路靠王家山头的村前路段，西溪湖东南 100 米处，跨东
江河。东江与外江相交于此，称十字江，此桥便称"十字江桥"。该桥东西走向，
单孔石梁桥，并铺 3 块桥板，宽 2 米，跨 3 米，两头各有 5 级台阶，无桥栏，

重建后的新十字江桥

桥台底部由松树桩打底，上用条石干砌，河水面与桥底部相距 2 米左右，纤路在河西岸。去大港头、小港头的船只在此桥下通过。

20 世纪 70 年代，为方便拖拉机的行驶，十字江桥被去掉台阶，降低桥面。改革开放至今，此桥在原址几经改造和拓宽，已成为供汽车通行的水泥公路桥，

全长 10 米，净跨 5.7 米，桥面拓宽至 6.5 米，两边有防撞护栏，高 1.15 米。

◎高桥

高桥在屈前公路靠王家山头的村前路段，西溪湖南 80 米处，跨大江河，通里江镇河，由于比一般桥要高，故称高桥。该桥系单孔石梁桥，上铺 4 块桥板，两边各有 7 级台阶，整座桥呈梯形状，底窄上宽，方便船只通行。桥台底部由松树桩打底，上用条石干砌。桥净长 4 米，桥面宽 2.2 米，水面至桥底部高 2.5 米。

三溪小港头旧时曾办过石灰窑，1949 年后办过砖瓦厂，运输比较繁忙。旧时去三溪船运码头——大港头和小港头的船只，既能经十字江桥，也可以经高桥，但高桥比十字江桥高大，河道也深，俗称红头大船的余姚海船和崧厦、南湖等地去三溪载柴运树的船，一般都从高桥通过。

20 世纪 70 年代，应农业机械化之需，高桥被去掉台阶。如今此桥几经改造，重建拓宽，成为水泥公路桥，净长 4.1 米，宽 6.5 米，桥栏高 1.1 米，底部由混凝土浇筑。桥底部与水面距离 2.2 米左右。通公交车。

◎窑桥

窑桥跨王家山头的面前河，处在高桥西首，南北走向，与高桥呈直角，南连屈前公路，北通王家山头新住宅处，此处原为王家山头砖窑厂，故称窑桥。该桥系单孔石梁桥，两头各有 5 级台阶，无桥栏，并铺 3 块桥板，桥净长 4 米，

宽 2 米，高 2.2 米，桥台底部由松树桩打底，上用条石干砌，河水面与桥底部相距 2 米左右，用于窑厂工人通行。后被去掉台阶改为平桥。1993 年砖瓦厂拆除，此地成为村民的新住宅区。此桥虽然进行加扩，桥面用水泥混凝土浇筑，但桥台未曾改动，古风犹存。现桥净长 4 米，宽 3.6 米，底部离水面 1.45 米，供村民通行。

重建后的窑桥

◎四汇桥

四汇桥地处王家山头东 50 米处，旁有永福亭，跨长鱼潭，系单孔石梁桥，并铺 2 块桥板，净长 1.7 米，宽 1.2 米，高 1.7 米，供村民去对面田畈干活通行。早年有一水牛过桥，一块桥板被踩断，水牛跌落桥下，受伤致死。此后未重建。目前只铺一块桥板供人行走。（以上由卢守先撰稿）

中湖自然村

◎望湖桥

望湖桥又名黄棒驼桥，系中半湖村通向西溪湖的石桥，跨湖堤边河道，东西走向，南距中湖廿五间头约 300 米。《光绪志》有"望湖桥在西溪湖边。同治间，刘松春、刘际清同捐修"的记载。桥西就是西溪湖，湖边一条石板路通向西溪湖下闸，再通往郑家堡方向。相传早年迁徙到南浔的刘氏望族，曾在铺设沿湖青石板路时给予资助。

望湖桥为单孔石梁桥，上铺 4 块桥板，桥宽 3.6 米，全长 11.5 米，净跨 3.5 米，桥底部与水面距离2米多。无桥栏。两台由条石干砌，上各有7级台阶，台阶较陡。后期桥台出现裂缝，桥板移动而桥面出现空隙，人在上面行走须小心翼翼。

旧时船只通往三溪大港头必经此桥，尤其是柴船通行，需要一定的高度，

所以桥梁建得比较高。随着拖拉机、汽车的普及，船只已不到此，为车辆通行方便，台阶被拆除，改为平桥。

如今的望湖桥，虽已变得低调朴实，失去了古桥雄姿，但桥台还在，古貌犹存，干砌条石依然平整坚实，可以想象当年的工匠手艺之高超。

改建后的望湖桥

◎丰乐桥（庙桥）

丰乐桥又名高桥，在中半湖北首，半湖庙东约150米处，跨庙前江。该桥南北走向，系单孔石梁桥，由3块桥板铺成，宽2.5米，梁长3.8米，全桥长13.2米，两端各有5级石阶，靠东首有桥栏，约0.6米高，两端各有一个约0.25米的方形桥柱，桥柱顶上各置有石狮子，桥底部与水面距离2.2米左右。

根据当年拆桥的石匠回忆，丰乐桥全桥结构严密，皆有石榫相连，桥底盘用5米×0.8米的石板垫底，底盘下打入松木桩，桥台中间用小毛石、三合土夯实，缝隙处用桐油拌石灰黏合。

当年的一块石梁被保存了下来，侧面刻有"丰乐桥清光绪戊申年重建"字样。

近代改建过，保留了左半幅古桥的干砌条石桥台和两条石梁，右侧桥台被拆除拓宽，筑以浆砌块石，桥梁为现浇的钢筋混凝土梁，以混凝土整体铺装。

丰乐桥桥名板

历史上丰乐桥为中半湖与后半湖的分界线，两头是鹅卵石铺成的道路，是前半湖、中半湖以及三溪各村通向后半湖的主要通道。丰乐桥下的石洞中有很多鲇鱼，河道里盛产黄蚬，早年一遇旱天水浅时，人们常在此捉鱼摸蚬，多有收获。

丰乐桥西 150 米有半湖庙，所以此桥也称"庙桥"。半湖庙西首有几棵古樟与黄连等古树相拥，西边有几户卢姓人家居住，整体环境幽静。据载 20 世纪 20 年代，叶天底、朱庆云等早期共产党员，曾多次在半湖庙举行会议，组织农民运动，后湖的葛金炎、中湖的刘文四等也积极响应，此地是大革命时期丰惠农民运动的重要据点。

1991 年，丰乐桥北创办中湖轮窑厂，因机械通行之需，丰乐桥在原桥处第一次扩建，拆除台阶与桥栏，改为平桥，并在桥基东面拓宽 2 米。2015 年因车辆通行需要进行第二次拆建，桥台采用原条石水泥黏合，桥面钢筋混凝土结构，加扩至 6 米，净长 5.2 米。桥两旁钢管围栏，混凝土底座，全

重建的丰乐桥

高 1.35 米。后在桥西 200 米新辟中湖村民住宅区。（本节参考文献：陈国桢《上虞古桥》）

◎泥桥（清河桥）

因近有泥潭，故称泥桥，陈国桢在《上虞古桥》一书中称其为清河桥。该桥位于中半湖南朝房畈（原三溪小学）西，南北走向，桥南与屈前公路相连，桥西与小畈（西溪湖村综合服务大楼）为邻。此桥为单孔石梁桥，上铺 3 块桥板，两边各 5 级石阶。全桥长 18 米，石梁长 4.1 米，干砌条石桥台，宽 2.4 米，是原中湖村的交通要道。改革开放以后，为了便于农业机械和车辆通行，此桥在原址上已经历几次拓宽改造，目前为钢筋混凝土桥梁，全桥长 13 米，净长 4 米，

改建后的泥桥

宽 5 米，水泥桥栏，4 个桥柱，高 1.1
米，桥栏底部由水泥混凝土浇筑，
桥底部离河面 1.3 米，现为公路桥。
（本节参考文献：陈国桢《上虞古
桥》）（以上由卢守先撰稿）

◎小泥桥

小泥桥地处中湖村西，泥桥北约 200 米，西溪湖村文化礼堂北首，跨木勺
潭河。旧时西溪湖蓄水灌田时，湖水通过泥桥进入朝房畈河道（原三溪小学所
在地），再经过小泥桥流向刘家埠头，与望湖桥下的环湖河道相通。据老人回忆，
抗日战争时期，日军曾把小泥桥南首的农田用作驯马场，驯马师站在小泥桥上
发号施令。"文革"时期，此处河道被填平，小泥桥被拆除，如今其所在地已是
村主要通道。

◎上闸桥（龙舌闸）

上闸桥地处西溪湖湖堤，过望湖桥北约 500 米，系湖堤闸桥。两边各有 1
级石阶，上铺数块桥板，桥长 3.5 米，宽 3.5 米，桥底部至桥面高度为 2.1 米，
无桥栏，两边墩台系条石干砌，两条石槽对称，石槽宽 0.35 米，木闸板之间以
泥心填筑来达到拦水的目的。

西溪湖堤为蓄水灌溉而建，堤上建有上闸桥和下闸桥，闸桥主要用于放水
灌田。耕种时节，按规定起闸放水，西溪湖水通过此闸流向纵横的河道，使周
边农田得到灌溉。《光绪志》有这样一则记载，咸丰乙卯年（1855）冬，上闸漏水，
严重影响西溪湖蓄水，时任上虞县令刘书田（号云斋，河南安阳人）十分重视
此事，下令堵漏，靠湖一边的堤塘用大石头堆砌，再用三合土夯实，加固湖堤，
及时堵塞了漏洞。

自古以来，得西溪湖之利，湖边水田肥沃，旱涝保收，稻子一年两熟。枕
湖而居的三乡百姓，粮丰鱼肥，生活殷实。湖区也成为上虞的重要税源地。

20 世纪 60 年代起，随着上浦闸、上源闸引水工程的陆续完善，农田用水与村民的生活用水得到保障，西溪湖蓄水灌田的功能被替代，于是逐渐放水改田，退湖还耕，耕种面积不断扩大，到如今只有少量水源供养鱼之用。此闸从此完成了拦水灌溉的历史使命，失去了水闸的应有功能，而作为桥梁，行人也不多。

上闸现状

中湖村有位村民收藏着一块桥闸石板，又长又宽，石质坚硬，年代久远，侧面刻有"龙舌闸"字样，证明是原闸上的物件。如今这块石板已具有文物意义了。

时至今日，上闸桥风光不再。笔者来到此地，环顾四野，总有一种荒芜和杂乱的感觉。但仔细踏勘，规模宏大的堤岸、严丝合缝的条石、宽敞坚固的闸洞、工艺精湛的闸槽，

刻有"龙舌闸"的石梁

如今都还在，且不失当年的雄姿，让人想象到当年滚滚洪流奔涌而出，灌满纵横的河道，流入一块块稻田的壮观景象，还有水稻拔节分蘖的样子，以及老农满是皱纹的脸上绽开的笑容……

但愿这一水利遗迹能得到妥善保护。

◎坝头桥

坝头桥位于中半湖村郭家道地之北 200 米处，系单孔石梁桥，并铺 3 块桥板，桥全长 3.7 米，净长 2.6 米，宽 1.6 米，桥板厚度为 0.25 米，早先应该有 1 级台阶，现在已与道路齐平。两台由条石干砌。

坝头桥

坝头桥侧影

此桥供村民去田畈干活时通行。桥下的河道与西南门沙滩桥下的河道相连。

细看此桥，石板缝中长满了木莲，杂草蔓生，盘根错节，充满了岁月的积淀。以前柏树是很常见的树木，河边堤岸到处都是，现在几乎绝迹，此桥之旁却还有好几棵柏树，让人产生时光倒流之感。

在如今这田畈之中，还有这么一座保存完好的古桥，实在令人大呼难得。

◎小高桥

小高桥地处丰乐桥东 200 米，跨半湖庙庙后河，河道通诸家峰，东西走向，上铺 2 块桥板，宽 1.5 米，长 3 米，无桥栏，无台阶。桥南建闸，系闸桥。西溪湖水灌田时湖水由此处流入诸家峰畈。遇到涨大水，落闸能使诸家峰低洼畈免于受淹，并供中湖村民去诸家峰畈干活通行。1949 年后，西溪湖失去蓄水灌田之功能，在"文革"中庙后河被填改田，此桥被拆除。（以上由卢守先撰稿）

西南门自然村（部分）

◎黄泥桥

黄泥桥在西南门村沙滩桥之西 200 米处，跨沿溪河，南北走向，中有桥墩，系两孔石梁桥，跨度约 8 米，宽 1.5 米，各并铺 2 块桥板，无桥栏，无台阶，后半湖方向村民过此桥进县城。桥下之河与郑家堡面前河相通，能直通到华渡桥下，也与西泾河、东泾河等相通。

20 世纪 90 年代修建丰章公路时，黄泥桥被拆除，原桥处建了钢筋混凝土公路平桥，唯有涵洞可见。

◎四板桥

　　四板桥在羊角桥之西约 200 多米处，羊角河与丰三河的交汇处，跨羊角河。《光绪志》上有"四板桥在县西南一里许"的记载。此桥原是一座双孔石梁桥，中有桥墩，每孔各有 2 块大桥板，共 4 块，故名四板桥。其为当年三溪方向进入县城的必经之所，也是十分重要的古桥。1978 年，丰三河改河建路时，河道改变，四板桥被拆除。

◎羊角桥

　　羊角河发源于西溪湖村黄家埠自然村后的群山中，蜿蜒穿过羊角畈（多数属西南门村），上有一桥，即羊角桥，在西南门外闸桥西南约 300 米的羊角畈上。

　　羊角桥系单孔石梁桥，并铺三块桥板，近来中间嵌入混凝土拓宽桥面，以供农用机械通行，无桥栏，无台阶，跨度 3.3 米，宽 2.2 米，是西南门村民去田畈干活的重要通道。

羊角桥　　　　　　　　　　　　羊角桥侧影

　　此桥虽建在田间小路上，但桥台用规整的条石砌筑，并有长长的延伸段，坚固、结实，石梁厚达 30 多厘米，任车辆重压，不断裂，不沉降，充分显示出建造此桥时的用料讲究和工艺精湛，与前文的坝头桥一样，十分难得。（以上由史济荣撰稿）

西溪湖之西面

西溪湖的西面，群山环抱，翠峰如屏，山脚下错落分布着南岙、王牌岭、贾塔等各个村落，如今已合并成南源村，故这里的西溪湖之西，实际上指的是南源村。

南源村是个具有深厚历史文化底蕴的古村落。倪、刘、贾三姓先祖，因仰慕湖西的山水之胜，先后徙居于此，逐渐形成南岙（倪姓）、王牌岭（刘姓）、贾塔（贾姓）3个自然村。村子坐落在环湖群山的怀抱中，面对碧波荡漾的西溪湖，湖山相映，风景秀美。

西溪湖纳36条溪流之水而成，其中最著名的当数瑞象溪，即源自瑞象寺后的溪流，不过当地百姓多以西溪、南溪、贾塔面前河等名字相称，这些溪流构成了湖西密集的水网。

此处的桥，因处于山溪之畔，多为小桥和便桥，因是便桥，故省略了仪式感，大多数桥梁没有官名，只有约定俗成的叫名，也没有铭刻桥名，或留下些许历史记录。

近40年来，南源村的改造按下了"快进键"，很多老桥已被改建。因此，要说如今南源的桥的特色，就与其溪流、青山、阡陌一样：简洁，明快，清朗。

王牌岭自然村

◎瑞象寺桥（般若桥）

瑞象寺桥位于王牌岭自然村西，千年古刹瑞象寺前，桥南即葫芦岭古道起始处。桥下之溪即为瑞象溪，村人也称西溪。

瑞象寺始建于隋朝。这寺前之桥，也与瑞象寺一样历史悠久，也许开工建寺之前，先得把桥建好了。

瑞象寺在一千六七百年的漫长岁月里，几经兴毁。但这座跨越西溪湖源头之桥，却依然如故。当地人习惯称它为瑞象寺桥。般若桥自然是佛门的称谓。

瑞象寺桥南北走向，横溪而立，是一座典型的溪桥。该桥系单孔石梁桥，桥长4.5米，宽1.2米，两条石梁并铺而成，搁在两岸条石错缝叠砌的桥台上。奔涌的溪流不断挖深桥洞，故桥拱不需要很高。

可惜1962年的一场洪水，冲垮了这座经历了1600多年历史的古桥。直至2008年为了重建瑞象寺，才在原来的基石上新建了一座宽4.5米的钢筋混凝土小拱桥，定名为"般若桥"。

新建的瑞象寺桥，工艺考究，做工精细，是传统工艺技术与现代工程材料相结合的建筑结晶。

瑞象寺桥

新瑞象寺桥，总长14米，宽4.5米，拱高2.5米，拱宽3.2米，两侧有青石雕花栏板，两面各以8个15厘米×15厘米、高75厘米的望柱相夹，整齐划一，稳固美观。

桥名栏上楷书"般若桥"三字桥名。石栏两头以鼓形云龙纹雕塑做成牟石，美观雅致。

桥名板

华石

◎葫芦岭桥

葫芦岭桥

葫芦岭桥在瑞象寺以西20余米的西溪岔口上。历史上的葫芦岭古道也是从这里起步的。从丰惠、余姚、宁波过来的客商行贩，到了南源葫芦岭，然后翻山越岭，进入渔门地界，再向西跨过曹娥江，去向汤浦、嵊州、新昌、天台、黄岩甚至更远的地方。葫芦岭桥是进入葫芦岭的唯一通道。

原来的葫芦岭桥位置在如图独板简易桥向北约15米的地方。是一座单孔石梁平桥，两条石梁拼成一块桥板，长4米，宽1.2米，架在溪岸条石错缝叠砌的桥台上，1级台阶，没有护栏。两边与卵石平铺的山路连接。

1962年台风袭击上虞时，小桥被冲垮，此后再没有修复重建，只垒筑了一个垒水坝。如今在其上搁置了一块五孔板，给过溪干农活的村民提供方便。

◎上溪沟桥

上溪沟桥在王牌岭村的沿山路上。此桥靠近象山鼻头竹斗湾龙图阁学士赵子潇墓地、黄蛇山刘侍郎墓地，因此是人们上山祭扫忠魂、凭吊先贤的必经之路。

上溪沟，顾名思义是西溪的上游。原来的上溪沟桥是一座上山过溪的便桥，长约3米、宽70厘米的一块石板架在条石叠砌的溪岸上面，没有护栏，1级台阶。

上溪沟桥

随着农村道路建设的加快，以及南源村进山道路的拓宽延伸，上溪沟桥也已经改建成6米宽、6.6米长的现代公路桥。但是从它的桥基部分还能看出改建之前的样貌。

◎祠堂桥

祠堂桥在王牌岭村子的中心，桥的南边是一座修葺一新的刘家宗祠。瑞象溪由山上下来，穿过王牌岭村，祠堂桥就架设在村内的溪沟之上。

祠堂桥

现祠堂桥与村内道路一样，做成细石柏油路面，桥长4.8米，宽2.1米，拱高1.3米，拱宽4.5米。

现祠堂桥上没有发现石刻，桥板与路面平齐，没有台阶，没有安装护栏。（沈荣良撰稿）

贾塔自然村

◎寡妇桥

寡妇桥位于贾塔自然村面前畈与西溪湖（下湖）的接壤之处。东西走向，横跨贾塔面前河，两条石梁并成一块桥板，长3.8米，宽1.2米，3级台阶，拱

寡妇桥

高 2.5 米，两侧桥台留有闸槽，是一座单跨石梁闸桥。桥板置于两岸条石错缝叠砌的桥台上面。没有桥栏。桥上无石刻碑记，据说村里有家谱记载。

据称，寡妇桥建于清咸丰六年（1856），因为地处贾塔面前河与西溪湖交界处，也有人疑其名称为"贾湖桥"的谐音。贾塔畈所处地块位置，地势比四周其他地方要高，天旱时候河水容易干涸，影响了每年的作物收成。为了将西溪湖水引入贾塔面前河，灌溉贾塔畈，解决贾塔村民的生活用水，又因面前河直通四十里河，当时的县令刘书田在重修下半湖闸之际，一并将这座桥改建成闸桥。

而贾塔王氏寡妇为了这座闸桥的修建，捐献了自己的田地，深得乡邻赞许。缘此，民间称之为寡妇桥。当时定下规矩，西溪湖开闸灌水时，必须先放至贾塔面前河半天。

现在的寡妇桥，已经失去了斗门控水的功能，只作为人来车往的普通桥梁，原桥的风姿已经荡然无存。

◎三眼桥（湖桥）

三眼桥，即湖桥。因为桥有三孔，故而被周边民众直观地称作三眼桥。原桥位于西溪湖西岸，在中湖水闸至哑子闸的中间，南溪的主流上，是一座三孔石梁拱桥。桥梁具体坐落位置，恰好处于南溪、西溪汇合贾塔面前河进入西溪湖的喇叭口上，所以也称湖桥。桥有三跨，中跨略拱，两头向下稍沉，南北走向。两条石梁并铺，宽 1.2 米，两边各有 3 级台阶，中间跨长 5 米，两边跨 4.5 米，桥梁总长约 20 米，拱高约 2.5 米。桥上没有护栏。

三眼桥曾是三溪等地人们去往西湖、百官方向的通道之一。随着现代水利设施的发展，西溪湖已经不存在了，三眼桥拆去以后便没再重建。

◎永宁桥（大桥）

永宁桥原名大桥，永宁桥是2010年重修大桥后新确定的桥名。永宁桥位于贾塔村中心的大樟树下，东西走向，横跨于贾塔村面前河上，是一座单跨石梁平桥。有5级台阶，由3条60多厘米宽的石梁并列铺就，宽1.5米，长约5米，桥板搁置在两岸条石错缝叠砌的桥台上，桥两侧没有护栏。这桥当时是贾塔村里一座较大的桥，故而称为大桥。两边桥台临水面设有两道石槽，插上松板，再在两道松板之间填满泥土可防止漏水，用于天旱时节蓄水。

现在的永宁桥是2010年前后重建的钢筋混凝土桥。桥宽9.3米，长6米，桥拱高2.8米，拱宽4.1米，两边护栏高0.75米，每边设置5个高1米的桥望柱。

永宁桥

◎庵桥

贾塔庵桥，因在贾塔宝悦庵旁，故称"庵桥"。

贾塔庵桥，原桥已经不复存在。据村里年长者回忆，庵桥只是一块60多厘米宽的石梁板，长4米，东西走向，3级台阶，架在面前河两岸的石砌桥台上，没有护栏，是给去田里干活的村民通行的便桥。现在的庵桥包括桥台都是新砌筑的，由钢筋混凝土现场浇筑成形，桥宽3米，长10米。两边有钢管护栏。

庵桥

◎钟家桥

钟家桥位于贾塔面前河中段，钟家祠堂旁边。

钟家桥东西走向，横跨贾塔面前河，是一座单孔石梁小平桥，上铺一条石梁，宽 70 厘米，长 4 米，搁置在两边桥台上面，两边各有 3 级青石台阶，台阶石基以条石错缝叠砌，整齐密实稳固。桥边没有护栏。钟家桥为本村人进出田畈干活提供了方便。

新桥在原桥的基础上做了拓宽和加固，两边无护栏，但加筑了 25 厘米高、15 厘米宽的混凝土折边，来增强桥板的抗压能力。新桥长 4.5 米，宽 2.2 米。两侧桥台还保存着古桥的原貌，采用条石错缝密实干砌。

钟家桥

◎汪田桥

汪田桥位于贾塔畈中间地势低洼处，民间口语称为"汪"田（当地方言中，"凹"发"汪"音）。据传原来汪田桥的桥墩都是用松木做的桩，桥台搁在树桩上面。汪田桥是一座横跨贾塔面前河的桥，两条石梁板并成一块桥板，长约 4.5 米，宽 1.2 米，5 级台阶，不设护栏。两岸以松树为桩，桩基上面短条石错缝叠砌成为桥台，桥台帽石压顶锁紧台基。

过去，汪田桥所跨的面前河，

汪田桥

连接着南岙、王牌岭与四十里河的通航，南岙、王牌岭村的农产品如柴草、林木、粮米运输必须通过汪田桥，所以面前河上的桥，都需要提高桥拱高度，使船可以顺利通过。

改建以后的汪田桥，已经是混凝土水泥路面，桥长6米，宽4米，台阶都被拆去，桥面与路面齐平。桥拱下面塞进去两只半圆水泥圈，桥墩已经不用，原桥石料堆积成了下河步道。（以上由沈荣良撰稿）

南岙自然村

◎贺溪桥

贺溪桥在南岙自然村南溪中段，是南岙沿山的第三座溪桥。贺溪之名出现在南岙，是有一段典故的。南宋初年，朝议大夫倪佽随高宗赵构南渡，后被赐居于梁弄横路贺溪（1954年前属于上虞地界），繁衍生息，形成上虞贺溪倪氏家族。之后贺溪倪氏的一支，迁往县城西南门街（今倪家弄），元末明初仲二公迁居南岙，为纪念先祖，故有贺溪桥之名。

南溪从南岙大山下来流向西溪湖，把南岙村隔成了东西两块。除了上闸桥、下闸桥，居于村子中心重要位置的当然要算贺溪桥了。贺溪桥是一座东西走向的单孔石梁平桥，两条青石梁板搁置在南溪两岸的条石叠砌的溪岸上，桥长4.5米，宽1.5米，1级台阶。两侧装有青石护栏，桥铭栏刻有"贺溪桥"楷书大字，但没有题款。

2016年改溪造路之际，贺溪桥被拆除，据当地民众回忆尚有一块刻有贺溪桥名的桥栏石被埋在原址地下。

◎岳庙桥

岳庙桥位于南岙沿山脚的南溪上，是南岙村第四座溪桥。从岳庙桥过桥，左边不远处即是古南岙东岳庙。

新岳庙桥

岳庙桥是一座单孔平板石梁桥，两条石梁并成一块桥板，搁置在南溪条石叠砌的溪岸桥台上。1级台阶，桥上没有护栏，桥长约4.5米，宽1.2米，东西走向。

岳庙桥在2016年溪桥改造时，也被拓宽和加固，覆上了一层混凝土，失去了原桥的风姿。

改造后的岳庙桥长4米，宽2.8米，两边没有护栏，没有台阶，桥面与大路平齐，桥拱高1.3米。

◎上闸桥、下闸桥

上闸桥位于南岙村南溪上，是沿山第一座溪上闸桥。此桥下行约100米还有下闸桥。两桥具有斗门功能，用以控制南溪从大山下来的由急、暴雨引起的洪水，同时保持山塘水库的合理蓄水。南溪从村子中间穿村而过，把一个村子隔成两半，为了利用水资源和方便村民之间的交流和往来，故设置两座闸桥，兼有蓄水和通行双重功能。

如今的上闸桥

上闸桥、下闸桥都利用南溪两边的石岸，搁置两条石梁，宽约1.2米，长近4米，东西走向，两边各有1级台阶，没有护栏。2016年改溪造路时被水泥路面覆盖，两闸桥均已不存。唯有一座水闸，闸门已被改造成可用电动启闭，取代了古老的木板闸。

◎前村桥

前村桥在前村自然村村口的前村溪上，是一座小型溪桥，是南岙、王牌岭人去丰惠方向的必经之桥。

溪桥改造之前是一座单孔独板桥，宽 70 厘米，长 3.5 米，石梁板东西向搁置在条石叠砌加固的溪岸上，没有护栏，两边各 1 级台阶。

2000 年创办南岙轮窑厂的时候，因车辆通行需要，进行了改扩建。如今的前村桥是一座标准的混凝土公路桥，两边有防撞护栏。桥宽 9 米，长 16 米，通行能力大大增强。

◎夹山桥

夹山桥位于南岙村口。原是一座单孔石梁溪桥，两条石梁并铺，东西走向，横跨南溪，两头搁置在溪岸条石错缝叠砌的桥台上，桥长 4 米，宽 1.2 米，1 级台阶，桥高 1.5 米，没有护栏。2013 年道路改造时，夹山桥因处于南岙、王牌岭村民进城到丰惠的交通要道上，被改建成为一座水泥桥，桥面拓宽、加固，安装了钢管护栏，溪岸也进行了加固。新桥长 6 米，宽 4 米，已经没有原桥的影子了。

改造后的夹山桥

◎张龙桥

张龙桥在王牌岭村，是王牌岭村村民外出去百官、丰惠的主要通道。原桥是一座单孔石梁平板桥，两条石梁并成一块桥板，桥长 4 米，宽 1.2 米，两头搁置在西溪岸两边条石错缝叠砌的桥台上，是一座不设护栏的人行便桥。

2000年道路交通改造时，原张龙桥被拓宽、加长、加固，已经融入乡村公路，成为一座宽6米、长4.5米的公路桥梁了。

◎前村小桥头桥

前村小桥头桥位于前村村口，与现南源大酒店相距约10米。也是前村村民进出村子的交通要道。原桥是一座东西走向的单孔石梁平板小桥。溪岸两边以错缝叠砌的条石作为桥台，桥拱高1.5米，拱宽2.7米，桥长4米，宽1.2米，1级台阶，没有护栏，横跨于前村溪上。

2000年以后，随着新农村建设的步伐加快，原桥被改建成长7米、宽5米的现代化水泥桥，各种车辆在桥上飞驰。（以上由沈荣良撰稿）

前村小桥头桥

东溪、西溪流域

《光绪志》载："合清桥在县西南门外，东西两溪合流处。"此桥上游的溪流分两大支：东溪和西溪。

东溪发源于坤山之麓，过东溪村又接纳了杜溪之水，其流域在东溪、杜溪两个自然村。

西溪上游也叫象田溪，发源于象田岭的东坡（注：另有发源于西坡的溪流，亦有象田溪之称），从大岙、小呈岙方向流来，到双溪桥与从纸坊流来的纸坊溪汇合。双溪即指象田溪和纸坊溪，此地也因两条溪流在此汇合而有了双溪村。过了村，此溪则叫西溪或双溪，奔腾向前，又接纳了王家溪（发源于老鹰尖，当地人也有单称这支为西溪的）之水，流向合清桥。

东溪与西溪在合清桥汇合后，前面的河流古代称玉带河，即如今的丰三河。

这一带溪流众多，连村名也多带个"溪"字。从如今的行政划分看，属于丰惠镇的三溪、双溪两个行政村。

三溪村由东溪、杜溪、何岙、梅岙四个自然村组成。（何岙自然村的溪水流经港头河，汇入西溪湖，属于西溪湖水系，已在《西溪湖之东南》这一篇中做了介绍。）

双溪村由双溪桥、纸坊、大岙三个自然村组成。

这一带的溪流并不宽阔，桥以单孔或双孔石梁桥为主，也有就地取材修建的石拱桥。如今许多古桥已经改建成了新桥，只能从方寸之间寻觅古桥的痕迹。

本章的桥梁以自然村来划分。

东溪自然村

◎合清桥

合清桥又名湖桥。《万历志》载："合清桥在县西南门外直南，东西两溪合流处。洪水泛滥时，则波涛冲击，桥梁屡坏。周衮构创石桥，分为三洞，以汇其流。"

湖桥在今丰三公路"青露营"入口南，地处坤山下象田溪与东溪汇合处，旧时东溪、杜溪乡民通行丰惠必经此桥。

西溪湖在春秋时湖域面积很大，东至坤山下湖桥一带，南至高沙墩、鲇鱼山，整个三溪下域一片汪洋。相传春秋末期陶朱公范蠡（约前536—前448）功成身退，隐居在勾湖边，泛舟垂钓，后人为了纪念陶朱公，就在附近的虾公山上建造了陶朱公庙，至今香火不断。

后随着海平线上升，至北宋时期，湖域面积逐渐缩小，县令戴延兴筑堤七里，堤坝南从何岙长家埭起，北至甑底山南，有七里之长，俗称七里湖，也就成了目前的西溪湖，西溪湖东的前半湖、中半湖和后半湖村彻底从勾湖中得到解放，原湖底的高凸处成为湖山，这一带也就成为半湖平原，人们择高而居，垦田种植，繁衍后代，而坤山下象田溪与东溪汇合处之桥仍称为湖桥。

七里湖建成以后，西溪湖蓄水，在1000多年的历史中为沿湖百姓防洪抗旱，对农作物丰收起到了很大的作用。其时，坤山、五婆岭这一带数千亩山脉的水流经过东溪、杜溪与象田大溪之水，相汇在湖桥，后流入沙滩桥过三棚桥至四十里河。丰惠老县城西南象田大溪水系和西溪湖水系中，湖桥是西溪湖开闸放水的最高点，当年西溪湖管理上有明确规定，西溪湖上闸放水时必须先送至湖桥，让这一带的农田得到灌溉。所以当年西溪湖一旦开闸放水，必须先闸住书院桥、小高桥、方塔桥和沙滩桥，让上闸之水通过庙前江过坝头桥、小黄泥桥过四板桥送至湖桥，让前湖、东溪与杜溪沿溪可灌农田受益。

旧时湖桥系两孔石梁桥，东西走向，每孔各铺2块桥板，全桥长7米，宽

1.6 米，高 2.5 米，无台阶，无桥栏，桥帽两端刻有四个石狮子，后被毁。此桥又系闸桥，洪涝时起闸排水，天旱时接受西溪湖水恩赐，落闸阻流，以灌农田。

　　湖桥于 1976 年三溪改溪造路时因溪路去弯裁直而被拆除，之后公路拓宽，被丰章公路上的钢筋水泥桥覆于路下。至今溪水伴随丰三公路向北奔去，在丰惠镇之北过三棚桥汇入四十里河。

◎陶朱庙桥

　　陶朱庙桥地处丰章公路之东，杜溪出口的虾公山脚，东西走向，系单孔石梁桥，上铺 3 块石板，长 4 米，宽 1.5 米，高 1.6 米，无台阶，无桥栏，去陶朱庙祭扫须过此桥。陶朱公范蠡，是中国历史上著名的政治家、军事家和经济学家。他帮助勾践兴越国，灭吴国，一雪会稽之耻，急流勇退后，曾乘一扁舟，隐居于此。为了纪念这位春秋末期的越国大夫，后人在杜溪村口的虾公山上，建庙祭祀。庙内有范蠡塑像。

　　2010 年此桥被毁。2020 年由爱心人士集资，陶朱公庙得以重修，庙桥移建于庙南，由虾公山脚饭店承包者在原桥址复建，长 6 米，宽 2.5 米，两边各设置 0.25 米 ×0.3 米的水泥护栏。

新陶朱庙桥

◎黄大岙桥

　　黄大岙桥地处坤山脚下，东溪村北首。该桥东西走向，跨东溪，单孔石梁桥，上铺 3 块桥板，宽 2 米，长 3.5 米，高 1.5 米，无台阶，无桥栏，供村民通行。旧时有"东溪村堡真不小，上上下下十座桥"之说，黄大岙桥就是其中之一。

如今的黄大岙桥

2017 年黄大岙桥被拆除重建。重建后的桥栏采用水泥预制毛竹形状，南栏长 3.7 米，北栏长 5.2 米，桥总长 3.5 米，宽 3.5 米，高 1 米，汽车可通行。

◎祠堂桥

祠堂桥地处东溪村大会堂 100 米开外，原东溪周家大宗祠前，故称祠堂桥。东西走向，单孔石梁桥，上铺 4 块桥板，长 3.4 米，宽 3 米，无台阶，无桥栏。东溪周氏大宗祠建于明朝初年，在大宗祠前有旗杆石一对，祠堂内有戏台，路西有隔溪照墙，一旁有节孝牌坊。

东溪始迁祖周元吉，字元之，北宋建隆年间在世，民间慈善家。在县城之南的山巅建望炊亭，日夜登高而望，见谁家的烟囱不冒烟，便送上粟米以赈。殁后葬在山南，乡人感其恩德，命此山为长者山，建定善寺以纪念。"长者山"山名一直沿用至今。

古代东溪周氏科举联捷，在外当官的很多，曾出过周梦尹、周祖唐等高官，

祠堂桥现状

故东溪大宗祠西面南北大路是三尺禁地，有"文官下轿，武官下马"之规。

周氏大宗祠在 1941 年被日寇烧掉，未重建，现为东溪集市。

祠堂桥用于村民去往祠堂。2017 年被覆盖，重建后桥栏采用水泥预制毛竹形状，桥南栏长 3.6 米，北栏长 3.5 米，桥长 3.5 米，宽 5.5 米，高 1.3 米，通行汽车。

◎大桥

因为桥身高大，故称大桥。地处村中心，东溪村大墙门头东。跨东溪，东西走向，单孔石梁桥，上铺 4 块桥板，桥长 4 米，宽 2 米，高 2 米，无台阶，无桥栏，供村民通行。2017 年被拆建，重建后桥栏采用水泥预制毛竹形状，南

栏长 3.8 米，北栏长 3.5 米，桥长 3.8
米，宽 5 米，高 1.2 米，通汽车。

◎江石桥

江石桥地处东溪村周家与任家
的分界处。东西走向，单孔石梁桥，
上铺 2 块桥板，宽 2 米，长 4 米，
高 1.2 米，无台阶，无桥栏，供村
民通行。2017 年被拆建，重建后
桥栏采用水泥预制毛竹形状，南栏
长 3.7 米，北栏长 4.6 米，桥长 4
米，宽 5 米，高 1.1 米，通汽车。（以
上由卢守先撰稿）

如今的大桥

江石桥现状

梅岙自然村

◎梅岙桥

梅岙桥地处梅岙如愿亭南 10
米处，与双溪村相邻，跨象田大溪，
东西走向，系两孔石梁桥，水中有
桥墩，两边各置一块桥板，全长 6
米，宽 0.6 米，桥高 2.5 米，无桥栏，
无台阶。用于梅岙村村民去溪对面
高龙畈、杜家园干活时通行。1962
年被大水冲垮后，人们仍从倒塌在
溪底的石条上通行多年。2018 年

新建的梅岙桥

在此桥下游 60 米处建新桥，供人行走。为了使地处周家湾的王岙水库之水能流灌高龙畈、杜家园，桥中间埋了铁管，以便水流顺利流经。

如今的梅岙桥系近来重建，全长 13.5 米，净长 11.5 米，宽 2.2 米，桥高 2.5 米，两边有防撞护栏，高 1.6 米。

◎庵桥

庵桥地处梅岙桥下游约 300 米处，原永泰庵东。东西走向，两孔石梁桥。全长 6.5 米，宽 1.3 米，高 1.5 米，无桥栏，无台阶，王家去丰惠方向须经此桥。1965 年被洪水冲垮后曾用三根木头架在溪底当桥板供人行走，后重建为两孔水泥桥，长 6.5 米，宽 2 米，无桥栏，无台阶。此桥在 1976 年三溪改溪造路时被拆除，2018 年在庵桥处重建水泥桥，通丰三公路，以方便周家湾、王家和东溪村村民通行。目前桥全长 23 米，净长 18 米，宽 7 米，高 3 米。

新建的庵桥

◎王家桥

王家桥地处梅岙王家自然村，跨王家溪（又称西溪），系单孔石梁桥，无台阶，无桥栏，长 4 米，宽 1.5 米，供王家两个自然村村民通行。此桥曾被一个牵牛过桥的东溪人踏断一块桥板，后用石条补上。1977 年王家桥改建成水泥桥，宽 2.5 米，长 10 米，高 1.3 米，在桥南设有 0.15 米高的水泥护栏。（以上由卢守先撰稿）

双溪自然村

◎双溪桥

双溪自然村因象田溪、纸坊溪两溪在此汇合而得名。村内有一座双溪桥，该桥地处村中心，横跨在纸坊溪上。《万历志》《光绪志》称：双溪桥在县西南门外，与合清桥近。

双溪桥是座单孔石梁桥，由 4 块石板和 2 块桥栏组成，每块桥板宽 65 厘米，厚 20 厘米，长 2.65 米，桥面总宽度为 2.6 米。两块桥栏石板部分砌入两边桥坎中，高度 45 厘米，竖立两侧，右侧一块刻有桥名"双溪桥"。

保存下来的双溪桥原桥构件

该桥不仅供双溪、大岙、纸坊村村民出入，而且是外村人通往上浦、章镇、渔门等地的必经之所，为百姓行路和山货交易发挥了极大的作用。

双溪桥自古就有。据现健在的 90 岁以上的长者回忆，早年的石桥边立着一块功德碑，是一块较大、较平的毛石，镌刻着捐助者的名字及捐赠的数额。因局限于当时的石刻水平及石材质量，石碑早已严重风化，字迹难以辨认，但有一点可以肯定，其以任姓捐助者居多。笔者曾经见过这块功德碑被一村民在洪水后从溪坑里取出，铺到进出自家的路面上，后因该路段硬化，石碑被埋在水泥路下了。

1962 年秋的一场特大洪水，纸坊山上多处山体滑坡，山洪暴发。汹涌的纸坊溪水冲垮了整座石桥，桥板、桥栏断裂，埋没于沙

新双溪桥

石深处。

洪水过后，当时的双溪大队组织社员从泥沙中取出尚存的几块桥板，东拼西凑建成一座桥，供行人通行。20 世纪 90 年代为加固桥梁，增加承载力，在桥面浇注了水泥。2016 年，在通向纸坊村的公路进行拓宽、延伸时，建造了一座钢筋混凝土新桥，即现在的双溪桥，老桥已退出历史舞台。

◎唐家桥

唐家桥地处双溪村中心，因桥南有唐家自然村而得名。

唐家桥南北走向，横跨在象田溪流经的溪坑面上。原是座两孔石板桥，由 2 个桥墩、5 块石板组成，北首 1 块，其余各平列 2 块。桥长约 4 米。该桥在 1962 年秋特大洪水中被冲垮。为通行方便，在下游 150 米处建造木结构板桥一座。

1969 年，由村民唐化根牵头，当时的县交通局大力支持，解决了建桥所需的钢筋水泥材料，新建了一座两孔混凝土桥。

之后，双溪村于 2001 年、2012 年两次拓宽加固，使桥面宽度增加到 5 米，跨度增加到 8 米，溪中有一个水泥桥墩做支撑，桥两侧安装了高 1 米的铁栅栏杆。

◎黄堪庙桥

象田溪向东奔流，在流经小呈岙还不到双溪水库时，有座小桥立于溪上，桥边有座小庙，即黄堪庙，故此桥叫黄堪庙桥。黄堪庙桥原是一座石砌拱桥，跨流入象田溪的小溪，西南—东北走向。桥拱用块石砌成，桥净跨 2.5 米，宽 1.5 米，拱矢高 2.5 米，桥面用块石铺成。

传说以前在黄堪庙后面的山上有老虎出没，经常伤害村民和家畜，村里有王姓父子三人，决心为民除害，协力打虎。有一天父子三人终于打死了老虎，铲除了祸害，但在和老虎的搏斗中，大儿子身负重伤，几天后不幸身亡。乡亲们为了纪念这位打虎英雄，在这里建祠立庙，用以祭祀。庙宇后来不断有毁有建，2016 年，因建造新桥需要，黄堪庙被拆除。2022 年，由民间集资，新的黄堪庙在旁边建成。

黄堪庙桥在双溪至大岙和象田岭的传统古道上。抗日战争时期，上虞军民为了阻止日寇的追击,拆掉了黄堪庙桥。1949 年后,由双溪村石匠唐焕林施工,仍用拱桥的形式,重新建造了黄堪庙桥。

2005 年,拱桥改建成水泥混凝土机耕路桥,2016 年改建成能双向通行汽车的公路桥,新桥长 4.5 米,宽 6 米,钢管桥栏高 1.2 米。

◎小呈岙桥和车门口桥

两桥都是象田溪旁边的小石拱桥,均位于双溪至大岙和象田岭的传统古道上,很早就有,也不知始建于何年。

原小呈岙桥位于小呈岙村口,跨流入象田溪的小溪,拱桥由块石砌成,桥净跨 2.5 米,矢高 2.5 米,桥宽 1.5 米。原桥在 2005 年被改建成机耕路桥,2016 年修公路时,已被水泥涵管代替。

车门口桥在双溪水库西边一处叫"车门口"的地方,桥下有小溪汇入象田溪,拱桥由块石砌成,桥净跨 2.5 米,矢高 2.5 米,桥宽 1.5 米。2005 年改成机耕路桥,2016 年改建成钢筋混凝土公路桥,桥长 6 米,宽 6.8 米,栏高 1.2 米。

小呈岙公路桥已改成涵管   新车门口桥

◎庙坝

在流经双溪村的象田溪上,有两道间隔不远的垒水坝:庙坝和新坝。庙坝在上游,新坝在庙坝以东的下游。

庙坝地处双溪自然村,因修筑在旧时玄坛庙边而得名,南北走向。溪水在经垒水坝截流后水位抬高,流经坝前北面的小溪,供世代居住在这一带的村民

生产生活。坝面上有按行人的步幅间隔排列的石磴，方便行人过溪。

据双溪村九旬老人徐柏荣回忆，他懂事时，当时的坝体长约 10 米，宽 2 米，坝前水深 1.5 米，梯形坝坡的石块间有一道用黄泥和生石灰拌和的防漏水泥垄。

1958 年双溪水库建成后。在洪水下泄时，坝体先后三次遭冲毁，最后一次（也是最严重的一次）被冲毁是在 2008 年秋季的台风暴雨期间。

2009 年在原址上建造了一座半自动启闭的节制闸，为方便人们通行，在闸前修造了一座二孔的钢筋水泥梁式桥。桥长 12.5 米，桥宽 3.5 米，桥面两侧设 1.2 米的钢管护栏。

新闸和新桥建成后，蓄水和通行功能均大大提升，更发挥了在生活用水、农业灌溉和消防用水等方面的作用。

庙坝（新）

◎新坝

新坝位于双溪自然村村口，跨象田溪，南北走向，西距庙坝 300 米，抬升后的溪水通过坝前南边的渠道，灌溉下井畈 100 余亩农田。

最初的水坝，是村民用砂石堆成的简易水坝，堆筑虽然容易，但不耐水流冲刷，20 世纪 50 年代中期，由村集体组织劳力，修筑了这条长约 12 米的垒水坝，因坝体和庙坝相同，取名新坝。

新坝在 2008 年秋季的洪水中被冲垮，当年由合并后的双溪村重建。现新坝长 15 米，坝基底部宽 10 米，下游设有一道宽 1.8 米的挡水墙。

新坝坝顶有一排石磴，共 25 个，呈齿状排列，石磴间距为 60—70 厘米，与人的步幅相同，溪水平时从石磴之间的空隙中流淌，石磴上面供人行走。

新坝

像双溪村这样的坝，土话叫垒水坝，虞

南山区叫石砰，其实就是山区溪流上常见的涉水桥，桥梁分类上称堤梁桥，是桥梁最古老的形式。关于堤梁桥，陈国桢先生在《上虞古桥》一书中有详细介绍。

垒水坝兼有水利和通行的双重功能，且大部分是水利功能重于通行功能，所以坝基需筑高以提升上游水位。

重建后的双溪新坝，结构形状和古代堤梁桥一样，只是蹬步石已经用混凝土替代，功能也更侧重于蓄水和引水。（以上由王根灿撰稿）

大岙自然村

◎大岙洞桥

大岙洞桥位于大岙自然村象田岭下，跨象田溪，东北—西南走向，是一座用块石砌筑的半圆拱桥，桥净长 3 米，矢高约 3 米，桥宽 2 米，桥面用石块铺就，两边溪岸均用毛石干砌。

象田溪发源于象田岭，是姚江的最西源头，象田岭是古代上虞县城出西南门前往章镇、上浦等地的传统古道，因岭西有象田寺（唐代建，已毁）而得名。相传早年有位章镇冯浦的乡绅，出资从冯浦经石井、张西岙、车岭，翻象田岭过洞桥到双溪蒋溪路（现在的双溪水库边上）全路铺设鹅卵石，大大方便了行人。这条古道至今还有痕迹。本来他还要再往前铺，一直铺到县城，双溪人面子上过不去了，说之后的路村人自己会铺，这叫"争气不争财"，因而蒋溪路以东也叫争气路。

大岙洞桥始建年代不详，据当地老人说，至少在清朝咸丰年以前就有了。

古代建造石拱桥，先用大柴（截成段的木头）堆积做成拱模，山区有现存的大柴，水能从缝隙中流过，故不用截断水流，且方便拆除。之后在拱模上面按圆拱的要求用矩形石块错缝紧密铺排，从两端依次向拱顶砌筑，拱顶合龙处最后一块叫桥心石，须尺寸准确无误，巧妙地嵌入拱体。石拱利用力学原理，将桥体垂直荷载分解成轴向荷载，传递给两端岸坡拱台，使桥长久稳定耐压。

山区就地取材建造石拱桥，经济又耐用，充分体现了劳动人民的智慧。

大岙洞桥经历了多次洪水而不垮，1962年，特大洪水来袭，来不及从桥下泄洪，山洪漫过桥面往下冲，桥仍安然无恙。

20世纪60年代中，洞桥有过一次维修。2005年洞桥桥面铺浇了混凝土。2016年，双溪桥至大岙的公路拓宽，洞桥被拆除，原址建成一座能双车并行的公路桥。

新的钢筋混凝土梁式桥，桥长6.9米，宽6.7米，桥两侧桥栏高1.2米。新桥建成后，公交车一直通到了桥头的停车场，山岙里的百姓能在家门口乘上公交车，行驶在新农村建设的快车道上。（王根灿撰稿）

纸坊自然村

◎纸坊洞桥

纸坊洞桥位于纸坊自然村，跨纸坊溪，是一座用块石砌成的拱式桥，净跨约2.5米，桥宽约2米，拱矢高2.2米，无桥栏，无台阶，桥面用块石铺成。

从雪水岗发源的纸坊溪，流过纸坊村，到双溪村和象田溪汇合。

相传400多年前，有一位姓王的安徽人游走在上虞县城一带，途经鹰山脚下时，见这里翠竹连片，清水长流，熟悉造纸行业的他，顿生在此创办造纸作坊的念头，便与几位好友商量，携带家眷和造纸设备，在溪边落脚安身，开办造纸作坊。他们用满山的竹子做原料，以奔涌的溪水做动力，造出了优质的纸张。山岙里人口聚集，渐成村落，村名就称作"纸坊"。还有一处专门用来染纸、晒纸的地方，就叫染纸岗。到后来，虽然造纸作坊已停办，但纸坊村、染纸岗的地名却一直沿用下来，这就是纸坊地名的来历。

约250年前，象田人定一、定二、定三兄弟仨，也姓王，迁徙至纸坊村定居，先造石桥，后又在桥边栽树，现在桥边的参天古樟就是当年所栽的，已有180年的

纸坊洞桥

树龄，树上有古树保护铭牌。

纸坊洞桥历史上几经修缮。1962 年被洪水冲毁，后聘请渔门造桥石匠王月焕重建，净跨扩至 3 米。1978 年，拱桥改建成平桥。

20 世纪 90 年代，洞桥桥面用钢筋混凝土拓宽，拓宽后的纸坊洞桥为梁式桥，跨溪 3.5 米，宽 4.2 米，是村民出入的主要通道。

◎独板桥

独板桥跨纸坊溪，南北走向，因只有一块桥梁石板，故叫独板桥。独块桥梁石宽约 0.8 米，长约 3 米，无桥栏台阶，两边桥台用块石砌成，

1962 年，独板桥被洪水冲毁，当时的纸坊大队在原址上重建了该桥，石梁加至 3 条，桥长 3 米，宽 2.5 米。20 世纪 90 年代，纸坊村村民用钢筋混凝土再次对原桥进行了加宽加固。2005 年双溪桥至纸坊道路硬化，在独板桥原桥面上浇注了混凝土，安装了钢管护栏，取名外联桥。2016 年公路拓宽，在原桥边上新建了钢筋混凝土梁式桥，桥跨溪 4 米，宽 9.5 米，护栏高 1.2 米，能双向通行汽车。旁边的原桥还保留着。

独板桥是纸坊村村民出村去双溪、三溪至丰惠方向的跨溪通道。

◎两板桥

两板桥跨纸坊溪，南北走向，有 2 块桥板，长约 3.2 米，宽 1.2 米，两边桥台用块石砌成，无桥栏，无台阶，距离西北方向的独板桥大约 140 米。

1962 年，两板桥曾被洪水冲垮，当时的纸坊大队在原址上重建了该桥，桥梁石加至 3 块，长 3 米，宽 2.5 米。20 世纪 90 年代，纸坊村村民用钢筋混凝土对桥面进行了加宽加固。2005 年，纸坊至双溪桥道路硬化，两板桥桥面浇注了混凝土。2016 年公路拓宽，原桥拆掉重建成钢筋混凝土梁式桥，桥长 4 米，宽 13 米，护栏高 1.2 米。

两板桥是纸坊村村民出村和双溪、三溪至丰惠各地的跨溪通道。古时经过两板桥、独板桥向上可翻过雪水岗去渔门等地，现在山上古道还在。（以上由王根灿撰稿）

渔门溪流域

渔门溪也叫渔溪，发源于岙底自然村后的群山里，先往西北方向奔向夏家、渔门、金家自然村（以上几个自然村在2006年合并为渔门村），之后折向东北，一路接纳几支细流，到后龚自然村的木桥头，又称面前河，继续向前在华渡桥处汇入四十里河。

后龚附近还有前龚、蔡岙、水仓头、祝家庄等自然村，现已合并设立新的祝家庄村。这一带还有山下河、玉水河等溪流。

有溪流的地方必有桥。十里渔溪，线路长，落差大，水流湍急，所处在相对偏远的乡村，各式桥梁，从简陋到精美，从原始到现代，从单一的供人行走，到交通与灌溉相结合，应有尽有。如今有的虽已消失，有的已被改建，但保存至今的也有，本篇将一一呈现。

石磴步和垒水坝

最原始的桥是在溪流中垫上几块大石头，摆出一个接一个的石磴，人们可以踩石过河，这叫石磴步，或称石砩。上虞的山区至今还有不少石磴步，渔门也有。

石磴步建造容易，不阻挡流水，缺点是水位高时难以过河，且石块容易被水冲走。如果用长石条代替普通石块，叫堤梁式石桥，相对坚固。

如果先在溪流上筑一条石坝，再在坝上安置石磴，则变成了垒水坝。垒水坝既能供人通行，还有蓄水的功能，所谓"水浅则蓄，水满则溢"。

山区梯田由于灌溉的需要，常拦溪筑坝，其坝多用数百斤重的大石块呈弧形砌成，极为坚固。雨后溪水汹涌而下时水流漫坝而过，水量小时则被拦截在坝内，抬高水位，通过坝边水沟引入农田。坝前常有一个较大的深坑水潭，上承涓涓细流，潭底又有山泉涌出，可保旱天不干涸。坝上多铺有相间约 0.7 米供人通行的石碡，这种横亘于溪上的垒水坝，兼有蓄水和通行两大功能。

十里渔溪上原有众多垒水坝，后逐渐减少，如今尚存的有：呑底自然村的上马场坝、大坝，夏家自然村的西小坝、江家坝、庙山坝、白果树下坝，金家自然村的陆家坝、格溪坝、采仙坝等。

呑底自然村的上马场坝   呑底大坝

呑底大坝上 7 个碡步完好无损。

金家自然村的格溪坝   金家自然村的陆家坝   金家自然村的采仙坝

上面三个水坝没有碡步，其交通功能被削弱了（因另有了新桥），蓄水功能得到强化。（金炳尧撰稿）

渔门村的桥

◎洞桥

洞桥位于岙底自然村的禁山脚下，呈南北走向，横跨于渔溪上游，曾是夏家、金家两村村民上岙底山砍柴伐木的主要通道。

相传，此地原先居住着一位童姓人，他勤奋读书，得中秀才，之后在上虞县衙谋得县尉之职。闲暇常骑马回岙底老家，乡人尊称其为"童公"，称其住宅处为童公岙，旧居附近现仍有上马场、下马场等遗迹。又传童公为行路方便，就地取材，请匠人建了一座石砌洞桥，里人称为"童桥"。因"童"与"洞"方言音近，且桥呈圆洞状，后来演变成"洞桥"。

就地取材

洞桥修建于风水独特的村口山脚下，传闻此山素有树木不可砍伐的禁忌，否则会触犯山神，降火灾给村民，故被称为"禁山"。因无人敢上山砍伐，山上林木日渐茂盛，大树参天，枯枝遍地。但每逢暴雨天气，大雨骤降，山洪暴发，山上朽木败枝随洪流卷入小溪，堵塞桥洞，洪水下泄受阻，洞桥常被激流冲毁，远的不说，仅1962年和1989年就两度被洪水冲毁，故此桥总处于建而又毁、毁而再建的循环中。

洞桥现在仍保存完好，可供人行走。从建筑风格看，其属于大卵石干砌的石拱桥，由质地坚韧的溪滩石构筑，虽粗陋，却不失古风。

◎荷花桥

荷花桥位于夏家自然村中，原桥高1米许，长约2.5米，上平铺3块石板，宽约 2 米，桥两侧无栏，两端无台阶，系一座单孔石梁桥。

发源于峁底山的十里渔溪傍夏家村而过，村民用水不便，于是另外引进一支溪流入村，以满足饮用和洗涤之需。荷花桥就是架在此小溪上的石桥。桥边有一块长近 2 米、宽约 1 米的长方形奇石，状若荷花，荷花桥因此得名。

荷花桥呈东西走向，南接峁底自然村，经湖垅岭通向王牌岭村，亦可到县城丰惠，西面由峁底通向金家村的鹅卵石古道与外界相连，是村民出行和上山下地的主要通道。

后因溪水改道，上游村民建房，此处溪流渐渐断流，荷花桥也名存实亡。2017 年村道硬化时，原桥连同荷花石均被水泥覆盖。

◎关帝庙桥

关帝庙桥地处夏家北首村口，系单孔石梁桥，桥面并铺 3 块桥板，长 3 米，高 2 米，宽 2.5 米，无桥栏，桥面与道路持平，不设步梯，呈南北走向，横架于关帝庙山脚的渔溪支流上。此桥北与金家村相通，连接前龚。桥之南与峁底村贯通，往东过湖垅岭则与王牌岭村相连。

因桥建于关帝庙山下，故名为"关帝庙桥"。

2004 年创建美丽乡村时，改建为水泥桥。

◎上溪桥

上溪桥位于金家自然村西南首。此处原无桥，建有石磴步，由 7 块大小不一的石块组成，步幅间隔相等，约为 0.4 米，最大两块分别长 0.52 米和 0.49 米，另 5 块长 0.45 米左右，高 0.5—0.8 米，是村民为过溪劳作而设。平时溪水顺石碓流淌，溪水暴涨时激流漫过石碓，石碓常被冲毁。1965 年改为

新的上溪桥

一座长 4 米、宽 1.5 米的两孔石板简易平桥。

2002 年后改建为单孔水泥桥，上有护栏，免去了村民过溪之难。

◎回澜桥

回澜桥位于渔门金家村村口，跨渔溪，距夏家关帝庙桥 500 余米。原桥长 13 米，宽 1.43 米，系一座三孔石梁闸桥，桥面上铺 3 块石梁桥板，南孔长 3.2 米，中孔长 2.95 米，北孔长 3.33 米，两个中墩由上、下盘和下水盘、三块厚 0.4 米的厚石板及伸出桥面外带闸槽的桥石柱组成，桥墩宽 1.78 米。中闸桥板正中刻有"回澜桥"三个字。

回澜桥具有蓄水防涝、提供生活用水和开闸泄洪三重功能。蓄水时在两块闸板中间倒入黄泥并捣实可保不漏，筑闸蓄水后闸桥前即形成一个宽 10 多米、最深处 1.6 米、长达百米的碧波荡漾的清澈水面，久晴无雨时，因有上游涓涓细流的补入和溪边山泉水的不断涌出，常年不枯，被村民称为"大波"。

明代《徐霞客游记》之"粤西游日记"云："但见回澜素波，触石奋出。"清程岫《子夜歌》也有"水去有回澜，何时得郎返"之句，其意为：从上游奔腾而下的溪水被突然拦截，形成旋转回荡之势。用"回澜"来命名该桥，非常恰当。

新回澜桥和闸

高大的回澜闸桥之侧，有一条石砌排水沟，当桥闸落下时，溪水顺着水沟穿村而过，既为村民提供了生活用水，又可灌溉村外数百亩农田。

2003 年，因现代交通之需，回澜桥被改建、拓宽，新桥用钢筋水泥浇筑，闸门改为机械升降式，但仍保留了原三道石槽木板闸门，使之继续发挥原有的便民助农功能。

◎富谷桥

富谷桥又名鱼浪溪桥，地处金家自然村东北面，距村约 500 米，南距回澜桥也约 500 米。原桥横架在渔溪上，为两墩三孔石梁桥，每孔铺两块桥板，两侧无桥栏，两端均不设步梯，桥两头略呈斜坡，与鹅卵石嵌就的古村道相衔接。此桥上与夏家、岙底自然村连接，西北与任庄、闹溪贯通，东北则通向前龚、后龚，是附近各村村民出行的必经之桥。

渔门地处虞西山区，是一个坐落于山谷中的偏远小村，村民以美好的愿望，给建在山谷中的石桥命名为富谷桥。

该桥建于溪流落差较大之处，往东直泻的溪水与溪底五彩缤纷的鹅卵石相撞击，泛起层层水花，时有成群溪鱼逆水而上，鱼浪起伏，故人们又将富谷桥称为鱼浪溪桥。

在 1960 年皂梁公路建成通车后，宽阔的公路成为行人车辆进出的主要通道，原鹅卵石嵌成的古村道因而逐渐荒废，富谷桥也少有行人，逐渐被废弃，于 20 世纪 70 年代被拆除，而在距原桥南 200 米处建起了单孔水泥桥。

新富谷桥

◎后岙桥

后岙桥位于金家北首，南北走向，南距金家村约 800 米，北为鱼龙山。原桥高 1.3 米，长 3.5 米，单块石板铺设，虽看似简单，却是金家村世代村民出入赖以生存的数百亩山田旱地和千余亩山林的必经之桥。

后岙桥现状

21 世纪初，在农田水利建设中，后岙桥被改建为单孔水泥涵洞桥，只有两桥台还有石桥的痕迹。

◎ 水冒坑桥

水冒坑桥位于金家自然村东北面，南北走向，距村 800 余米，是一座横架于渔溪支流水冒坑溪沟上的单洞石板桥。原桥高 1.8 米，2 块石板并铺，宽 1.5 米，长约 3 米，桥两端与石嵌古村道路面齐平，两侧无桥栏。

水冒坑桥南连富谷桥，北通窃金桥，相距各约 500 米，是渔门村民去前龚、百官、丰惠的必经之桥。

水冒坑处于两座高山之间，上有捣臼湾和大岙湾，山高林密，一股溪流顺山涧潺潺而下，山谷中泉水喷涌，山涧遍布冒着水星的山泉水潭，山谷中寒气

袭人，雨后烟雾茫茫，一股清水源源不断地汇入十里渔溪，故被称为水冒坑，其桥也因此得名。

1960 年皂梁公路建成通车后，人们行走改道，渔门古道也日渐荒芜废弃，水冒坑桥也随之被拆除，改为水泥涵洞桥。

如今的水冒坑桥

◎ 卖鱼桥

卖鱼桥坐落在距金家约 1 千米处，东西走向，东不足百米与渔门古村道相接，桥西有一条石嵌小道直通山坡上的大王庙，所以该桥又名"大庙桥"。

相传古代距卖鱼桥东一里许即为浩瀚大海，附近村民多以打鱼为生，渔门村也因此得名，那时渔民们在桥头做渔获交易，故称"卖鱼桥"。

卖鱼桥系两孔石梁桥，原高 2 米许，长逾 7 米，宽 1.5 米，各铺 2 块桥板，无桥栏，桥东首的石板正中刻有"卖鱼桥"三字。石桥两头有一条宽约 1.5 米

的鹅卵石古道与之呈斜坡相连。桥西有梯田 50 多亩，山地 100 余亩，另有山林 400 多亩，是金家、前龚村村民去田地耕作、上山砍伐及去大王庙进香的必经之桥。

20 世纪末，在农田水利建设时，卖鱼桥被改建为单孔水泥桥。

新卖鱼桥

◎窃金桥

窃金桥地处金家与龚家畈交界处，与两地各相距 1000 多米。

窃金桥原高 1.5 米，长 2.5 米，桥面宽 1.2 米，由 2 块石板并铺而成，是一座建于渔门古道渔溪支流上的单孔石梁桥。

大青山脚下有一股溪流，久而冲刷成沟，成为注入渔溪的又一条支流。因常冲毁古道影响行走，有好心人出资在溪流上建起了这座桥。

据传此处乃是一块风水宝地，桥东 100 米处，20 世纪 50 年代末曾有石翁仲及石虎、石马分两排倒伏于荒草丛中，50 米开外还有供守墓人居住的两间砖瓦平屋。桥东 200 余米便是传说中的港口庵。

另据传，渔门村有一富户，为避兵匪抢掠，偷偷在石桥板中凿了一洞，藏入金银财宝，传说该石桥板重达七斤。这天有个外地铜匠来这里做生意，过渔门鱼龙庵后突遇大雨，无处避雨，便急忙躲到桥下。无意间抬头见桥板有异，便击石听声，看出端倪，打开石洞，珍宝突现，于是将那富户所藏的七斤金银悉数盗去。是故，此桥被称为"七斤桥""七金桥"或"窃金桥"。

窃金桥旧址

1960 年，皂梁公路建成通车后，渔门古道行人日渐稀少，20 世纪 70 年代后，逐渐被掘毁变成耕地，窃金桥也随之消失，现已无存。（以上由金炳尧撰稿）

祝家庄村的桥

◎姜木桥

姜木桥原系单块木板桥，因而常被暴雨过后的湍急溪水冲走，后改为单块石板平桥。

该桥地处前龚自然村与渔门村田畈交界处，横架于渔门十里长溪的下游，原桥长 3.5 米，高约 2 米，宽 0.6 米，桥头各有 1 级石阶，南北走向，北首临山，南为田畈。桥南首与渔门古村道相连，是前龚村村民和渔门村村民外出的一座必经桥梁。

1960 年，皂梁公路建成通车后，在原新路亭旁的过溪公路上新建了一座公路桥，人们行走改道，姜木桥的交通功能渐失，之后被拆除。

◎木桥

木桥地处前龚自然村村口，横跨于十里渔溪与前龚面前河的交接处，是渔溪最末端的一座溪桥，桥西为溪，桥东即河。该桥南北走向，原为单孔木板桥，故称木桥，后改为单孔石板桥，长 3.5 米，上铺两块石板，宽 1.2 米，桥头各有两级台阶，无桥栏。木桥与渔门古道相连，是任庄、闹溪、梁岙、渔门方向的行人通向丰惠、百官的必经之桥，也是前龚村村民过溪从事农活的通道之一。

新木桥

1960 年皂梁公路通车

后，车辆行人改道，古道逐渐荒废，1965年木桥改建为水泥桥。

◎三眼桥

三眼桥地处前龚自然村，南北走向，原桥面并铺两块桥板，长7米，宽2.5米，桥头各设2级石阶，无桥栏，系一座三孔石梁桥。放眼望去，三个桥孔犹如三只眼睛，故称"三眼桥"。三眼桥的南首是田畈，原有一条石板小道与水仓头小村相连。

前龚村河道原与官河相通，又与百官、丰惠相距不远，水运方便。三眼桥北首原设有柴行，渔门村村民常来此出售山货，附近山民也来此出售木材、毛竹、松木柴爿和叶柴，每天早市买卖兴隆，是当时的山货集散地。

1960年皂梁公路建成后，三眼桥被弃用，于1965年拆除，在距该村50米处另建同德桥，附近村民的山货交易亦改在同德桥头。

新同德桥

◎世泽桥

世泽桥地处前龚，横跨于面前河上，具有蓄水灌溉和供人通行两大功能。桥面由3块石板平铺，宽2.5米，长5.7米，是一座石槽闸桥，桥洞宽3.5米，以数块高30厘米、厚10厘米的松木板为闸板，筑闸拦截来自渔溪之水，使面前河水位上涨，形成宽十几米、长达百米的湖泊。桥两端各有2级石阶，桥面西有石桥栏，可供路人歇脚和村民暑期纳凉。

1965年后，为方便手拉车和拖拉机通行，世泽桥改建成水泥平桥，2000年后，又改为升降式水泥闸桥，桥洞宽度扩大至4.5米。

关于世泽桥、小华渡桥和下闸桥，还流传着一首民谣。

在前龚、后龚、小华渡桥这三个自然村，习惯上把地处前龚的世泽桥、其下游的小华渡桥和后龚的下闸桥，称为头闸桥、二闸桥和三闸桥。民谣云："头闸筑起茶叶钿，二闸筑起杨梅钿，三闸拉起叫皇天。"其意是："头闸"世泽桥春天筑闸，村民吃水用水有了保障，此时正值茶叶采摘季节，每户都有卖茶叶的钱可补贴家用。小华渡桥的"二闸"筑起时，春耕播种将至，也是杨梅成熟时，邻近村民多少可卖点杨梅当作零用钱。时近年底，晚稻成熟，此时农田已不需灌溉了，为保证收割时田间干燥，担负着整个大畈农灌的后闸桥随之拉闸，向四十里河排水。照古时惯例，种田人应在晚稻收割后向地主交纳租谷，如风调雨顺还好，若遇年成不好，交了租谷粮食已所剩无几，也有连租谷都交不出的，故有"三闸拉起叫皇天"之说。

如今的世泽桥闸

◎下闸桥

下闸桥地处后龚村北首，距百坑桥不足百米，原系单孔石槽闸桥，桥长3米，高2.5米，两头各有石步梯3级，与官河（运河）相通。此桥地处后龚村后，距四十里河仅400余米之遥，且位于大畈下首，故称为"下闸"。下闸桥担负着前龚、后龚整个大畈千余亩农田的蓄水灌溉和排涝任务，故下闸桥自古以来一直是附近村的主要农灌设施之一。

下闸桥现状

上浦闸建成后，四十里河水可直入各条内河，下闸也随之失去作用而渐废弃。1980年后，下闸桥被改建成一座水泥平桥，可供农用机械通行。

◎百坑桥

百坑桥位于后龚与前龚交界处，东西走向，跨后龚村大肚凌河，北距四十里河约 300 米，西距下闸桥约 60 米。原有一条石板小道从前龚村中通过，经百坑桥通向横跨于四十里河上的蔡墓桥，也是原渔门村和前龚、后龚村村民去百官的必经之桥。

百坑桥系单孔石梁桥，东西走向，原桥高 3 米，下可供 2 米多高的柴船通过，桥面由 2 块石板平铺，宽 1.5 米，长 3.5 米，其中桥洞宽 2.2 米，两端各有石阶5 级，无桥栏，2018 年改建为水泥桥。

◎唐家桥

唐家桥在蔡岙自然村，因近处有唐姓祠堂，故称"唐家桥"。该桥东西走向，系单孔石梁木板闸桥，桥高 3 米许，3 块石板平铺于桥面，宽 1.5 米，长 3.5 米，两端各设石阶 5 级，桥下可通柴船，旱时筑闸蓄水，涝时开闸排水。

此桥跨山下河而建，上与玉水河相连，下与四十里河贯通。

唐家桥具有灌排二重功能，每年谷雨后落闸，以确保闸区内的农田灌溉到位。此桥自古是蔡岙自然村数百亩农田赖以排灌的主要农田水利设施。

1965 年后，手拉双轮车和手扶拖拉机成为农村主要的农用和农耕工具。为方便通行，在建造机耕道路时，唐家桥被改为水泥桥。上浦闸建成后，四十里河水可直入山下河，唐家桥闸亦被弃用，但两个桥墩至今仍保持着原状。

唐家桥现状

唐家桥现仍是一座具有交通功能且基本保存完好的古桥梁。

◎短桥头桥

短桥头桥地处水仓头村村口，原系一座长 3 米、高 2 米、宽不足 1 米的木板桥，无桥栏，南北各有石阶 2 级。因木板日晒雨淋容易腐朽，1975 年，水仓头村出资向倒凡坝（现虞光灯塔村自然村）购来 2 块长 3 米的石桥板，请渔门村的石匠金东田砌石造桥，将此桥改建为单孔石梁桥。

该桥由 2 块桥板并铺而成，南北朝向，南通水仓头村，北接前龚村石板古道，是全村人进出和下田劳作的主要通道。

因此桥架于水仓头村面前河上，桥身短小，故俗称"短桥头"。（以上由金炳尧撰稿）

潮河流域

　　丰惠镇东南，青山蜿蜒，诸峰耸立，状如楼群，古籍上称为"百楼山"。山的褶皱处，涓涓细流奔涌而下，聚成流，集成溪，最终都汇入运河东流入海。对农业来说，水是宝贵的资源，如任其一泻而下，则无益于农田灌溉。为此，古代百姓开挖了与四十里河相平行的潮河（早年潮水可倒灌进该河，故称潮河）以及横河（与纵向溪流相垂直），又兴建了孟闸、还珠闸、胡公闸、孙家闸等水闸，起到蓄水和挡潮的功能。

　　这一带的溪流都从东南群山中发源，在潮河、横河中积蓄，之后大部分通过胡公闸有节制地排入姚江（通明江），共同特征明显，我们都将其归为潮河水系。

　　潮河水系除了潮河、横河，还包括源自上舍岭的南溪、源自凤鸣山的凤鸣溪（其下游又称胡李溪）、应岙溪（这部分内容后文单独设立，参见《南溪和凤鸣溪流域》），还有从盛茂村斗门岭下来的麻溪（也称任溪、马溪塍等）。另外还有沟通各溪流的河道，如钱家埭河、杨家河、杨家埭河、孙闸直河、姚村埭河等。

　　从行政区划看，这一带涉及丰惠镇的孟尝村、东门村、通明村、夏王村、盛茂村和谢桥村，以及永和镇的朱巷村等村。

　　这里的桥梁因靠近山区，以单孔石桥为主，跨度不大；早先还有很多垒水坝，现存部分，起到蓄水和通行的功能；到了平原地区，桥梁相对较长，多的达三孔；平原水网上还多闸桥，即闸、桥一体，既是水闸又是通道；另外也有只起拦水之用的水坝和水闸。

　　本篇以河流的走向排列。

跨横河

◎ 还珠桥

孟尝村老还珠桥位于离竹桥头不到 20 米的横河入口处，跨横河，和竹桥闸呈八字形排列，与西北方向的还珠庙（孟公祠）隔河相望。

关于还珠庙，《万历志》记载："河之南去县里许，有孟公祠，前汉合浦太守孟公尝祠，久颓废，令胡公思伸瞻谒惜之，特为修葺，匾曰感雨还珠。"清《光绪志》记载："（孟公祠）道光十一年里人重修，同治八年复修。"从 1831 年到 1869 年才短短三十几年，为什么就要重修呢？《上虞通明钱氏宗谱》有答案："前清杨洪起事，至咸丰辛酉年，庙被烧毁。"钱氏乡贤募捐重建后曾作为钱氏社庙。1966 年，还珠庙被拆除。

需特别说明的是，此处另有一座孟闸桥，在运河南岸，潮河之口，有时也称还珠桥，因此两桥容易混淆，连县志上也常表述不清。本文所述的还珠桥是指还珠庙近旁的桥（孟闸桥见另一文）。

还珠桥始建年代不详。《正统志》记载："还珠桥在孟宅桥外。"《光绪志》称："还珠闸在二十二都，距县东二里，乾隆四十一年重建……嘉庆十八年重修，光绪十六年邑人车康安重修。"此处的还珠闸即还珠桥。

还珠桥呈西南—东北走向，20 世纪 80 年代以前，过桥往西南有曲折的泥白路通往凤鸣山和上舍岭方向。此桥是凤鸣村及上舍岭方向与通明坝各地的跨河通道。旧时贩盐挑夫队伍凌晨从花园畈栈店出发，要走过竹桥和此座老闸桥前往虞南直至嵊州等地。

还珠桥为单孔石梁闸桥，两端各有长 5 米、宽 3 米的干砌条石桥台，桥身净跨 3 米，桥面宽 1.2 米，由两条长 4 米、宽 0.6 米的石梁组成，无桥栏，有 1 级台阶，桥台前口有两道闸槽，桥梁石边侧刻有"还珠桥"三字。

还珠桥的节水功能在旁边的新还珠闸桥（竹桥闸）建成后（1951 年）被废弃，其道路交通功能也因附近另有新路建成而退化，古桥终在 1988 年被拆除，后未重建。

◎万安桥

　　万安桥在孟尝村，也称朱村桥，位于竹桥闸东南方向 300 米的还珠村内，跨横河，南北走向，为单孔石梁闸桥，北桥台侧刻有"万安桥"（原刻在边梁侧），建于清道光年间。

　　此桥始为并铺两条石梁之桥，桥台正中有多道闸槽，便于天旱时在闸板空间中筑泥蓄水。

　　1966 年，桥面加宽到 3 块桥板，加上的一条为还珠庙庙后殿的大梁，并改台阶为斜坡。1988 年加宽到 4 块，其中一块是从还珠闸抬来的旧桥梁。

　　据村民反映，老桥侧梁刻有"朱村桥"字样和建造年代，后经多次拓宽，两边各加了石梁，字迹已看不见了。

　　2006 年，该桥再次进行改造，桥台、桥面混凝土铺面，桥两侧各加水泥桥栏。现桥长 14.5 米，宽 3米，4 条石梁，梁长 3.5 米，南北两桥台宽 3 米，条石干砌。由于两岸道路改造，现在桥面两端接口已无斜坡。

新万安桥

◎牌轩桥

　　牌轩桥位于孟尝村高田头自然村（田屋）北面 200 米处，跨横河，南北走向，单孔石梁桥，并铺 2 块桥板，桥长 4 米，宽 1.4 米，南北两桥台均用长石条错缝叠砌，各有 5 级台阶，因桥边古有石制牌轩而取名牌轩桥。

　　横河是车郎山北山脚下的一条河流，和潮河平行，东西流向，向北弯曲后和潮河相交汇，共同承接发源于大小南山的应盉溪、胡李溪、百云溪的来水，横河水灌溉两岸夏王村、孟尝村、黎明自然村的土地。

　　牌轩桥是横河南岸车郎山下孟尝村等地行人前往丰惠古城的跨河通道，

1966 年，车郎山上残存的古塔被拆除，1968 年，牌轩桥也被拆除，今原桥址处已无桥。

此桥始建年代不详，当地老人也只知桥北古有石牌坊，也说不出始建年代。有人猜想，此桥有可能是车纯为老家所建，所以才有牌坊，如果是，那车纯在明嘉靖年间为官，这桥从初建到消失，至少有 400 年了。

◎赭石桥

赭石桥位于牌轩桥东边、孟尝村二桥头自然村西北 300 米处，跨横河，南北走向。该桥为单跨石梁桥，并铺 2 块桥板，南北桥台均用长石条错缝叠砌，桥长 3.5 米，桥面宽 1.2 米，桥两端各有 3 级台阶，无桥栏，因桥梁石质为赭色而名赭石桥。

赭石桥为桥南的车畈新桥头自然村及应岙等地与桥北的通明村及老坝头各地的跨河通道。

20 世纪 60 年代末，赭石桥已有部分倒塌，后因附近有了新建桥梁而被拆掉，不再重建。（以上由陈培加撰稿）

赭石桥旧址

◎新桥

新桥也称大王庙桥、石桥头桥，跨横河，南北走向，位于牌轩桥和赭石桥之间。该桥系单孔石梁桥，并铺 2 块石梁，梁长约 3 米，宽 1.5 米，两个桥台用石块砌成。

新桥其实并不新，1932 年续编的《起凤堂车氏宗谱》就有记载："大王庙，在新桥东北。"另外在新桥南，早先还有一个长东庵。

新桥是横河南北两岸各村人员往来的通道之一。

抗日战争时期，新桥两块桥梁石被迫拆除落入水中，此后一直用木头做桥梁，先是独木，后加成双木，直到 20 世纪 50 年代末，水中的石桥梁才被捞起，重新还原成石桥。

20 世纪 90 年代初，新桥被改建成钢筋混凝土梁桥。2000 年，在丰惠至任岙的公路建设中，新桥曾有修建。2017 年，新桥重建，加宽加固，新建成的钢筋混凝土梁式桥，全长 16 米，跨河 6 米，宽 7.5 米，额定承重 15 吨。

◎太平桥

太平桥在夏王村，南北走向，跨横河，坝南即西王章家自然村，所以该桥又称章家桥。其为单孔石桥，2 块桥板，跨度 2 米，宽 1 米，无桥栏、台阶。

太平桥于 1980 年改建为坝，置 1 米直径的涵洞。

2013 年，村民刘元才出资捐修通汽车的村道时，此坝重新设置 2.5 米宽、1 米高的涵洞，上建水泥停车场。

太平桥已经成了名副其实的太平之地，横河水灌溉着几百亩田地，太平桥庇护着周边人们的幸福、安康。

（以上由陈丽娟撰稿）

太平桥现况

跨南新河

◎芦黄寺桥

芦黄寺桥因桥南古有芦黄寺而得名，其位于丰惠东门外的车大使弄向南前往凤鸣山仙姑洞的传统古道上，跨潮河上游的南新河，南北走向，向西 170 米至古城墙遗址，向东 200 米至望仙桥。向桥南远望，凤鸣山仙姑庙隐约可见。向南过桥旧有石弹路，今已废弃。

桥闸一体的芦黄寺桥，为三孔石梁桥，双排闸槽，闸桥全长 11.5 米，净跨 7.7 米（三孔依次为 2.65 米、2.65 米、2.4 米），并铺 2 块石梁板，宽 1.2 米。

丰惠古桥

芦黄寺桥

芦黄寺桥闸槽

南桥台有3级台阶，北桥台4级，台宽1.9米，由条石干砌而成。

桥梁专家陈国桢先生认为，在下游的胡公闸（新安闸）建成之前，潮水常涌入此河，故曰潮河，芦黄寺桥分水尖指向下游，可见其受下游的潮水冲刷比上游的洪水更多。明万历二十四年（1596）胡公闸建成后，发挥了阻潮、蓄水、排洪功能，芦黄寺桥不再受潮水冲刷。从这里也可以推测，此桥始建年代应早于胡公闸。

芦黄寺桥和东面的望仙桥相距仅200米，又在同一河段上，而且在两座桥上都可望见凤鸣山仙姑洞，所以人们容易将两者的称呼相混淆。经过多次走访，确定东边的古桥才是历史上的望仙桥，西边的是芦黄寺桥。

目前该桥保存完整，水闸也仍可正常使用。（陈培加撰稿）

◎望仙桥

望仙桥桥名源于桥南有凤鸣山，山上有仙姑洞、仙姑庙，站在此处能隐约相望。此桥也是上山参观仙姑洞和仙姑庙的必经之道。

望仙桥位于潮河上游，跨南新河，南北走向，距西边芦黄寺桥200米，离东边竹桥闸300米，为古代东门头经牛场弄至凤鸣山等地跨南新河的又一通道。早先过望仙桥有弹石路沿胡李溪到横马路桥，现已废弃。

望仙桥是二孔石梁桥，目前已倒掉一孔，尚存的一孔梁桥上并铺的2块石梁，长4.1米，宽1.2米，其中东边一块宽0.65米，西边一块宽0.55米。两块桥梁东西两侧均刻有字，西侧刻的是"承荫主人重修"六字，东侧字体较小，

已模糊不清。如果坍塌的南孔规格一
样，那么望仙桥全长应该是 11 米，宽
1.2 米，净跨 7.5 米，南北各有 2 级台阶，
无桥栏。

　　据当地老人回忆，望仙桥是在
2013 年的洪水中被冲倒的，南首桥台
和一对桥梁石坠入河中，剩下的北孔
和桥墩及桥台依然完好。无论从古代
的农田水利还是进山交通的角度看，
望仙桥都是重要的石桥，期待有朝一
日它能得到修复。（陈培加撰稿）

望仙桥遗迹

◎镇东庵桥

尚存的半座望仙桥

　　镇东庵桥位于应岙溪入横河的交汇处，跨横河，桥北 20 米有镇东庵。该
桥系单孔石桥，上铺 2 块桥板，跨 2.5 米，宽 1.5 米，无桥栏，无台阶，为丰惠、
通明各村去任岙、溪头、梁弄方向的通道。

　　早先，镇东庵桥北面有路亭，亭旁即是镇东庵，为起凤堂车氏祖先所建，
屋宇俨然，香火旺盛，还有田产来维护日常开销。20 世纪 50 年代至 70 年代，
这里设有供销社、竹业社、理发店等。镇东庵桥因是丰惠至梁弄的重要通道，
来往行人很多，走累了可在路亭歇歇脚。路亭两石柱上的一副楹联颇有禅意："四
大皆空坐一会无分你我；两头是路谈一阵各奔前程。"

镇东庵桥旧址

　　当年，这一桥、
一亭、一庵，对周遭
百姓的生活有很大的
影响。

　　1980 年，镇东庵
因道路改道而被拆除，
此后未再重建。桥也
因改道而退出了历史

舞台。亭子则早就不见了踪影。如今的镇东庵桥旧址已经是芳草萋萋，但它辉煌的过去，依然是人们心中永不褪色的风景。（陈丽娟撰稿）

跨潮河

◎孟闸桥

孟闸桥也称孟宅桥，又称还珠桥。南宋嘉泰《会稽志》载："孟宅桥在县东南一里三十步，运河南。汉孟尝所居也。"东汉名臣孟尝，是为官清廉的典范，因"合浦还珠"的故事而深受赞誉，其故宅就在桥边。孟宅桥位于丰惠东门外的街河南岸，距古县城东门约500米，东西走向，桥下是和街河相接的孟宅河（古书又称还珠沟）。今属东门村。

孟闸桥是一座桥、闸、亭三位一体的桥，即桥边有闸，过桥有亭。作为桥梁，其架设于东郊南岸路上，古为上虞县城和朱巷、永和以及梁弄、四明山区的交通要道，如今仍是通往通明方向的必经之路；作为水闸，古时其具有阻挡潮水、排涝泄洪、蓄水灌溉等功能，现代主要起到缺水季节向潮河和横河输水的作用。作为凉亭，其为路人提供歇脚、休憩之处，甚至还有小贩在桥上设摊，兜售吃食。

孟闸桥是上虞历史最悠久的石桥之一，其始建年代甚至可以追溯到东汉。早在北宋时，诗人华镇就作《还珠桥》诗曰："溪上还珠太守家，小桥斜跨碧流沙。清风不共门墙改，长与寒泉起浪花。"除了南宋嘉泰《会稽志》，历代的上虞县志也都有记载，如《万历志》载："孟宅闸……在县城东，泄运河之水于江。清水闸圮。宋嘉泰元年，尉钱绩修建。"据这些记载，水闸建于公元1201年，而桥梁则更早。

历史上，孟闸桥经历了几次修建。《万历志》对元代至正八年（1348）的这次维修所载较详："……后圮尤甚，县以白府，府檄筑海塘府史王永修。永以旧闸小窄，不足防水，议就故址更加深广，工费颇巨，乃与监邑偰烈图、尹张叔温、薄烈古沙等勉各寺出三年之资以助役，得中统钞六百余锭，命等慈、庆善寺僧大遂质直司之，俾邑人管筹等于大遂处支价，买灰石桩木……不数月讫工。

至今不圮。"清代康熙四十三年（1704）、乾隆二十四年（1759）和道光七年（1827）又进行了三次大修，后来所看到的是近两百年前修复后的形状了。

20世纪70年代，桥边的水闸改建，将原来单一的木板闸分成二单元，西首是机械启闭的水闸，东首是溢洪坝。当时已有手扶拖拉机，桥南侧的石栏板被拖拉机撞断，后又有叉车压断桥南边的一块桥梁石，修复时用一块钢筋混凝土梁替代了原先的石梁，桥栏亦改成钢筋混凝土牛栏式护栏。

21世纪初，孟闸桥的形状被桥梁专家陈国桢先生记录在《上虞古桥》一书中：该桥全长8米，全宽3.3米，梁长4.6米，4条石梁，南侧为钢筋混凝土牛栏式护栏，北侧为石栏，实为桥名板，外侧面刻有"孟闸桥"三字及"道光七年四月重建"字样，东、西桥台宽3.3米，古桥原有的石阶已改为斜坡道，东桥台不远处有路廊三间。

孟闸亭原先在桥东5米处，过桥就进路亭，往东穿亭而出，迎面即是高大的八脚牌坊，石板道路分左右两条，右边朝南沿孟闸河通往朱巷、永和方向，左边继续沿街河前去花园畈、钱家及通明坝。

如今的孟闸桥

路亭背后的街河边，古时有一个不大的庵堂，称孟闸庵，路亭前面有块空地，边上是条石干砌的孟闸河河岸。

孟闸亭始建年代不详。《光绪志》提到：孟宅亭，在孟宅桥旁。据起凤堂《古虞车氏宗谱》记载，嘉庆道光年间亭宇将倾圮，车氏二十二世祖车德千助田孟闸庵，并与族人殚力修葺亭宇。1945年，孟闸亭连同亭后之庵被烧毁。1947年，由乡绅陈如昌发起，重建此亭。重建后的孟闸亭坐北朝南，为三开间抬梁敞开式建筑，通长15米，宽6米，东西两端均有上拱门洞供通行，北包檐墙留三个窗，中间是方窗，两边是圆窗；亭南边中间敞开，两侧有矮墙，亭子用八根圆形石做立柱，亭内两侧，摆放以石墩为脚的石凳各两条，供路人避雨歇脚休息。亭中间前后两对石柱上，刻有两副楹联，后柱是："亭傍孟尝，仁风广被。"前柱是："石因灵秀钟欣占人寿，亭成兵燹后喜协年丰。"前柱楹联旁题有"邑人陈如昌书"。

1951年，亭东的石牌坊被拆除，其立柱用于建造南边不远处的竹桥闸。

1975 年，孟闸亭西南角的石柱被拖拉机撞击致断裂，为保安全及适应机动车通行，1977 年丰惠镇将孟闸亭向东移 20 米后复建，主体保持原样，刻有楹联的四根石柱分前后照原样屹立不变，东西两山墙砌成了封闭式，后包檐墙不留窗户，南边敞开。

2013 年，丰惠至钱氏大宅道路拓宽重修，孟闸桥被拆除，改用路基下埋水泥涵管，水闸移建到原闸北面约 10 米的街河边上。新刻有"孟闸桥"的石碑现立在古桥遗址的旁边。

改建后的孟闸

2014 年，孟闸亭被重新修整，增加了题有亭名的匾额和先贤孟尝的画像及孟尝的生平介绍。（陈培加撰稿）

◎还珠闸桥（竹桥闸）

还珠闸桥也称还珠闸、竹桥头，今属孟尝村。

闸桥位于孟闸亭南 480 米，孟尝村北 200 米处，跨潮河，闸桥以下的河当地人称后潮河，以上称前潮河（南新河），南北走向，闸桥北岸旁边原有还珠庙，也称孟尝祠。

闸桥西面、南北两端各有朱村横河、孟闸河相交。

据传最早的竹桥位置在现桥往东 200 米的潮河上，桥北是前花园畈，桥南是朱村码头，后向西上移，移至和朱村横河相交的位置。移建年代不详。据清《光绪志》记载："竹桥在县东二里许，还珠庙前南潮河口，今改为石桥。"此桥为孟尝村去丰惠城里的必经之地，古为通明坝方向与上舍岭方向交通古道的跨河通道。

1951 年，为改善南门畈灌溉条件，南门、东门、还珠三村合作，用拆掉孟闸亭旁的八脚牌坊之石，将此桥改建成石砌闸桥。

改建后的闸桥为两孔石梁桥，并铺 2 块桥梁，全长 20 米，净跨 7.2 米，桥宽 1.4 米，桥身梁板距闸下水面 1.8 米，平时水位落差 70 厘米，闸槽在桥墩西侧，木头闸板，启闭须人工用捞钩操作。

　　1972年，朱村村民从胡公闸改造工程处抬来两块长4米、宽0.7米的石板，对竹桥闸的桥面进行了加宽。

　　1988年，在低产畈改造工程中，水利部门牵头对闸桥进行了改造，建成了三孔钢筋混凝土结构的新闸桥，单孔间距为3.6米，闸板改用电力启闭的钢筋混凝土构件，桥面跨11米，宽3.5米。两端桥台均是混凝土路面，供车辆通行。

　　潮河之水来自百楼山，一般年份水量可满足灌溉之需，若遇旱年，则要通过孟宅闸从运河引水。还珠闸、孟宅闸、胡公闸诸闸的修筑，确保了虞东平原的灌溉，体现出古代上虞主政者的智慧和爱民情怀。（陈培加撰稿）

新还珠闸桥

◎陈大郎桥

　　陈大郎桥位于通明村黎明自然村，跨潮河，南北走向，两孔石梁桥，每孔并铺2块桥板，无桥栏，两边桥台用条石错缝叠砌，北短南长，有石板做斜坡上桥。此桥早先为较低平桥，20世纪60年代末，为通行抽水机船，桥面被抬升到高于水面2.5米。

　　陈大郎桥为丰惠与梁弄、四明山方向往来的交通要道。始建年代不详。据明《万历志》记载："更抵南二里许，曰陈大郎桥。"《光绪志》载："陈大郎桥在孟闸桥东二里许，下有闸。"并将陈大郎桥作为古县城出东城门后的重要路标，多次提及。

陈大郎桥旧址

　　1970年，因道路改道，在陈大郎桥往东150米处，另建了石砌平桥，当时当地村民曾要求保留古桥未果，古桥遂被拆除，再无复建。（陈培加撰稿）

◎永济桥

永济桥位于陈大郎桥东面 150 米处，跨潮河，南北走向，单孔石梁桥，因桥北有永济庵（钱家庵）而得名。始建年代不详。桥北沿石板路向东北不远就到钱氏大宅的朝南屋、朝西屋，桥南的道路，向东可去夏王、朱巷等地，向东南可去盛茂村、梁弄镇。

新建的永济桥

因该桥在 1949 年前已倒塌，所以无具体数据。

1970 年在古桥遗址处，新建了石砌桥台、上铺预制水泥梁板的现代桥，叫新桥，桥上通行丰惠至任岙的公路，2019 年重建为加高加宽的现浇注钢筋混凝土梁式公路平桥。（陈培加撰稿）

◎杨家坝南小桥

杨家坝南小桥位于黎明自然村北岸西 150 米，东西走向，南临潮河，北面 100 米是杨家坝。该桥系单跨石梁桥，铺 2 块桥梁板，跨 3 米，桥下的小河为四十里河水，经杨家河至杨家坝涵洞流向潮河。

小桥是孟闸亭到黎明村、朱巷方向的石板大路跨河通道，也是上虞古城出东门至梁弄、四明山等地的必经之处。1969 年，小桥因其北面有了丰惠至朱巷的机耕路而被拆除。（陈培加撰稿）

◎泥坝和横河坝

泥坝位于竖港河上，东西走向，坝南面 350 米处有横河坝，坝北面即是潮河。坝体长 15 米，顶宽 2 米，高于水面 1 米，坝底水下设有 60 厘米 ×80 厘米的石砌涵洞。此坝为黎明村西岸自然村与南岸、东岸自然村联系的通道。

1970 年泥坝修建，坝身两边砌石，坝顶改为水泥路面。现坝面已拓宽至 3.5

米，可通行汽车。

横河坝在竖港河与横河的相交处，和泥坝南北相望，东西走向，跨竖港河。坝长 20 米，坝顶宽 2 米，坝底水下有 60 厘米 ×80 厘米的石砌涵洞，有闸板可调节水位。

据起凤堂《古虞车氏宗谱》记载："族内父老率其子弟出工兴修水利，东建镇东闸，北筑竖港坝，兼筑还珠坝于西北……竖港坝下，设立引洞，横河干涸时，则竞引潮河水以灌溉。"其中的竖港坝即为横河坝。

横河坝为横河北岸东西方向人员出行、田间劳作的跨河通道，横河北岸从竹桥闸至镇东庵，古有石板大路供人行走，古坝至今无改建，还保持原貌，只是已被草木覆盖。（陈培加撰稿）

◎丰震桥（朱张桥）

在广袤的田野上，有一座小石桥，横跨在潮河上，名为丰震桥，又名朱张桥。该桥位于夏王包村和东黄的交界处，朱巷至丰惠须走此桥通行。

此桥在《光绪志》上有记载："丰震桥，又名朱张桥，在县东七里，横径坝西。"

早先的丰震桥是单孔石梁桥，上铺 3 块桥板，跨度 3.5 米，宽 1.5 米，无桥栏，有台阶。南侧石桥板侧面刻有"丰震桥"及"乾隆乙亥"字样。

1969 年此桥拓宽成水泥桥，5 块水泥桥板加 1 块原石桥板，全宽 3.8 米。1972 年重建胡公闸桥时，部分胡公闸桥板拆下来后用于维修丰震桥。

2018 年，丰惠至朱巷公路建设，桥梁重建为宽 6 米的钢筋混凝土公路桥。今日的丰震桥宽阔、坚固，不仅是乡路的衔接，也是商业和文化交流的要道。（陈丽娟撰稿）

新丰震桥

◎长庆桥

长庆桥位于夏王东黄村和西王村交界处，跨潮河，东西走向，单孔石板桥，

3块桥板，跨2.5米，宽2米，无桥栏，有台阶3级，后改斜坡，供两村村民通行。东、西桥台为干砌条石，前口宽2.45米，后踵宽5.4米，有纵坡。有2级石阶。北边桥板侧面刻有"长庆桥"，南边桥板侧刻有桥名和重修时间。

1965年为通抽水机船，曾撤去石桥板改用木头跳板，以便随时移放，长庆桥因此被当地人们称作"木桥头"。

1982年，因其中一条桥板断裂，新置一块水泥桥板，又在其中加置宽25厘米的水泥梁，加建钢管护栏。两边的石阶也被拆除。如今基本保存了原桥的模样。

长庆桥现况

长庆桥沧桑多变，它见证了几代人的艰辛与顽强，如今依然站在历史的长廊里。默默祈祷：长庆几万年，幸福一辈子。（陈丽娟撰稿）

◎西桥

西桥位于夏王包村西，跨潮河，东西走向，系单孔石桥，3块桥板，跨度3米，桥宽2米，无台阶，无桥栏。

1949年前，桥中设竹篱笆编制的桥门。

1995年西桥拆除重建，加宽至5米，设30厘米高的水泥桥栏，为包村村民去田畈的通道。

如今的西桥

如今的西桥是结构坚固的水泥桥，三孔，双桥墩，桥墩方石厚实、耐磨，承受力大，桥面宽阔平整，可通两辆车，周边居民进出方便。潮河水多汹涌，西桥丝毫不受影响。

经历了时代的变迁，西桥以全新的面貌等待岁月的检阅。（陈丽娟撰稿）

◎南桥

南桥位于夏王村包村自然村之南，跨潮河，南北走向，系二孔石桥板，并排铺 3 块桥板，总跨 4 米，宽 1.8 米，无台阶，无桥栏，为包村人出行通道。

1949 年前，桥中设竹篱笆编制的桥门，晚上关闭桥门能起到阻止行人进入的作用。早年桥面离水面仅 1 米，由于桥面太低，如遇大水就会被淹，据说曾有 4 人因此落水身亡。

1960 年修建，桥面抬高 1 米。

1972 年再次修建，重建桥墩（有重建石碑留存）。

1995 年此桥改造成水泥桥，双墩，三孔，宽 4 米，设有桥栏，可通车辆。

至今留存的南桥仍保存着古桥形式：有条石砌筑的桥台、堤岸及椭圆形桥墩。随着岁月流逝，青苔爬满桥墩，斑斑水迹清晰可见，这是潮河水因季节涨退的印记。河两岸各建有河埠头，时不时有居民在河埠头洗漱，水声、捣衣声声声传来，颇有江南水乡之韵。（陈丽娟撰稿）

今日南桥

◎南安桥（牌轩桥）

南安桥俗称牌轩桥，位于夏王村西王、东黄两个自然村的界河（潮河）上，东西走向，过此桥沿横河可去梁弄。因以前桥头有牌轩（牌坊）而称牌轩桥。

南安桥原为单孔石梁桥，上铺 3 块石梁，梁长 2.5 米，宽 1.5 米，南北两台均为干砌条石，宽 2.4 米，加上桥台，全桥长 11.5 米，无台阶，无栏杆。早年维修时，石梁间加嵌 0.15 米的混凝土，桥面加宽至 1.9 米。

此桥始建年代不详，原桥板侧刻有"南安桥"及"重建于宣统元年"，即 1909 年。西边桥台还在。

如今的南安桥是 2013 年重修后的产物，宽 3.5 米，跨度为 3.3 米，两边建

有 20 厘米的桥护沿。

站在南安桥向北瞭望，可以望见长庆桥，两桥相望颇有意蕴。南安南安，祝愿潮河流域的人们健康平安。（陈丽娟撰稿）

新建的牌轩桥

◎胡公闸

胡公闸原名新安闸，位于夏王包村北，贾杜西，姚江南岸，潮河出口，东西走向。始建于万历二十四年（1596），由当时的知县胡思伸主持建造，"潴百云、凤鸣、车畈诸溪之水于潮河，闸凡三洞，每洞宽一丈余，捍卫民田万余亩"。起名为新安闸（新安系胡之老家）。民众为之称颂，闸旁建胡公祠以示纪念，日久闸遂名为胡公闸。清代嘉庆、道光年间重修。

此闸东西三道闸门，每道 3 米，连桥全长 9 米，宽 2.2 米，无台阶，无桥栏。闸在桥南，每孔都设有一道闸板。闸起到蓄上游山水和控制姚江咸水进入的作用，桥供谢桥、贾杜人员至通明南村的通行。

民国年间闸曾废。1952 年此桥损坏被拆除后北移 100 米重建，新桥为两孔石闸桥，每孔净宽 2.58 米，总宽 5.16 米，在全上虞首次采用螺杆启闭机启闭。取名爱国丰产闸。

1972 年又因排水不畅再西移 50 米重建。

因该闸损坏严重，1989 年在该闸旁建新的胡公闸，2 孔，每孔 3 米，次年 6 月竣工，排水量为每秒 25 立方米。新闸建成后，老闸封闭。新闸桥排放功能强，泄洪量大，每当雨季，潮河水势汹涌，新闸开启，河水咆哮着通过闸门奔向姚江，确保了潮河流域农田、村庄的安全。（陈丽娟撰稿）

胡公闸现况

仍在发挥作用的胡公闸

◎横泾坝

横泾坝在夏王村,南北走向,位于胡公闸河与朱巷河交接处。此处旧有小坝,时通时塞,胡思伸造新安闸时对其拓宽加固,上建茶亭立碑勒禁。茶亭后变为"防震庵"。坝长 10 米, 宽 5 米, 高 1.5 米, 无涵洞。

建坝的目的在于涝时分洪、旱时蓄水, 也为过路方便, 到后来, 行路的功能显得更为重要, 故将此坝西移改为平桥。

1972 年横泾坝改成单孔石梁桥,为机耕路,2018 年为通公交车重建为公路桥,建有桥栏。桥栏西面河道建有一座小闸,用以调控胡公闸河水流。闸、桥、坝呈"爪"字形发挥着各自的作用。

至今还留存着百分之八十的横泾坝,芳草萋萋,它像一条垂暮的老龙伏水而卧。时代留下的古迹年久了就成了故事,横泾坝的风景亦是美丽的故事吧。(陈丽娟撰稿)

横泾坝现状

◎永安桥

永安桥又称倒桥头,跨夹小河,东西走向,位于胡公闸西 250 米,通明南村至杜家的传统路上,系内河桥。该桥为单孔石梁桥,3 块桥板,跨 3 米,宽 1.4 米, 有 1 级台阶,无桥栏。南桥板外侧刻有"余维成助",北桥板外侧刻有"永安桥"及"癸丑重修,朱杨氏助"等字。相传此桥始建年代要早于胡公闸。供杜家去丰惠、坝头通行。1995 年此桥失去功能而被拆除,好在已被收录于陈国桢先生的《上虞古桥》之中。(陈丽娟撰稿)

◎姚家桥

姚家桥旧址在今夏王包村,原先周边有姚家人居住,故称姚家桥,现村内已无姚氏。

该桥跨潮河,位于包村南桥东首 200 米处,南北走向。单块石板桥,跨度 2 米,

姚家桥旧址

宽 80 厘米，无台阶，无桥栏。

　　1960 年横泾坝改造，道路改道时桥被拆除。如今的姚家桥旧址建了机埠头，石桥、机埠有与时代接轨的意义，姚家桥成了人们记忆中的风景。（陈丽娟撰稿）

跨麻溪

◎震关桥

　　震关桥位于盛茂村任岙自然村通斗门岭的任溪（马溪塍上游）上，为两孔石板桥，每孔并铺 2 块桥板，桥板分别长 4.2 米和 3.4 米，全长 7.6 米，宽 1.45 米，主孔桥板侧面刻有"震关桥"字样，无年代记刻，无桥栏，无台阶。

　　震关桥桥墩由块石浆砌，宽 1.45 米，厚 1.1 米。桥墩南面设分水尖，每当山洪汹涌时，水流自然分道，减轻了对桥身的冲击力，也减缓了水流的气势。

　　桥台由石块垒成，表面不规则，其间由小石块填充，与溪岸驳石齐平。如今桥台处藤条丛生，青苔茵茵，桥墩和桥板上也长满了苔藓，岁月在石桥上烙下了美丽的印记。在如此偏僻的山野小溪上，还有这样一座古桥，也是难得。

震关桥

　　1962 年的大暴雨中，震关桥被洪水冲垮，雨后修复。之后为机耕方便，又在原石桥板的北侧增加了一条水泥板。

　　如今因通向斗门岭的道路已经改道，震关桥以南数百米架起了钢筋水泥桥，老桥已经完成了历史使命，光荣退休，仅作为山野上一道独特的风景而

存在。(陈丽娟撰稿)

◎草庵桥

草庵桥位于盛茂村溪头自然村，跨马溪塍，桥边古有草庵，故名。原两岸各有石板台阶铺向溪中，供行走和过水，20世纪70年代中改建成石拱桥。

2016年重建为水泥平桥，过此桥向东可通往汤桥、茆岙等地。

如今的新桥设有青石栏板，其上刻有精美图案，桥下有两级梯形小坝，两边各有石埠，村民在此洗涤甚是方便。溪边有棕红色栅栏，与桥相辉映，溪边人家竹影摇曳，颇有小桥流水人家的韵致。(陈丽娟撰稿)

草庵桥现况

◎溪顶山下垒水坝

早先的任岙上堰位于盛茂村任岙自然村任溪上，近相公庙的地方建有石硼。1958年，改成石堰。石硼和石堰原是任溪上的交通设施，起蓄水灌田之用。堰长13.5米，顶宽1.5米，高2.5米，边坡1:1.5，堰顶为浆砌块石。

后称溪顶山下垒水坝，坝长增至15米，坝身为等距离放置的平面大石块，可供行人通过，也可过水。

此垒水坝曾经是溪顶山下村民去往对面的近道，所以坝上搭石坚硬、稳固。水坝拦蓄上游之水，形成一个较大的水潭，村民淘米、洗衣等都来坝上。水不大时，总有村里小孩在坝前戏水玩耍，尤其是夏日的傍晚，垒水坝成了村里的热闹之地。

垒水坝旁曾有一棵古樟，倒映在马溪塍水中，水盈盈、树阴阴也是当时的一道风景。

溪顶山下垒水坝

1970 年左右，在坝北约 50 米处架有水泥平桥，2006 年重建，可通车辆。

如今的垒水坝也已经改造，坝身提高了许多，坝面也拓宽了，水浅时可过溪，蹲在坝上可以洗东西。坝与桥坐溪相望，物已非，美依旧。（陈丽娟撰稿）

◎张地湾坝

盛茂村任溪（马溪塍上游）上有很多垒水坝，大多已经改造成可以通行车辆的水泥桥，真正保留下来的垒水坝所剩无几。

位于盛茂村斗门岭东面溪流拐弯处（张地湾）的垒水坝是保留比较完整的

一座。张地湾垒水坝所用材料是当地的大溪石，黑青黑青的，两边野藤丛生，芳草萋萋，清水盈盈，村民在山野劳作时，此坝成了洗刷休息的地方。坝对面的山路是早先通往斗门里的，路边有一座"骡子庙"，村民从坝上过去进村，因而此坝也有溪路的作用。

张地湾坝

有一年大水冲坏了坝体，村民进行了修整、加固。如今的张地湾坝十分坚固，抗洪力强，上流拦截的溪水起着灌溉的作用。虽不及早先的作用大，却是任溪上一道独特的风景。（陈丽娟撰稿）

◎小坝

小坝即跨马溪塍垒水坝。早年的小坝跟任溪上其他垒水坝没多大差异，大小搭石，就溪而眠。这坝虽小，但作用颇大，村民去往附近村落，就从这坝上踩着石头而过。后改建成三孔石板桥，20 世纪 70 年代改建成水泥桥，2006 年重建

2014 年拍摄的小坝

为村道桥，供行人和车辆通行。

如今的小坝虽然成了水泥桥，但是桥下还有水泥坝，坝上坝下水位相差明显，依然起着蓄水的作用。（陈丽娟撰稿）

◎梁弄桥

梁弄桥跨马溪塍，位于溪头村草庵桥之北约 400 米、横河头桥南约 550 米处。桥西边有新凉亭。今属夏王村。

梁弄桥是一座单孔石桥，上铺 2 块桥板，跨 2 米，宽 1.5 米，无桥栏，无台阶。桥西边是高渠道，桥东是通往汤桥、黄竹岭、梁弄的道路。

现已改建成村道公路桥，桥面是水泥浇注的，平整，桥沿设有不足 1 米的水泥栏板，两边桥墩均是混凝土浇筑，坚固、美观。（陈丽娟撰稿）

梁弄桥现状

跨钱家埭河

◎忠孝桥

忠孝桥位于钱氏大宅老祖堂东首，跨埭河，东西走向，北距通明坝 150 米，桥北面叫前埭河，桥南面叫后埭河。全桥长 20 米，桥净跨 2.5 米，东西两头桥台均用石条错缝砌叠，桥面宽 2.8 米，并铺 5 块桥板，无桥栏，无台阶。是当地村民去桥东田畈和通明坝及向东去

忠孝桥

包村、贾杜村、谢桥方向的通道。

据《上虞通明钱氏宗谱》载："忠孝桥，在二十二都忠孝道地老祖堂东首，旧名小桥。光绪三十一年岸石倾侧，章字行翰芬、贤字行逸休协同集资修葺，架以石梁，题名忠孝。"

光绪三十一年为 1905 年，而通明钱氏始迁祖二十五世钱㟻"弃城而郊"是在康熙六年（1667），由此可推算小桥初建年代与重修年代相隔较久。

1999 年，忠孝桥桥面以钢质大门替代钢筋铺底，用混凝土铺面找平，桥两端均修建为水泥路，原桥面貌基本保存。（陈培加撰稿）

◎埭河泥坝

如今的埭河泥坝

位于钱家埭河临潮河口，跨后埭河，坝南 50 米即是潮河，泥坝西首 100 米是钱氏大宅的朝西屋。

泥坝呈西南到东北走向，长 20 米，顶宽 3 米，坝体设可控的水下涵洞。古代在潮河下游入姚江处的地方还没有建新安闸（胡公闸），泥坝有挡潮蓄水、保埭河两岸灌溉的功能。之后便是蓄水和通行两用，附近村民通过泥坝去坝东的田畈劳作。泥坝现在基本保持原样。（陈培加撰稿）

跨杨家河

◎聚星桥

聚星桥又名胡监桥，位于丰惠古城东门外。走过孟闸凉亭再向东 500 米是花园畈杨家河，河上有一座东西走向的单孔石梁桥，始建于明代，清道光十二年（1832）重修，1946 年时再次重修。

聚星桥全长 12 米，净跨 3 米，桥面全宽 2 米，由 3 块长 4 米、宽 55 厘米的桥梁石铺成，桥栏石长 3.8 米，宽 45 厘米，桥高 2.5 米，两端各有 7 级石阶，石阶下宽 3 米，上宽 2 米，东首桥台长 5 米，西首桥台长 2 米余，桥台两侧由长石条干砌。

现今保留下来的桥栏石上，中间刻有"聚星桥"三个大字，大字两边刻有"道光壬辰年八月重修""陈濬川裔孙全立"，另一块桥梁石外侧，刻有"民国丙戌年十月陈铭后裔募捐敬修"。

聚星桥旁边曾是南宋宁宗皇帝杨皇后之兄杨次山的花园，据明《万历志》记载：嘉靖三十四年（1555），倭寇侵扰至上虞城下，抗倭名将卢镗所率明军与倭寇交战于花园，历时 300 多年的皇家花园遂毁于战火。南宋亡后，花园周边不断有平民聚集，渐成村落，故名花园畈。

"胡监桥"为始建桥名，明代有某监的官职，胡监是胡氏族人，是最早的建桥人，且此桥名一直被周边百姓沿用下来。

所以此桥始建于明代也符合史实，况且桥边有住宅曾叫胡家台门，而陈濬川裔孙将此桥易名为聚星桥也和上述历史相符。

在聚星桥东面桥脚下，旧时有一牌坊，据《上虞通明钱氏宗谱》记载，此牌坊立于道光丙戌年（1826），为通明钱氏所立，用来表彰从花园畈嫁过去的王氏妇女；后花园畈确有一旧宅名叫王家门口，只是个中的凄美故事后人不得而知。

桥西的陈家和桥东的钱家历来都有联姻，并相互迁徙，传下来其中一个故事：有一个陈家姑娘嫁到钱家，发嫁妆时，埭河边全是抬嫁妆的人，先头的嫁妆已抬到了夫家，后面的还走在聚星桥上。可见陈家为嫁女儿不惜血本，嫁妆非常丰厚。

聚星桥是花园畈、东郊南岸、还珠村、凤鸣村村民前往东岳庙、钱氏大宅、通明坝的必经之路，这几个村的学生都是去建在岳庙旁边的通明小学读书的；20 世纪 50 年代至 80 年代，上述村的干部去公社开会，都要走过此桥。旧时经通明坝到上沙岭等虞南地区，远至章镇、嵊州的生意人，还有贩挑海盐的人，为了抄近路，也从此桥经过。

聚星桥上也曾是花园畈村民夏季晚上纳凉休息的好去处。晚饭后，桥栏、

石阶上坐满了人，人们聊家常，讲朝事，直到夜深人静时才各自回家。

据老辈人口耳相传，更早时候上虞城（今丰惠）每年一度的花迎节，聚星桥是游行队伍往返路上走过的第十三座桥，走过聚星桥，往左沿着曲折的石板路，往东北方向仅走 500 米路，跨过庙南小桥，就是游花迎节的起点和终点——东明湖上的东岳庙。

1968 年，为了通行人力手拉车，孟闸亭到钱家的手拉车路修成，聚星桥的石阶被改成斜坡。

1969 年，桥旁的石牌坊遭拆毁。

1975 年底，聚星桥两端机耕路建成，古桥被拆除，在离该桥北侧 20 米处重建了新的石梁平桥，桥宽 4 米，长 12 米，桥台用古桥桥台的条石干砌。平桥虽然跨度只有 2 米，铺在上面的老桥石梁，任凭 20 吨的卡车反复碾压，竟无一断裂，足见古桥石材之坚实，亦可见当年的建桥者——丰惠渔门村的石匠师傅技术之过硬。

新建的聚星桥

2019 年，为配合花园畈至钱氏大宅道路拓宽工程的实行，石梁平桥改建成钢筋混凝土平桥。新的聚星桥长 12 米，宽 6 米，净跨 3 米，高于水面 1 米，桥基和桥面均用钢筋混凝土现浇，以适应汽车通过。

今天的聚星桥上，除了疾驰而过的汽车和电动车，傍晚时分步行的人仍络绎不绝，附近居民，也有来自丰惠镇上的，常到这里散步锻炼。

刻有"聚星桥"字样的桥栏石连同石梁被村民保存了下来，放置在新桥旁，闲暇时分，人们会聚集到这里端坐聊天，就像古桥在时一样。（陈培加撰稿）

◎杨家坝

杨家坝位于花园畈杨家河南端，四十里河可经杨家河通过此坝涵洞向潮河排水，坝身东西走向，坝南 100 米是潮河，坝长 20 米，顶宽 5 米，坝高于水面 70 厘米，从南看坝高 2.5 米，坝东旁边曾建有石灰窑，坝底设有 80 厘米 ×60 厘米的石板涵洞，有闸板控制水流。

1992 年杨家坝改造，向南移 30 米建造新闸，新闸为钢筋混凝土结构，机械启闭，闸下置 2.5 米 ×2.5 米的水泥涵洞，2017 年，在丰朱公路建设中，涵洞重建，地面上重修丰惠至朱巷的公路。（陈培加撰稿）

杨家坝水闸

跨姚村埭河

◎庵桥

庵桥地处谢桥村的姚村，坐落于姚村东约 20 米处，桥西北靠前浦庙，跨姚村埭河，南北走向，原有一条宽 1 米多的石板小道北通村内，南接永和娄闸万家，是村民去永和赶集和下田耕作进出的主要桥梁。

庵桥原系双孔石梁平桥，桥面并铺 2 块石板，宽 2.5 米，跨度 8 米许，桥高 3.5 米，无桥栏，无台阶。

庵桥现况

因原桥东南 20 米处建有一尼姑庵，故称庵桥。20 世纪 70 年代时，自行车、双轮手拉车和手扶拖拉机日益成为农村交通运输和农耕的主要工具。农村兴修机耕路时，庵桥桥面被拓宽，改建为单孔石梁桥，2010 年桥面做了水泥硬化，后再次改建，被改成步行桥。（金炳尧撰稿）

跨孙家直河

◎永丰闸桥

永丰闸桥又称孙家闸，位于姚江南岸谢桥村孙闸自然村内，闸桥跨孙家直河而建，直河东与娄闸河相通，河水经闸后注入姚江。

《光绪志》载："永丰闸一名孙家闸，在谢桥东南一里许，距县东十里，清乾隆十五年里人捐建，道光八年里人叶鸣高等重建。"

孙家闸桥原来全长 29 米，宽 1.7 米，东西走向，桥面并铺 2 块石梁桥板，梁长 3.95 米，闸门净宽 2.95 米，桥头设有 2 级石阶，闸桥两侧不设桥栏，东西桥台宽 2.7 米，系单孔石梁双层木板泥心闸桥。桥台用条石干砌而成，后踵宽度为 10.5 米，设有栏石，石梁外侧刻有 "永丰闸" 及 "道光三年置建" 字样。有一块《永丰闸碑记》的石碑，现仍保留在孙闸村后浦庙中。

现有闸门为木叠梁式，单孔，孔径高 3 米，宽 2.88 米。闸基用规整的条石砌成，东西两侧各设两条凹槽，一条插以木板蓄水，一条插横梁，中间竖两根木柱，便于手工启闭。闸底高 0.55 米，最大流量为每秒 21 立方米，受益农田 1500 亩。

因此闸桥坐落于孙家村内，孙家闸因此而名。

孙家闸具有蓄水、排涝和阻挡潮水等功能，姚江咸潮上涌时即控制咸水进入，农田需水灌溉时便蓄水。闸内外水的落差在 1.8 米以上，可为孙闸、姚村、谢桥等村的农田蓄水灌溉。暴雨成灾时亦可开闸排涝以解内涝水患，是一座集灌、排及保障居民生活和安全用水等诸多功能的益民古水闸。

2010 年因车辆通行之需，此闸桥的桥面做了水泥硬化加宽，并改建为水泥桥面闸桥。

孙家闸桥，凭借它那独特的地理位置和良好的蓄排功能，至今仍是孙闸、姚村和谢桥乃至邻近村落不可或缺的重要水利设施。（金炳尧撰稿）

跨杨家埭河

◎永丰桥

　　永丰桥又称张家桥，建于嘉庆年间，地处谢家桥余巷与叶家交界处，横跨杨家埭河,东西走向,是一座三孔石梁桥。每孔有石梁3条,分别长3.3米、4.2米、3.4米。两台系干砌条石墩台，台宽2.43米，天盘挑出端宽0.7米，台后接线全为条石。两个中墩为上下相同尺寸的柱式墩，墩厚0.8米，宽1.93米，中孔北首桥梁正中刻有"永丰桥"三字及"嘉庆甲口年建"的石刻落款。

　　永丰桥全长24.8米，宽1.63米，无栏无台阶。原桥中间制有桥门，晚上桥门上锁，可控制外人进入，亦防窃贼进村偷盗。此桥也是余巷村民出村赶集和下田耕作的必经之桥。

　　1993年在建丰石县道时，因公路距此桥不足5米，打算拆除此桥，后经村民要求，此桥作为人行桥予以保留。至今此桥保存基本完好。（金炳尧撰稿）

永丰桥现况

南溪和凤鸣溪流域

　　丰惠之南,群山逶迤,山峰林立,统称为百楼山。其中的寿桃尖,海拔 557 米,为镇内最高峰,俗称大南山;五雷尖,海拔 546.5 米,为第二高峰,俗称小南山。山脉蜿蜒过上舍岭,继续向西延伸。

　　发源于百楼山的溪流,从上舍岭向清水塘、百云湖来的一支,叫南溪(也叫巽水河、百云河)。南溪一部分穿过城区入街河,另一部分经过南门闸桥折而向东进入南新河,通过南新河进入潮河。从行政划分来看,南溪流域属丰南村和南门村,本文所述的桥全在丰南村。从凤鸣山"悬石飞瀑"处下来的凤鸣溪,其下游称胡李溪。从应岙自然村下来注入横河的应岙溪,行政区域主要属于凤鸣村。

　　这里的桥都属于溪桥,以方便、适合通行为主要目的,注重坚固耐用。桥梁的外观装饰、造型具有山区村落桥梁的共同特点:简洁、明快、实用性强。

跨南溪

◎板桥

　　板桥位于丰南村东风水库大坝北侧的百悬公路上。

　　《光绪志》载:板桥,在县南五里。《万历志》载:由南门出五里许,曰板桥。可以看出,明朝时板桥已经存在,至今至少有 400 年的建桥历史,是当之无愧的古桥。

板桥在丰惠通向丁宅、下管、章镇等处的必经之路上，东西走向，横跨南溪，早先是一座双孔木板平桥。桥板采用宽 80 厘米、厚 10 多厘米的木板，分两节铺放，总长约 8 米。有一条石叠砌的桥墩，桥墩高约 1.6 米，底座长 1.4 米，宽 1 米，至顶部收缩为长 1 米，宽 0.8 米。板桥没有护栏。桥台即南溪溪岸，用条石错缝叠砌。

1958 年丰惠至下管的公路动工，板桥在公路规划范围之内，被改建成单孔石桥。1959 年东风水库建成后，板桥底下增设了溢洪道。1995 年公路扩建时，板桥改成了混凝土结构的桥梁，桥下有 0.6 米宽、1.2 米高的两个方形排水孔。

板桥已成了公路桥

◎太祖庙桥

太祖庙桥位于板桥以南 100 米左右的南溪上。

该桥之北的百西自然村原有一座历史悠久的太祖庙，人们进出太祖庙，以及到农田干活必须通过此桥。依当地习惯，人们常以知名的标志物来命名桥，故称此桥为太祖庙桥。

太祖庙桥原是一座双跨石梁平桥，跨南溪，南北走向，桥宽 1.2 米，长约 6 米，两边各有 1 级台阶，没有护栏。桥板搁置在南溪岸条石错缝叠砌的桥台上，中有桥墩，向南迎水面设三角分水尖，桥墩长 1.8 米，宽 0.8 米。

在 1962 年的水灾中，太祖庙桥被冲垮，后重建。2000 年，太祖庙桥被改建成一座长 7 米、宽 4.4 米的混凝土结构现代桥。

新建后的太祖庙桥

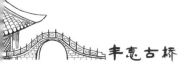

◎清水塘桥

清水塘桥位于清水塘自然村东边，南北走向，跨南溪，现在已成为百悬线上一座混凝土结构的现代公路桥。

原桥是一座单孔石梁平桥，2块石梁平铺，桥宽1.5米，长3.5米，两台为

溪岸，条石错缝叠砌，两头各有1级台阶，没有护栏。

改建成混凝土浇筑的公路桥后，清水塘桥拓宽加固到长6米、宽6.3米、拱高2.7米。桥梁底下，只见清澈的南溪水哗哗地流淌，已看不到古桥的痕迹。

新清水塘桥

◎清水塘小桥

清水塘小桥位于距公路约10多米的村边，与向南10多米的另一座清水塘村桥并立，都是村中的古桥。为与清水塘村桥区别，这座称清水塘小桥。

清水塘小桥是一座单孔石梁桥，东西走向，没有护栏，总长5米，宽1.6米，拱高1.6米，是进出村子的必经通道。由两块梁板并在一起组成，两头搁置在

溪岸条石错缝叠砌的桥台上，而桥台的条石又安放在约1米高的卵石巧妙堆砌的基础墙上，显得古朴典雅。

为了适应现代社会生产生活需要，小桥的桥面用混凝土做了加固，已无往昔古韵。

清水塘小桥

◎清水塘村桥

清水塘村桥位于清水塘村小桥南首约10多米的南溪上，是一座双跨石梁平桥，宽2米，上铺4条石梁，桥面总长4.8米，拱高1.5米。

此桥的桥台由一层条石夹一层溪滩石叠筑而成。这一方面是就地取材，大小、长短不一的石材都能派上用场，节约了条石；另一方面也有利于垫层平整，使受力均匀，最上面用一块巨大的条石锁住桥台，以增加稳固性。

清水塘村桥

最具特色的是此桥的桥墩。3条长2米、宽0.5米、厚超过0.3米的条石平整叠砌在卵石桥基上，两头各垫上高约0.5米的倒置梯形石块以承上启下，然后再覆以长3米、宽0.5米、厚0.3米的大条石作为桥帽，形成上大、中空、下小的悬臂式桥墩。这增强了桥梁抗扭、抗震、抗压的性能，确保结实耐用。

古朴的桥墩

此桥的下盘，选材粗犷，不事雕琢，不甚规范，既选用厚实的石条，也利用溪滩的卵石，看似随意堆砌，信手为之，实则有巧妙的设计和精确的施工，藏巧于拙，以晦映明，粗糙古朴，厚重坚固，体现出高超的建筑艺术境界。此桥的建造年代已无从考证。后来，桥的上盘进行了改造，桥面已改用混凝土浇筑。

◎闹水桥

闹水桥位于百西自然村枫里岙东侧约100米的南溪檀树坝上，地处丰惠至丁宅、下管的交通要道。原是一座单孔石梁平桥，上铺3条石梁，宽约1.5米，桥面总长1.5米，无台阶，无护栏。

1958年百悬公路建设时，闹水桥被改建为公路桥。1995年再次改造。现在是一座钢筋混凝土式桥梁，桥面总长10米，宽7.6米，拱高4.2米，

新建的闹水桥

两边是公路标准护栏。

◎庙井弄桥

庙井弄桥位于上沙岭北侧500米游仙庙北边洞底弯岔口，东西走向，是一座双孔独块石梁平桥，1级台阶，没有护栏，桥面长5米，宽约80厘米，横跨于南溪之上。

原庙井弄桥南边50余米处，有一座游仙庙（祭祀的是汉代出使西域的张骞），石桥因此而得名。此桥是去洞底弯、上娘庵等地的必经之路。

1966年庙井弄桥加宽，1985年被改建为水泥桥，2018年被改建为公路桥。

新庙井弄桥，桥宽8米，桥长5.5米，桥拱高2.2米。桥面用水泥混凝土浇筑，与公路平齐，两边是公路标准护栏。

◎马路头桥

马路头桥在百西村柴门口小村落东边约20米的南溪支流上。

马路头桥原是一座单孔石梁平桥，一块石梁板做桥板，宽0.6米，长3米，拱高1.8米。桥板两头搁置在南溪溪岸卵石排列堆砌、上覆一条石锁顶的桥台上，1级台阶，没有护栏。

马路头桥现状

马路头桥同样经过几次改建。最近一次是在2016年丰南村美丽乡村建设中，进行了加固加宽。改造后，马路头桥成为一座长5米、宽4.5米、拱高2米的水泥混凝土现代桥。

◎石塘岙桥

石塘岙桥位于百西村石塘岙村东50米的南溪支流上，是一座东西走向的单孔石梁平桥。桥原宽0.6米，长3米，1级台阶，没有护栏，主要为村民上山下地提供方便。

2018 年, 石塘岙桥被加宽为水泥桥。加宽加固以后, 石塘岙桥长 4.5 米, 宽 2.2 米, 拱高 1.5 米。桥面与路面平齐。桥板两头搁置在南溪支流岸壁用卵石堆砌的桥台上, 加宽的材料是一块普通五孔板。为防止原桥石梁板因年深日久发生断裂, 桥中部在溪流当中打了支柱。

维修后的石塘岙桥

◎尖岭里桥

尖岭里桥在丰南村百东自然村, 地处梅家岙东 250 米, 属于溪桥。

尖岭里桥, 东西走向, 横跨在南溪支流上, 是一座单孔石梁平桥。3 条石梁并成一块桥板, 宽 2.5 米, 长 4 米。两头搁置在南溪两岸条石错缝叠砌的桥台上, 桥台条石下面是由卵石密实堆砌而成、约 1 米高的坚实石基。尖岭里桥只有 1 级台阶, 没有护栏。

尖岭里桥（老桥）

尖岭里桥是村民上山下地的交通要道, 也是去凤鸣山、仙姑洞的必经之路。

在 2016 年美丽乡村建设中, 尖岭里桥向南平移 10 多米, 新建了一座钢筋混凝土现代桥。新桥长 6.5 米, 宽 8 米, 拱高 2.5 米, 护栏采用了符合公路标准的钢管护栏。

尖岭里桥（新桥）

◎庙前桥

庙前桥因地处著名的朱娥庙边而得名。源于小南山的南溪支流水在这里与南溪汇合。庙前桥也是一座溪桥,原为单孔石梁平桥,南北走向,1级台阶,并铺4块石梁板,长4米,宽2.5米,没有护栏。这座桥是去朱娥庙、小南山的必经之路。

庙前桥在1980年以后改建为水泥桥,以便通车。2016年,原桥被拆除,建成为一座箱涵式的钢筋混凝土现代桥梁。

改建后的庙前桥是一座钢筋混凝土现代公路桥,宽7米,长5米,拱高1.5米,拱宽3.5米,两边是标准的公路护栏。(以上由沈荣良撰稿)

庙前桥

跨凤鸣溪、应岙溪

◎双泉桥

双泉桥位于凤鸣村泉头畈南首。这座桥附近,有两个泉眼很有名,所以这座桥称为双泉桥。双泉桥是一座单孔石梁平桥,东西走向,横跨凤鸣溪,没有台阶,桥上没有护栏,原桥由两块石梁板并成一块桥板,宽1.5米,长3.6米,两头搁置在凤鸣溪岸以不规则卵石密实铺砌、上覆条石锁顶的桥台上。因凤鸣溪水落差较大,故而在双泉桥南北15米范围内设置了两道垒水坝,以控制溪水流速。

1960年,丰惠地区多处山洪暴发,发生特大洪水侵害,很多溪桥被冲垮,双泉桥也在其中。

后来重建双泉桥,为适应农田机耕路建设的要求,再次拓宽了桥梁,增加了一条石梁。现桥长 4 米，宽 3.5 米，拱高 1.35 米。这座桥以前是村民去丰惠方向的必经之路。

双泉桥

◎ 庙后桥

庙后桥位于凤鸣村磨刀庙东北侧，东西走向，是横跨在凤鸣溪上的一座单孔石梁平桥，1 块桥板，长 3.5 米，宽 0.8 米，没有护栏，没有台阶。桥梁两头搁置在溪岸不规则卵石密实堆砌、上覆一长条石锁顶的桥台上。

20 世纪 80 年代，为了建造高机埠，在桥北 50 米处重建了一座箱涵式的现代桥梁。2005 年，庙后桥被改成水泥板桥。

维修后的庙后桥

现在的庙后桥，长 4.5 米，宽 4 米，拱高 1.3 米、宽 3.2 米，桥两侧有高 1 米的钢管护栏。（以上由沈荣良撰稿）

◎ 上桥和下桥

上桥和下桥同位于今孟尝村二桥自然村，东西走向，跨应岙溪，上桥在南，下桥在北，两桥相距 150 米，桥所在的村落分别叫作上桥头、下桥头，现称二桥头。

应岙溪发源于大南山，史称东百楼山，流经二桥头后，向北流入车郎山下的横河。

两桥均为并铺 2 块石梁的单跨溪桥，无桥栏，无台阶。两桥为孟尝村和盛茂村各地村民的跨溪通道，1965 年因桥下发现钉螺，为防治血吸虫病，下桥被拆除，溪流往西改道，另建新桥，原桥已不复存在，改建后的上桥还在。

在调查中，跨凤鸣溪和应岙溪的还有大王庙桥、半路桥、庵桥、闸桥、石桥头、横马路桥等桥梁，均属凤鸣村，但都已无踪迹。（陈培加撰稿）

十八里河流域

　　十八里河西起新通明坝，东至余姚下坝余上团结闸，是作为四十里河的复线人工开挖的。由于通明江七里滩处泥沙淤积，河道较浅，尤其在枯水期，须候潮水上涌时方可通船，故开挖十八里河，以渣湖之水相济，绕过浅滩处，使行船畅通。

　　十八里河平均河宽18米，水深1.6米，实际长度5.5千米，古代加上转弯处约近18里，故称十八里河。这一带有虞光村、虞东村、五云村、陈夏谢村、夹塘村。

　　十八里河始建于南宋淳熙七年（1180）。《万历志》汪大定传中有载，当时魏王赵恺薨于明州，为使高大的丧舟经运河返绍兴，又因七里滩一带水浅难行，汪大定踏勘地形，决定疏浚渣湖，修复旧闸，别开支港，终于让丧舟顺利过境，也奠定了十八里河的雏形。汪大定是明州鄞县人，南宋时鄞县史氏家族非常兴旺，史浩、史弥远、史嵩之三代为相，对修建这段运河极为支持，后又拨款修筑河岸和水闸，故《光绪志》有"世传宋史弥远创建"的记载。十八里河上有"丞相桥"，河边原有丞相祠，都与丞相史弥远有关。

　　从南宋末年到元朝末年，战乱四起，运河航行时断时续，河道得不到维护和扩建。到明朝立国，境内安定，永乐九年（1411，《绍兴府志》称"洪武初"），在鄞人郏度的主持下，进行了重大的河道改造。先在"旧后沟"的基础上开凿疏通从西黄浦桥到落马桥这一段运河，使主航道绕开了县城，再开通从落马桥到新通明坝（这一段称后新河，也叫十里河，见另一章），又疏浚十八里河，这样就有了自西黄浦桥，过落马桥，经新通明坝直抵姚江下坝的新河，官民船只皆可由此通行，减轻了县城街河的航运压力，也避开了七里滩的泥沙淤积。

嘉靖三年（1524），县令杨绍芳拆西黄浦桥为凳桥，舟船复由街河通行，后因积水难排，民众叫苦，仍复建西黄浦桥。乾隆十二年（1747），知县施绳武因后新河浅狭，旱涝无备，集乡绅商议决定，命新河两岸农民各半让出土地拓宽河道。从此，新河成为四十里河的主航道。

如今的十八里河

十八里河靠大小渣湖之水相济，大渣湖垦湖为田后，河道更易干涸。《光绪志》载：道光五年（1825），知县周镛命居民按田出丁疏浚，由监生陈国柱带队实施拓宽清淤。光绪十六年（1890），知县唐煦春拨款浚治自新通明至上木桥段河道，由邑绅朱士黻负责施工。为了使十八里河农灌和航运之水不干涸，对新通明下流9条埭河进行整治。每条埭河长约1千米，其南俱通姚江，有堤坝涵洞，北连十八里河。其中黄家埭受姚江潮水最多，旱则启坝涵引潮水流入十八里河，涝则将积水排出姚江。且每条埭河北岸与内河港出口相对九埭之外，下木桥旁土山东首有小湾埭不通姚江。1956年、1980年上虞县政府拨款，组织民工对十八里河及埭河进行清理疏浚。

当火车、汽车等交通工具兴起，运河上的船只逐渐减少，1958年之后，四明水库建成，七里滩的泥沙大大减少，行船不需要绕道，十八里河便完成了运输任务，而以灌溉和排涝为主。

十八里河丰惠段内，有新通明坝，有众多桥梁，有多条纵向与通明江连接的埭河，埭河上各有水坝，下面分别讲述。

十八里河上的桥

◎新通明坝闸桥

新通明坝，又叫中坝、郑监山堰、通明北堰、清水闸、西小坝等，位于虞

光村新堰头自然村，后新河（十里河）与十八里河的交界处，西南距老通明堰约2千米，西北到东南走向。

《万历志》载："新通明坝，一名中坝，在一都郑监山下，急递铺西南，距县东城十里，宋淳熙年间，县令汪大定置，名通明北堰。明永乐间（府志作洪武初），鄞人郑度以舟经旧通明坝，滩流壅塞，盐运到，必须潮水大汛始得达，舟常坐困，建言将县东北旧港开浚，自西黄浦达是坝，又名郑监山堰，官商往来便之。"

新通明坝东南岸为车船坝，西北边则为闸桥，亦可供行人行走，是一座集桥、闸、坝三项功能于一体的综合性水利设施。

西北侧的闸桥为单孔石梁桥，全桥长4.75米，净跨2.5米，桥面由4块厚达0.3米的石板并铺而成，宽2米，两旁设有高0.4米、厚0.3米的桥石护栏，为居住在河两旁村民的往来和下地劳作提供方便，又是过往行人歇脚及夏夜村民纳凉的好去处。

桥下设闸，以木板为闸板，筑闸聚水可以提高水位，便于船只航行，也用于农田灌溉及为村民提供生活用水。逢久雨上游水位暴涨，即开闸泄洪于十八里河。

东南侧为堰坝，坝长5米余，两边各有10余米长的斜坡，分前后两段拖船过坝，坝顶建有人力绞盘缆索的机房，凡官、商和农船过坝，均须人力拖船过坝而行。

十八里河虽窄，但无浅滩，且新通明坝落差较小，故官商之舟多过此坝。《万历志》载："新通明坝，坝夫叁拾名，每名银壹拾两，外加绳索银壹两贰钱，共银三百陆拾两，遇闰每名加银玖钱。"而与此同时，旧通明坝只有坝夫两人，可见其运输量比老坝更大。

重建后的通明坝闸桥

到1958年后，七里滩因四明水库的修建而不再淤积泥沙，水运多过通明老坝头，且因陆路运输增加，十八里河逐渐退出船运，新堰头堰坝不久被拆除。

老闸桥至今尚存，但已被多次改造，古风不再。（金炳尧撰稿）

◎东望桥

东望桥位于虞光村新堰头自然村，横跨在贯村而过的十八里河上，西距新通明坝约百余米之遥，东不足百米即为通济桥。

据史料记载，东望桥建于明嘉靖己未年（1559），由原夹塘村明嘉靖年间的进士姚翔凤捐资建造。此桥甚高，清早人们登上桥头即可观东方日出，故称之为"东望桥"。

东望桥呈南北走向，原是一座单孔石梁桥，全桥长 11 米，跨度 4 米，高约 3.5 米，桥面并铺 4 块石梁，宽 2 米，桥抱鼓石连接桥身，两边有高 0.5 米的条石桥栏，桥头各设石阶 10 级，并与一条石板铺就的古道相连接，东通虞光，北过通济桥通向夹塘。抗日战争时，常有日军骑马在夹塘至丰惠一带来往通过，因战马不适合在石板路上行走，该石板古道被日军拆除改成土道。

东望桥遗迹

1958 年，东望桥被拆除，桥石板、石料被移到原桥西 200 米处，为另建的新桥所用，现西侧的原桥头仍留有桥址痕迹。（金炳尧撰稿）

◎永丰桥

永丰桥位于丰惠镇五云村，跨十八里河，呈南北走向，桥的北首是谢马线，南首是通往方家泊自然村的村路。

维修后的永丰桥

永丰桥是一座单孔石梁桥，全长 16 米，净跨 4 米，宽 2 米，3 块石梁，无栏板，无石阶，两边的桥台由条石

平整干砌而成。此桥始建年代不详。1978年因机动车通行需要，原桥拓宽改建为钢筋混凝土桥。（姚友根撰稿）

◎五云桥

《光绪志》载：五云桥即唐家桥，明万历八年（1580），方策等重建。岁久圮。康熙三十六年（1697），陈文信等重建。咸丰元年（1851），谢龙章等募修。

五云桥位于如今丰惠镇的五云自然村，跨十八里河，呈南北走向，桥的北首是丰惠至夹塘谢马线，南首是田畈，曾经有一条通往谢桥的石板路。

五云桥的周边又有4座古桥，东边是上木桥，西边是永丰桥，在北首的谢马线上有寺昌桥和洞桥，后两座桥桥下是大渣湖的支流，与十八里河相通。五云桥正处于这4座古桥的中间。五云桥的北面建有如意庵及刘氏宗祠，附近有一座低矮而有灵性的寺山，智果寺坐落于山顶之上，寺山常年香客不断，香火袅袅。

古桥为进出寺山的香客提供了便捷的通道，5座石桥如五彩祥云，为百姓带来福音，五云桥、五云村之名皆来源于此，也许这里曾有过不少美丽的故事，沉淀在时间的长河里。

五云桥是一座石梁桥，原本两边各有9级石阶，净跨3米多，桥面并铺5块石梁，宽近3米，两边有石板护栏。整座桥砌石平整，结构严实。该桥于清代光绪壬寅年（1902）和1932年再次修缮。

1970年，台阶被拆除，两边桥台改为由石块垒砌，那条刻有桥名和年代的石板被截为几段不知去向。现在已极少有人走这座桥了。

如今的五云桥

为采写此桥，笔者再次来到这里，见本来名声响亮的五云桥，如今显得简陋，还不如永丰桥来得考究，心中纳闷。这时来了一位70多岁的老农。他告诉我，1932年重建此桥时，石匠父亲也参与了竞标，可惜报价高了些，没能中标，不过也参与了建造。为那次建桥，买来了许多规整的大石条，材料好，工艺也高，桥建得非常坚固美观。20世纪70年代为使手扶拖拉机通行顺利，村民们忍痛拆桥。拆下来的部分石条用在机埠上，大部分石条、石块用于重修永丰桥。新的五云桥由水泥浇筑而成，已不再有原桥的样貌。（姚友根撰稿）

◎上木桥

《光绪志》载："上木桥在五云桥东二里余，夏姓修。"

按如今的区域划分，上木桥在丰惠镇陈夏谢村，跨十八里河中游段，南北走向。桥的北端是陈家、夏家，南端是谢家，上木桥即位于三个自然村的交界处。始建年代不详，至晚清时已存。

上木桥为单孔石梁桥，桥面有2块石梁，跨长4米，宽1.8米，厚0.32米，桥两端各9级石阶，无栏板，无石柱。

上木桥在20世纪70年代中期因拖拉机通行的需要被拆除，在原桥西首约80米处重建一座钢筋混凝土平桥（右图中的桥）。据两位老人讲，现在这座桥的两边桥台，部分石块是从原桥拆除下来后重新砌上的，他们对上木桥很有感情。（姚友根撰稿）

上木桥现状

◎望仙桥（下木桥）

《光绪志》载：望仙桥（此处望仙桥与前文所述的望仙桥为2座桥）在县东水竹山前，旧系木桥，乾隆庚寅年（1770），姚史氏改建石桥。亦称下木桥。从现行的行政区划来讲，其位于虞东村许家南首，跨十八里河中游段。

望仙桥为单孔石梁桥，南北走向，上铺3块石梁板，跨长3米，宽2米，石梁厚0.28米，无栏板和柱头，水面距桥面1.8米。由于北岸高南岸低，桥北首有5级台阶，南首无台阶，两端桥台采用条石干砌，坚固平整。

望仙桥南左旁立有石碑一块，镌刻的部分文字至今仍隐约可见，有"嘉庆

望仙桥桥碑

廿二年建造"字样，及建桥者的姓氏和捐资数额等。从那次重建至今，也过去 200 余年了。

站在桥上向北眺望，能看见萝岩山"仙女峰"的神秘影子，带着美好的寓意，古人命名此桥为"望仙桥"。

1985 年因拖拉机通行的需要，北首的台阶被拆除，中间插入 0.5 米宽的钢筋混凝土板，桥面加宽，但古桥风貌依旧。如今桥台两边枯藤缠绕，长蔓似帘，更添古朴之气。自西首约 100 米处建成了一座钢筋混凝土平桥以来，此桥的交通功能已被取代，景观功能显得突出。

当地村组织对历史遗留建筑的保护意识非常强，在石碑周围种上草坪树木，安装宣传牌，对这座古桥做了妥善保护。还对河边道路进行了硬化，河湾处种上荷藕菱角，岸边安装了木质栏杆，古桥及其周边区域成了一处难得的田园风光观赏地。站在桥头，远望萝岩诸峰层峦叠嶂，近看十八里河碧波荡漾，这里成为村民休憩的好去处。（姚友根撰稿）

望仙桥新景

保存至今的望仙桥石梁

◎高桥（新桥）

高桥位于夹塘村与虞东村之间，横跨十八里河下游，是十八里河上一座高耸的单孔石梁桥，南北走向，跨度 4.2 米，宽 1.9 米，由 2 块厚 0.32 米的石梁组成，无栏板，无石柱，两边各有 9 级石阶，桥台条石干砌平整。高桥是夹塘到永和的交通要道。

《光绪志》载：新石桥又名高桥，当十八里河之半。南到四明，北至二都，为邑东要道。建自何年莫考，光绪八年（1882）朱国泰等重修，有碑记立于桥东庙壁。

这一记载比较清楚。那块石碑就在夹塘村半路庵的墙壁旁，慷慨解囊者的名单镌刻在石碑之上。

1978年因拖拉机通行的需要，两边石阶及桥面石梁被拆除，改建为钢筋混凝土桥面。（姚友根撰稿）

◎镇虞桥（丞相桥）

镇虞桥位于夹塘村，是一座二墩三孔石梁桥，始建于明代，横跨于十八里河上，南北走向，总长度18米，南北桥梯各3米，净跨12米，中间孔5米，两边孔各3.5米，每孔3块石梁板，共9块，石梁厚32厘米，桥面宽2.3米，无桥栏板，无石柱。两边桥台略呈八字形，桥台外缘宽2.4米，南北各3级石阶。两桥墩、台帽宽2.3米，厚1.05米，西端呈半圆形，东端呈方形。桥台、桥墩条石干砌平整。

镇虞桥是十八里河上跨度最长的一座石梁桥，其中孔大，两边相对小，体现了桥孔通航上的实用性，又凸显了桥的美观度，可见中国古桥在建造上的匠心独具。

《光绪志》载：镇虞桥在新通明堰外。姚翔凤有记。亦名丞相桥，相传由宋丞相史弥远所建。明万历七年（1579），姚翔凤移西30多米重建。

这大致反映了丞相桥的来历与沿革：早在南宋时期，因姚江七里滩处的泥沙大量淤积，官船航行不便，当时，在上虞知县汪大定的努力争取下，另行开辟了四十里运河复线——十八里河，满足了官船通行的需要。这之后，丞相史弥远鼎力支持，拨款修建河岸、水闸和桥梁，使十八里河渐趋完善。

关于此桥还有个传说：早年十八里河上只有一座简易木桥供行人过往，其位置在镇虞桥东130米处。据传明朝时有一位叫施雷的官员，到浙江余姚一带探亲访友，船到十八里河下游的夹塘附近，天空中忽然乌云密布，下起了倾盆大雨，官船无法航行，只好靠岸边撑篙停泊。这时，施雷远远看见有孕妇带着一个小男孩迎着风雨正匆匆赶路，当他们刚走上由两根长木拼成的小木桥时，一股旋风袭来，把母子俩一齐吹到了桥下。施雷当即命船上侍卫抢救，无奈此时十八里河水流湍急，打捞无果。

施雷目睹这一悲惨场景，顿生怜悯之心，等风雨稍缓，即命侍从找来当地几名百姓，询问道："此桥何名？通往何方？"有老者答："此桥我们都叫'遇险桥'，是上虞到余姚的咽喉要冲，也是上虞一都夹塘到廿三都永和的必经之路，人员往来密集，人畜常会跌到桥下。"施雷听后，暗自思量，如此性命攸关的交通要道，为何多年不见改进？

施雷决定在夹塘逗留几天，并召集两都乡绅及夹塘姚翔凤等人员，商量重建"遇险桥"事宜。事关当地百姓的生命安全，两都人要携手合作，有钱出钱，无钱出力。众人说一直有意修桥，只是没人发起，如今有施公牵头，大事可成，因此都积极响应。

在姚翔凤等贤能之士的带领下，大家纷纷慷慨解囊，不吝捐资，甚至连余姚的一些农民也主动出力。经过半年多的修建，于明万历七年（1579），一座长18米、宽2.3米的石梁桥就建成了。两都人望着高耸、坚固的石桥，将其命名为"镇虞桥"，寄托了平安的含义，而民间一直流传的"丞相桥"的别称，也一直沿袭了下来。

丞相桥现状

因拖拉机行驶安全的需要，丞相桥于1976年被拆除，并在原桥位置向西约130米处改建钢筋混凝土桥，到2020年再次改建为可以通行公交车的现代桥。（姚友根撰稿）

埭坝和埭河上的桥

为使十八里河的水流不干涸，古人又建造了9条埭河，分别为：官塘埭、俞家埭、下葛埭、唐家埭、丁家埭、黄家埭、章家埭、傅家埭、甘家埭。另外还有沟通两河的东瓢河。每条埭河长约1千米，其南俱通姚江，有堤坝和涵洞，北连十八里河。

其中黄家埭受姚江潮水最多，旱则启坝涵引潮水入十八里河，涝则将积水排出姚江。且每条埭河北岸与内河港出口相对：梁凤沟水口对官塘埭，四叉港水口对俞家埭，大渣湖石湫头水口对下葛埭，大渣湖夏家湖霪水口对唐家埭，大渣湖大姚山下湖霪头水口对黄家埭，大渣湖夹塘放水弄水口（今已废）对章家埭，小渣湖铺桥头水口对傅家埭，小渣湖大湖门水口对甘家埭。九埭之外，下木桥旁土山东首有小湾埭不通姚江。

埭河在通向姚江处都有坝，有的埭河上有桥。

凝聚着智慧和心血的古代水利工程，如今还有迹可寻。

◎泽水坝

泽水坝位于虞光村，横跨于连接十八里河与姚江的东瓢河上，距今谢桥农贸市场仅 20 米。

泽水坝原长 30 余米，高 2.5 米，坝顶宽逾 4 米。设有上、下两个用青石板砌成的直径各约 1 米的方形涵洞，下涵洞长年封闭，蓄水用以农灌，上涵洞在河水上涨时流淌外泄，注入姚江，因上涵洞常有一股涓涓细流注入姚江，形同顽童撒尿般地嘀嗒作响，故人们又将此坝戏称为"撒西（尿）坝"。

泽水坝坝顶因宽畅平坦，亦被利用成为一条西到丰惠，北通夹塘，东去永和的交通要道。

泽水坝自古是一处亦坝亦路，集农灌、交通双重功能于一体的水利交通设施。

1983 年建永丰公路时，泽水坝坝顶被改造利用，拓宽成一条宽 7 米的土石公路。1994 年永丰公路路面硬化时改为水泥路面，2016 年修建丰石县道时公路油化，泽水坝坝顶亦油化成沥青路面。

泽水坝至今尚在，并仍在继续发挥着其农灌和交通的双重功能。（金炳尧撰稿）

泽水坝现况

◎官塘下坝

官塘下坝建于虞光官塘下自然村的官塘埭河上，距官塘下桥不足百米，坝呈南北走向，原坝长20余米，高3米，坝顶宽2米，距东60余米即为姚江，坝底建有一石砌涵洞用于泄水，一条简易小道从坝顶经过，方便村民下田劳作。

官塘下坝拦聚着官塘埭河水以供村民生产与生活之用，是一处集农灌、排

今日官塘下坝

涝和方便村民出入等功用于一体的水利设施。2018年时，虞光村对官塘河坝做了修整，用一个直径1米多的水泥涵管替代了原石砌涵洞，原简易小道连同坝顶同时被硬化为水泥路面。

改造后的官塘河古坝，现仍是一处具有蓄水排涝和人行交通双重功能的水利设施。（金炳尧撰稿）

◎官塘下桥

官塘下桥地处虞光官塘下自然村，建于官塘埭河上，呈南北走向，是一座单孔石梁桥，桥面并铺2块桥板，跨度3米，宽1.4米，无桥栏，无台阶，主要为方便居住于河两岸的本村人往来通行而建，也是村民下田农作、出门赶市买卖的主要进出通道。

1975年，村集体投入了人力物力在桥南新建了一处堤坝，坝面相对平坦宽

畅，因而村民进出多改走新道，此桥的通行功能虽逐渐退化，但现在仍在为部分村民的出行提供着一定的便利。

官塘下桥

保存下来的古桥

◎ 俞家坝

俞家坝地处五云村俞家埭河的东南，跨埭河，东西走向，坝的南边通姚江，北边是俞家埭河，又与十八里河相通，在埭河东端范围，河面宽广，最广处足有100米左右，因此称为方家泊，方家泊自然村的村名由此而来。

俞家坝长30米，坝顶宽4米，高3米，坝两边采用石块垒砌，坝底有涵洞，涵洞由两块大石条凿成两个半圆形拼合而成，直径1.2米，洞口有闸板控制水流，起到抗洪排涝的作用，涌潮时又能阻止姚江的咸水翻流入俞家埭河。俞家坝建于清代。

俞家坝现状

1978年涵洞改为闸槽闸门，目前俞家坝还在，也一直是通往谢桥的村道。

◎ 人和桥

人和桥始建于清代，地处五云村方家泊自然村，跨俞家埭河上游，东西走向，为单孔石涵洞，跨长10米，宽2米，无栏板，无台阶。在人和桥的旁边有一棵大樟树，至今还在，桥南300米处原有骆将军庙。

1978年因机耕路通行的需要，该桥被拓宽修改成坝。

◎ 下葛坝

下葛坝位于五云村方家泊自然村的下葛，跨下葛埭河南段，呈东西走向。坝的南首约100米处的埭河外通姚江，坝的西边约300米是俞家坝。

下葛坝长约30米，坝顶宽4米，高4米，两边采用石块垒砌，坝底有

今日下葛坝

一方形涵洞，直径约 1 米，条石干砌，并有闸门，能调节水流及控制姚江涨潮时咸水涌入。下葛坝建于清代，目前还在。

下葛坝同俞家坝一样，在 1978 年经历过维修，近年来路面拓宽至 7 米，是虞光至安渡的机动车通行道路。

◎前坝

前坝位于陈夏谢村谢家自然村西首约 100 米处，跨唐家埭河，东西走向，坝长 12 米，坝顶宽 3 米，坝高 3 米，坝身两边采用石块垒砌，坝底条石砌筑方形涵洞一处，直径 0.8 米，无闸门，坝顶青石板铺就路面。

如今的前坝

2006 年涵洞改为大瓦管，坝顶改浇混凝土，2019 年覆盖沥青路面。

在前坝的北首一段唐家埭河两岸的河坎被重新砌过，安装了木质栏杆，河西岸有一块较大的长方形广场，大部分地面铺花岗岩，沥青路，安装健身器材，四周种上花木，设置宣传栏板、停车位等，环境确实不错，是村民休闲健身的好场所。

◎唐家埭坝

唐家埭坝位于陈夏谢村谢家自然村与五云下葛自然村的交界处，跨唐家埭河，东西走向，坝的北首为唐家埭河，南首约 100 米处的埭河泊延伸入姚江。唐家埭坝长约 35 米，坝顶宽 4 米，高 3.5 米，两边用石块垒砌扶岸，坝底有一涵洞、一闸门，用以调节水流和阻止咸潮入埭河。

唐家埭坝现况

唐家埭坝始建于清代，据当地老人口耳相传，原坝位于现坝朝南约 100 米处，坝面上的路也是去谢桥、丰惠的道路。

堤坝在漫长的岁月中，尤其是汛期，泥土流失，石块松动脱落。不知何年，原坝在急流中被冲垮，不得不移到北首重建。1978 年后，政府对运河上的许多埭坝、水闸做统一检修，对涵洞、涵闸、坝面等进行硬化改建。近年因机动车通行需要，从虞光至安渡新建了一条约 7 米宽的机动车道路。（姚友根撰稿）

◎丁家埭坝

丁家埭坝位于虞东村张宋自然村东南约 100 米，拦于丁家埭河通姚江的入口处，东西走向。坝的南首通姚江，北首为丁家埭河，坝长约 30 米，坝宽 3.5 米，高 4 米，坝两边石块垒砌扶岸，坝底设涵洞、涵闸，坝上有溢洪道，用于蓄水排水。

此坝建于清代，至今还在，曾分别于 20 世纪 60 年代以及 1978 年进行过两次修缮。（姚友根撰稿）

◎黄家埭坝

黄家埭坝位于虞东村徐家的东北面，拦于黄家埭河最南首通姚江的入口处，呈东西走向，坝的南首是姚江，北首为黄家埭河，坝长 37.7 米，宽 5 米，高 4 米，两边以块石垒砌扶岸，底下设有涵洞、涵闸，坝顶有一溢洪道，坝上行人可以通行。当年建造此坝的目的是通过埭河，使十八里河与姚江之间的水系可以连接，起灌溉农田、供人饮用、排涝、交通等功能。

黄家埭坝建于清代，此坝至今还在，曾于 1978 年时进行过维修。

◎章家埭坝

章家埭坝地处虞东村的章家，离黄家埭坝约 300 米，是虞东村通姚江的第三座埭坝。拦于章家埭河通姚江的入口处，呈东西走向。坝的南首通姚江，北首是章家埭河，长约 22 米，坝宽 4 米，高 3.5 米，两边采用块石垒砌扶岸，南首伴有溢水坡（可能是后来所建），坝中设闸口。

章家埭坝建于清代，至今还在。曾于 1978 年进行过维修，坝面、坝闸等做了改建。

◎无名桥

无名桥地处夹塘村，位于高桥南面约 50 米处，跨章家埭河，呈东西走向。该桥系单孔石梁桥，长 3 米，宽 1.8 米，铺 3 块石梁，梁厚 0.28 米，水面距桥面 1.5 米，无台阶，无栏板，两端桥台条石干砌平整。古桥至今还在，始建年份不详。

20 世纪 90 年代以前夹塘去孙家、张宋、港口等村从该桥通行。近年因古桥的南首另建了钢筋混凝土桥，此桥已基本无人通行。

无名桥古意尚存

◎小桥头

小桥头地处虞东村孙家，位于姚江新桥北首约 500 米处，跨小湾埭河，呈南北走向。该桥系单孔石梁桥，长 2.5 米，宽 1.5 米，铺 2 块石梁，无桥栏，无台阶，是去往夹塘、永和的必经之路。始建年份不详。1960 年该桥被拆除，改建堤坝渠道通水。

◎长安桥

长安桥位于夹塘村塔山脚下东首，横跨塔山埭河，系一墩二孔石梁桥，每孔 2 块石板。桥面宽 1.5 米，无栏板，无台阶，总跨度 7 米，南北走向，是夹塘到安家渡的必经之路，建于清代。

此桥桥板于 1976 年因拖拉机通行需要被拆除，桥下安置涵洞，填埋桥下河道和桥台石条（现已难看到原桥石条），上面改建为钢筋混凝土路面，因埭河仍在，两边安装有防护钢板。

◎**西江桥**

西江桥位于上虞夹塘与余姚西河头交界的傅家埭河上，单孔石梁桥，并铺3块石梁，跨度长3米，宽2米，无栏板，无台阶，东西走向。西江桥主要供夹塘与西河头两地人员来往，原桥于20世纪80年代被拆除，改建混凝土桥，下面埋设两个大涵管以通水流。（以上由姚友根撰稿）

十八里河周边的桥

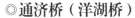

◎**通济桥（洋湖桥）**

通济桥又名洋湖桥，也叫梁凤桥，建于虞光村新堰头自然村十八里河边的后河头上。桥呈东西走向。此桥坐落于现新堰头通明自然村，东距新通明堰50米许。《光绪志》载："通济桥在东望桥侧，俗呼梁凤桥，国朝乾隆间夏天球等募修。"

通济桥桥孔已改为涵洞

通济桥原系单孔石梁桥，跨度3.2米，桥面并铺4块桥板，宽2.3米，高2.5米，无桥栏。桥两头原各有石阶4级，历来是村民通向夹塘方向的要道之一，也是萝岩、郑监山一带的村民到谢桥、丰惠赶集和走亲访友的必经之道。

1979年农用拖拉机日益增多，农村广修机耕路，通济桥在修建机耕路时被拆除重建，改成便于车辆通行的土石路面平桥。1983年通济桥桥面硬

早年的通济桥桥碑

化为水泥桥面，桥孔用 3 个 1.5 米直径的水泥涵管代作泄水通道。

1995 年建谢马线县道时，水泥桥面改建为柏油路公路桥面。

古桥虽已不见，但邻近的墙壁里还嵌着一块桥路碑，上面镌刻着建造通济桥的捐款人姓名及捐助款项，一份份沉甸甸的爱心，至今不朽！（金炳尧撰稿）

◎洞桥（永云桥）

洞桥在丰惠镇五云村，处于从丰惠至夹塘、马渚直至余姚的官道（谢马线）上，跨闸上河。《光绪志》载：永云桥即智果寺西洞桥，在四汊江水口闸下。根据位置和名字推断，洞桥就是永云桥。也证明此桥很早就有。

这是一座单孔石梁桥，东西走向，平铺 3 块石梁，长 3 米，宽 2.5 米，两边有 30 厘米石栏，无台阶。

如今的永云桥

此桥清末曾重建。新通明坝北面关帝庙墙壁里镶嵌有石碑数块，其中一块刻于清光绪壬寅年（1902）三月，对上木桥、五云桥、洞桥的修建时间及捐款者姓名和捐款数额均有记载。

1978 年，原桥被拆除，改建成钢筋混凝土桥。2020 年谢马线路面拓宽，改成沥青路。

◎五云顶桥

五云顶桥位于丰惠镇五云村的田畈上，竹孔山北面约 100 米的西首，大渣湖支流与田鸡河交界处，呈南北走向，是当年通往岙口、二都的必经之路，也为村民赴田间劳作、进行农田灌溉，以及蓄水排涝带来方便。

五云顶桥

五云顶桥为单孔石梁桥，长3米，宽1.8米，平铺3块石梁，无栏板，无台阶，两桥台条石干砌平整。

原桥至今还在，被树木芳草包围，中间一块石梁已歪斜，现基本不走该桥。该桥始建年代不详，从现存的石桥看，两桥台用规整的石条筑就，石砌平整坚固，建造质量很好。

尚存的老桥梁

◎寺昌桥

寺昌桥位于五云村大渣河支流的寺河上，呈东西走向。《万历志》载：大通桥即寺下桥，在新通明堰外。《光绪志》又补充"石湫头水口"。据此推断，寺昌桥就是大通桥，其始建年代至晚在明朝。

这是一座单孔石梁桥，长3米，宽2米，桥面由3块石梁平铺而成，无栏板，无台阶，兼有水闸的作用。该桥在丰惠、夹塘通往马渚、余姚的官道上。

寺昌桥的南首是十八里河的上游段，北首距智果寺约100米。建此桥的目的，主要是沟通和调节大渣湖水与十八里河水的水系。现被拆除石梁，改建为钢筋混凝土桥梁。桥边有水闸。

桥边的闸

◎闸上河桥（闸桥）

闸上河桥位于丰惠镇五云村洞桥头自然村，跨闸上河，东西走向，为单孔石梁桥，长4米，宽1.2米，无台阶，无栏板，桥的南首约150米处是一座洞桥，桥北有一道闸，单闸板，闸上河水通大渣湖支流。建造年代不详。

该桥闸古朴简洁，能方便当地人们的交通，保证饮用水和农田灌溉，起到蓄水排涝的作用。闸上河桥北面有大片田野，以及许多交叉的河道，河岸上最

闸上河桥现况

多曾有 50 个牛车盘，河边生长着许多葱绿的灌木，还有一棵巨大的古枫树，景色优美宁静。望着牛车盘不断地转圈，清凉的河水哗哗地流向田沟，涓涓细流分别朝着田间蜿蜒而去，一片片乡土沃野展现了田园秀美的风光。

1976 年因拖拉机通行需要，桥面做了加宽。2012 年此桥被拆除，重建成钢筋混凝土桥，桥面加宽至 6 米，成为重要的村道。

◎石桥

石桥地处五云村施家自然村，村民称其为"石桥头"，跨于大渣湖支流上，呈南北走向，通往郑监山、夹塘、谢桥等地。这是座单孔石梁桥，架设着 2 块桥板，长 2.5 米，宽 1.2 米，无栏板，无台阶。2014 年该桥拓宽改建成钢筋混凝土桥。

◎夏家板桥

夏家板桥地处丰惠镇五云村五星自然村，鲤鱼山东 60 米处，跨田鸡河上，呈南北走向，系单孔石梁桥，平铺 3 块石梁，长 3 米，宽 2 米，无栏板，无台阶。建桥年代不详。主要用于村民通行。2002 年此桥被拓宽至 6 米，原石梁板被埋于钢筋混凝土下。

夏家板桥现状

◎湖山桥

湖山桥地处夹塘村的湖山南首，与虞东村湖霪头的田畈交界，跨大渣湖支流——湖山河，南北走向，主要供村民去农田干活时通行。此桥为单孔石梁桥，长 2.5 米，1 块石梁板，宽 0.8 米，无栏板，南北两端各有 5 级台阶，桥台由块石干砌而成，桥高 3 米。始建年份不清。于 1970 年填河改路时被拆除，现为百夹线公路的一部分。

20 世纪 40 年代，湖山朝南山坡的几间草屋里居住着几户龚姓村民。其中有个叫龚伯盛的 18 岁青年，在一天深夜，被远处传来的枪声和自家狗叫声惊醒，起床后壮着胆子来到湖山桥边，发现两个气喘吁吁的人伏在桥的台阶上。对方看到他后，告诉他自己是四明山游击队队员，刚与国军发生战斗，一名同志的腿被枪弹击伤，请求乡民帮助。龚伯盛听后二话不说，立即背起伤员到自家屋内，用布条为伤员包扎止血，叫他们暂躲在屋后的稻草棚里休息，并熄灭煤灯，以防止敌人追查。第二天，他们从湖山河乘小船离开。此后，湖山成为四明山游击队的一处隐蔽的联络点，龚伯盛也常帮助游击队队员去永和、梁弄传递信息。1949 年后，他任夹塘东方红大队大队长兼党支部副书记多年。

这些湖山桥边的往事，夹塘人后来才知道。

◎湖云头桥

湖云头桥位于谢马线上夹塘与湖云头自然村的交界处，跨小河头，北通大渣湖（经湖涵坝），南通十八里河。该桥呈东西走向，系单孔石梁桥，3 块石梁板，长 3 米，宽 2.8 米，无栏板，无台阶。该桥具体始建年份不详。在 20 世纪 60 年代中期以前，通行主要走湖涵坝坝顶石板路。

1972 年因车辆通行需要，石桥改成钢筋混凝土桥，2013 年桥面部分出现断裂故拓宽重修，2017 年改建谢马线县道二级公路时该桥被再次拓宽。

如今的湖云头桥

◎广济桥

《光绪志》载：广济桥在夏家湖霪外水口堰上。即位于今夏家、陈家交界处。广济桥跨于东底河（与大渣湖支流相通），呈东西走向，桥的南首是十八里河，北首约 5 米是清代所建的夏氏宗祠。该桥是丰惠至夹塘的主要通道，建于清代。

广济桥为单孔石梁桥，长 2.5 米，平铺 3 块石梁，宽 1.8 米，两边有 0.5 米的石栏板，两端各有 3 级石阶，桥下北首仍可见高约 2 米、宽 0.12 米的石条，上有刻凿的凹槽，可能是原来的闸板放置处，闸板用于控制水流。

广济桥于 20 世纪 70 年代末被拆除，拓宽改建成钢筋混凝土桥，2019 年桥面覆盖沥青。

◎湖涵坝

湖涵坝位于陈夏谢村夏家、陈家交界处，跨于东底河中段，呈东西走向。坝的南边约 80 米处是广济桥及左旁的夏氏宗祠，北边是谢马线。该坝始建年代不详。

维修后的湖涵坝

湖涵坝长 6 米，坝顶宽 4 米，高 3 米，坝底有一方形涵洞，洞宽 1.5 米，高 2 米，坝身及涵洞均采用条石平整干砌。此坝路面主要供夏家、陈家人通行。

1984 年该坝进行了维修，加建了新闸，采用绞盘牵引闸门，用以调节水源。目前湖涵坝还在。

◎长松弄桥

长松弄桥位于夹塘村（岙口）长松弄堂，跨葛藤棚溪流，是一座单孔石梁桥，呈南北走向。该桥长 2.8 米，由 2 块石梁板组成，面宽 1.6 米，无栏板，无石阶。桥的结构简约质朴，充分利用了溪沟两边的坚硬土质。该桥始建年代无从考证，但据当地老人讲，在他们的爷爷辈时此桥已存在，其承载了漫长的历史。桥面板早被岁月磨去了棱角，变得光滑细腻。该桥是岙口人去大渣湖田间劳动或者去夹塘老街赶市及去二都横塘、百官的必经之路。

桥下的溪水来自多个山岙，弯弯绕绕的小溪像绿色的丝带，擦拭着巨石，

荡涤了细砂，穿越了村庄，再从桥下
奔腾而过。溪的左岸有一片果园，春
天里，桃花、李花次第开放，姹紫嫣红，
争奇斗艳；右边是大片的茂林修竹，
"水绕门墙竹绕堂，满窗春绿更山光"，
溪水在竹林边潺潺流淌，永不疲倦。

长松弄桥于 1978 年加宽为混凝
土桥，2008 年改县二级道路（百夹线）
时，该桥重建成钢筋混凝土桥，沥青
路面，原桥被覆于百夹线下。

长松弄桥现况

◎铺前桥

铺前桥位于夹塘铺前自然村的东首，跨桥头河。该桥系单孔石梁桥，由 3
块石梁组成，长 2.5 米，宽 2 米，无栏板，无台阶，始建年代不详。此处是上
虞通向余姚的官道，20 世纪 70 年代中期因拖拉机通行需要改为混凝土桥。

◎檀水汪桥

檀水汪桥位于夹塘村外岙口东 100 米处，跨檀水汪溪，系单孔石梁桥，长 2.5
米，平铺 2 块石梁，桥宽 1.5 米，无栏板，无石阶，通往二都、萝岩方向。始
建年代不详。于 1975 年建造机耕路时浇水泥，2019 年作为危桥被拆除，重建
成钢筋混凝土桥。

◎泥桥

泥桥地处夹塘与铺前交界处，横跨于十八里河的支流上，是上虞去余姚的
必经之所。该桥是一座单孔石梁桥，呈东西走向，长 3.5 米，桥面由 3 块石板组成，
宽 2 米，无栏板，无台阶。始建年代不详。1976 年因该段河道改成渠道，原桥
面变混凝土路面。

◎ 湖涵坝（涵洞）

湖涵坝也叫湖涵洞坝，建于明代，位于夹塘与湖涵头交界处，呈东西走向，全长60米，宽4米，高4.5米。坝基采用两边石块、中间泥石的方案砌筑。坝中间有一长方形的涵洞，用条石干砌，约5米×1米×1.2米，在涵洞的北端有一闸门。坝的路面铺着青石板，其为丰惠至夹塘官道的一部分。

坝的北首是大渣湖，南首是十八里河支流。此坝起着调节大渣湖部分水源的作用，当大渣湖水量不足时，十八里河水通过涵洞闸门流入大渣湖；当大渣湖湖水满溢时则水流排入十八里河。20世纪60年代后拆除涵洞改建成坝闸，而这条坝路也被西侧的民房阻断，早已不通。（本节除另有署名外均由姚友根撰稿）

如今的湖涵坝

后新河流域

　　《万历志》云："后新河，在县北，永乐九年，鄞人郏度因通明江七里滩阻塞不便，上言将县后旧沟开浚，置西黄浦桥，直抵郑监山堰，置新通明坝。"从中可知，后新河是指从西黄浦桥到落马桥、郑监山堰的这段运河，也称后沟，其长度约为 10 里（5000 米），故老百姓常称十里河。开挖这条运河，一使过境船只绕过了县城，二避开了七里滩的泥沙淤积，因此，其为古代一项重大的交通水利工程，从此水运畅通无阻。

　　因西黄浦桥到落马桥这部分属于四十里河的一段，河上的桥梁已在前文中讲到，落马桥到新通明坝这一段河上的桥放在本篇，与十八里河一样，后新河与姚江相平行，之间有钱家埭、葛家埭 2 条埭河，如今钱家埭河上还有倒还坝和张家埭。

　　丰惠之北，也有一条东西横亘的山脉，从五癸山到萝岩山，群峰如屏，自西向东蔓延了十多里，称十里后山，其纵深虽不及南面的百楼山，但也有条条溪流从山的褶皱处奔涌而下，潺潺汇入后新河中，为航行和灌溉补充水源。这一带按现在的行政区划分，属于丰惠镇的东光、后山、北门、东门、虞光等行政村，溪上之桥在本篇中介绍。

　　这一带的桥以溪桥为主，单孔石梁，相对简单，多数已经过改造，原貌不再，但溪涧之上、荒野之中，还有几座古朴的老桥，令人惊喜。

后新河及埭坝周边

◎ 十里河桥

十里河桥位于丰惠镇后山村萝岩自然村十里河上，南有梁王庙。因十里河与四十里河相通，老百姓口耳相传中，常会听错传偏，以至于称其为"四十里河"，这可算是口误。为避免与四十里河相混淆，现在有很多群众更乐意称之为"十里河桥"。

十里河桥

河北岸的沿河道路原地面均由红石板铺设，曾是后山及周边萝岩、西堰头、后二等村的村民进出丰惠的必经之路，也是旧时男女老少玩耍嬉戏、散步约会的首选之地。后山村古桥所描述的"十里河沿岸石桥"均系此沿河道路上南北走向的桥梁。

十里河桥南北走向，始建于1956年，原系木质平桥，桥板由枫树板拼拢而成，厚度8厘米，宽3米，两墩三桥洞，两侧无栏杆，桥长35米，早期的小型拖拉机能行驶。

据了解，原先建造此桥的时候，选取的地址并不在此处。因考虑到萝岩村有部分田地被分在了十里河的南岸，若要去这些田畈，需摆渡过河，再过马路，然后绕庙上村堡，前后需花费1小时左右的时间，十分不便。因而，最终在距离渡船埠头约250米处建起了这座木桥。

渡船埠头如今遗迹尚存，北岸河边浅水处可见一些散落的石板、石块，南岸的埠头更完整，仍在使用。

渡口遗迹

桥建成后，极大地方便了村民的出行。萝岩人去田畈、灯塔人往山里都须经过此桥，十里河木桥深深地烙在了乡亲们的记忆里。

20 世纪 70 年代中期，木桥经岁月风雨侵蚀逐渐老化，还被生产队去丰惠换公粮的船只撞断了桥墩，桥身倾斜，成为危桥。遂于 1975 年前后将木桥改建成石桥，建桥所用条石是村里人乘船从其他地方运来的，桥面由 5 块桥板组成，宽 2.6 米，跨度 4 米多，桥面两头用水泥浇筑，全桥长 35 米。

十里河桥是目前后山村保存最完整、规模最大的桥，虽不算古老，倒也有一番古韵。

桥东侧茂盛的木莲藤成了天然桥栏，郁郁葱葱的藤蔓，悬垂于河面的藤枝，奔流的溪水在藤枝的掩映下吟唱着田园牧歌，使十里河桥增添了一分山村水乡的迷人韵味。

十里河桥的南首建有梁王庙。据载，今虞光村戴巷畈庙上村的梁王庙，始建年代不详，世传祀奉的是梁武帝。1966 年被拆毁。2007 年，邑人张苗钦募资重建。供梁武帝，并祀桑二侯王汉保于侧。广圆寺附设于内。

侧看十里河桥

关于桑二侯王，相传萝岩山下有桑宪保兄弟 10 人，有一天，老虎将他们的母亲衔去，窜入萝岩山中。兄弟 10 人为救母亲，把萝岩山团团围住，最终合力捕获老虎，救出母亲。由于桑家兄弟为人豪爽，乐善好施，时常帮助乡邻，于是，人们在萝岩山四周分别建起了 10 座庙宇，梁王庙侧附祀桑二侯王。（甄秀丽撰稿）

◎高马路渡和建设桥

说到跨越后新河的渡口，还有一个高马路渡，其北岸有路可到萝岩山下，南岸是高马路头自然村的五间楼，古有石板路可到谢桥、通明等地。

渡船是一种专用于内河摆渡的船只，船体呈四方形，因其形状像稻桶而又叫稻桶船。渡船边长各 2.5 米左右，船高 0.7—0.8 米，船底有可活动的舱板做夹层，

便于船底有渗水可戽出。船舷做得比一般船只宽厚，能缓冲船体和岸边埠头的擦碰，减轻对船体的损伤，另外在满载时，宽体的船舷还能增加船在水面的稳定性。

渡船两侧各有一条用稻草打成的绳索，叫稻草索，长度略大于河的宽度。稻草索一端固定在船埠头，另一端系在船舷上，使用时，如果船在对岸，就用双手交替把绳索拉过来，绳索自然地盘叠在埠头石板上，人员上船后，拉动船上另一侧的绳索，将其盘叠进船舱里，此时身后在埠头上的绳索就会释放入水。如果船在需摆渡人的一侧，只需上船后直接拉动到对岸的绳索即可。

为什么用于船渡的绳索不用其他的材料做成，比如拉力强、防水耐腐烂的棕绳或麻绳，而用拉力并不强，且不耐水又易腐烂的稻草？这可能是因为稻草取材容易，成本低，换新容易，也可能是因为渡船在水里移动不需要大的拉力，而且稻草索吸水后重量增加，能很快沉入水底，不会影响其他船只通行，另外，沉重的稻草索也能使渡船固定在埠头而不至于漂动在河中。

丰惠早年还有蔡山渡、华家渡、唐家汇渡、梁王庙渡等渡口，最后消失的是高马路渡，直到1977年钢筋水泥拱片桥在渡口西边建成，渡船才完成了它的历史使命。

渡船是人类早期的过河工具，是桥的前身。桥梁的发展，经历了从渡船到竹桥、木桥，再到石桥，直到现代的钢筋混凝土桥、斜拉桥的历史，反映了生产力的发展。古代渡船的发明使用，同样是劳动人民智慧的结晶。

取代船渡的桥梁叫建设桥，也叫向东桥，在高马路渡西边120米处，是1977年新建的钢筋混凝土拱片桥，桥长15米，宽3.5米，桥北新修机耕路直达后山村，桥南机耕路通到丰永公路。21世纪初，原水泥拱桥因成危桥而被拆掉，改成单跨钢筋混凝土平梁桥，桥跨河4.8米，宽6米，离水面2.5米，两端桥台用石块加水泥铺浆勾缝砌筑，桥基河底用钢筋混凝土整体浇注。桥南北的道路也同步加宽硬化。（陈培加撰稿）

渡口旧址

◎张家坝

张家坝是钱家埭河上的水坝，地处虞光灯塔村和黄浦村高马路头的分界处，坝全长25米，坝顶宽2米，可供人畜通行，坝高2.2米，底有青石板砌就的通水涵洞，北首为天打潭，与十里河贯通，可引十里河水经坝下涵洞进入埭河，进行农田灌溉，既是一处简易的农田水利设施，也是一条附近村民去田间耕作的农耕通道。

2013年，张家坝改石涵洞为水泥涵管。

现张家坝尚在，继续担负着农田灌溉和人行交通的功能。（金炳尧撰稿）

今日张家坝

◎倒还坝

倒还坝地处虞光灯塔村西侧的一个小村落，距通明坝500米，坝南即为运河，北与十里河相通，东西走向。大坝初建时以石砌成，因离运河近，水位落差大，加上坝基土质松软，一经洪涝侵袭经常倒塌，故以"倒还坝"称之。

原坝高2米，坝顶宽2.5米，全坝长30米，分设上下两个用青石板砌成的方形涵洞，直径0.7米。下涵洞口常用石板封盖，上涵洞将余水注入姚江。

倒还坝是一处亦坝亦路的交通水利设施，坝西通往丰惠，坝东通向谢桥，是谢桥、夹塘方向群众往来的交通要道。

大坝坐落在倒还坝自然村西侧的钱家埭河上，拦截从十里河引入的河水，将其集聚于埭河，既用于埭河两岸的农田灌溉，又保障了村民的生活生产用水。

1975年时，因农用拖拉机日渐增多，农村兴起修机耕路的热潮，大坝坝顶亦建为简易机耕路面。

1981年建丰永公路时，大坝亦被利用，两边砌石，坝顶增高并拓宽为土石公路面。1995年，谢桥至丰段路面硬化，倒还坝坝顶亦随同硬化为水泥路，

2016 年建丰石县道时改为柏油路。

倒还坝虽几经改造扩建，但其农灌、交通、生活的三重功能，至今仍在。（金炳尧撰稿）

◎安庆桥

当地人叫安庆桥为奈何桥，其位于东黄浦桥东 200 米，岳庙桥西 50 米的四十里河北岸，东西走向，跨四十里河边的庙河兜（河湾），现属东门村。该桥系单孔石梁板，并铺 3 块桥板，桥长 3 米，桥面宽 1.5 米，两侧有 50 厘米高的桥栏，桥两端各有 3 级台阶。此桥为丰惠东门外去通明坝、谢桥方向的主要通道。

《光绪志》记载："安庆桥在县东，超凡埭河、张家坝南数十步。"《上虞通明钱氏宗谱》记载："安庆桥在县东文昌阁南，乾隆五十六年孝字行学参公建。"这大概是此桥的始建时间。桥东北边的先农祠、奎文祠、奎文塔早已是废墟，只是桥南边的罗星亭在 20 世纪 60 年代还在水中。1966 年改台阶为斜坡。20 世纪 70 年代初，在建机耕路时，安庆桥被改建。1993 年，安庆桥被覆盖于永丰公路之下。

安庆桥因河对面的东岳庙有阎罗殿又被称作奈何桥，每年农历九月十二，民间有"走桥会"的习俗，奈何桥上会热闹一番。附近的信女们前来这里参加走桥会，场面十分热闹。（陈培加撰稿）

◎还云桥

还云桥地处虞东灯塔自然村钱家东首，距运河 100 余米，跨老沟而建，东西走向，2 块桥板并铺于桥面，跨度 1.5 米，宽 1.2 米，无栏杆，无台阶，是一座单孔石梁小桥。

此桥原有一条石板小道与其连接，西通丰惠，东通夹塘，是附近一带群众进城经商买卖、赴市赶集的主要通道，也是当地村民到田畈耕作的进出要道。2004 年丽水移民在此处建造安置房，桥被拆除，现桥已无存。（金炳尧撰稿）

东光村的桥

◎陈家桥

陈家桥在东光五婆岭自然村，跨上溪，北面距双板桥 300 米，原溪桥有 2 块桥梁石，长 3 米余，桥宽约 1.2 米，无桥栏，无台阶。

陈家桥是五婆岭自然村去丰惠的跨溪通道。1969 年，桥梁石加至 4 块，3 块宽 1 块窄。1994 年，陈家桥改建成简易公路桥。2013 年，陈家桥改建成双车道钢筋混凝土公路桥，现有公交班车经过。

新公路桥长 7 米，宽 6 米，钢筋混凝土桥栏。

◎五婆岭下闸桥

五婆岭下闸桥位于陈家桥东北方向 600 多米处，南北走向，跨上溪，上铺 2 块桥板，长约 3.3 米，宽约 1.2 米，两侧桥台有闸槽。闸桥是五婆岭自然村和东光村等地的跨溪通道。

相传古代五婆岭下有湖，湖边有建于晋代的寺院，此闸用于抬高溪流水位，给湖中供水。如今此闸早已废弃不用，石闸板一直搁置在桥边的溪岸，湖和寺院早已不见踪影，成了口耳相传的故事。

重修后的闸桥

20 世纪 60 年代末，闸桥改建成机耕路桥，1994 年改建成简易公路桥，2017 年新丰驿公路桥建成后，保留了老公路桥。

闸桥北面的五婆岭上，现在的五婆岭古泉上面，有一条传统古道，原有三开间的路亭，亭内一侧有供人休息的石凳，路亭后有庙（一说庵），有正屋三间，侧屋两间，石板古道穿亭而过。1983 年后，庵庙拆除，保留路亭，三年后路亭因失修而倒塌，古道也因另有新路而被废弃，现在还可见五婆岭路亭的地基石。

◎屈黎河上的小桥

屈黎河是一条沿百丰公路北侧流淌的小河，水源来自小岙等山地，西至屈家堡，东至黎家，全长 2000 余米，西边原先和屈家河相接，屈家河又通过水闸和皂李湖相通，因此东光村一带的农田被称作皂李湖田。

丰惠素有十里后山之说，东光后山在最西边，这里的山脚缓坡长，屈黎河北面，自西向东，分布着小岙、毛竹蓬、罗家、溪头、竺郎畈、曹家、黎家等几个自然村，这些自然村的村民去四十里河边上的田畈劳动，各自都要经过屈黎河上对应的 6 座小桥。

这些小桥都是由两块石梁和简易的石砌桥台构成，长度 3 米左右，桥宽 1.2—1.5 米，桥跨度在 2 米左右，无桥栏，有少量台阶，建造年代和百丰公路一样在1948 年。20 世纪七八十年代，这些小桥中，有的用混凝土做桥梁板加宽，可以通手扶拖拉机，近年来为了通行汽车，各桥已用钢筋混凝土加宽加厚，桥台和桥沿仍是石块加水泥浆砌筑，宽度 4—5 米，桥跨度依旧不变。

这 6 座小桥无名，为了叙述，以各桥对应的自然村临时取名，从西向东，依次为小岙桥、毛竹蓬桥、罗家桥、溪头桥、竺郎畈桥（两座）。

附照片如下。

小岙桥

毛竹蓬桥

罗家桥

溪头桥

竺郎畈桥

◎ 东进闸桥

发源于东光小岙的屈黎河，依百丰公路北边向东流淌，和发源于孝闻岭和馒头山的曹家大溪汇合后，穿百丰公路向南，在一个叫长槽口子的地方流入四十里河。其中公路以南入河段系 1968 年新挖宽的河道。

东进闸位于长槽口，这里是四十里河北岸的一处河湾。长槽口曾经是柴船码头，山民的叶柴挑到这里交易装船。

闸桥建于 1968 年，全闸桥长 10 米，闸门宽 3.5 米，钢筋混凝土闸门，原先是手工绞盘，现在实现电动启闭。

东进闸建成后，涝可开闸排水，旱可闭闸蓄水，以保证闸内东光村 1000 多亩农田的排灌需要。

从东进闸内侧闸体两边各有两道闸槽来看，东进闸还可以用木制闸板人工

东进闸桥

操作，这种双道木板泥心闸槽，可保证闸上游在需要河水时不泄漏。

水闸主闸门旁边还有一道宽度为1米的附属闸，再旁边是抽水机埠，农灌期间可以从四十里河抽水向屈黎河和曹家大溪补充水源。

现在东进闸桥两边全部地区已建成工业园区，水闸设施完整，仍可使用。

◎小洋桥和洋桥闸

小洋桥位于早先屈黎河通向四十里河的河流上，桥北面稍远是竺郎畈，东西走向，是1948年建设百丰公路时所修建的，可能是建桥用上了水泥，且桥不大，所以才叫小洋桥。

小洋桥现在看来更像公路下的涵洞，桥南侧的小河流向四十里河，出口处在古西黄浦桥旁边。

桥北侧是洋桥闸，洋桥闸建于1965年，用双道泥心木闸板启闭，后改成钢筋混凝土闸门，宽2米，用螺杆上置绞盘手动启闭。

洋桥闸涝时开闸泄洪，旱时闭闸蓄水，以满足屈黎河的排灌需要，现在水闸保存完整，仍在使用。

小洋桥

洋桥闸

◎公司桥

公司桥位于五癸山南麓的丰惠至驿亭的传统古道上，南北走向，跨一条从馒头山流下来的小溪，因早先桥南有个公司墙门而叫公司桥。

公司桥是一座溪桥，上铺 2 块石梁，桥长 3 米，净跨 2.5 米，桥宽 3.4 米，两端桥台用块石干砌，西侧桥栏还保留一块长 2.3 长、高 0.55 米的石桥栏，无台阶。原桥除后来稍有加宽，桥面铺混凝土外，基本保持原样。

在桥的南边，以前有一路亭，旁边有成立于 20 世纪 20 年代的金泽（植）公司，是否是金泽公司已无从考证，公司经营青梅、茶叶等土特产，据传后山的青梅是该公司引进推广的。其建筑的房屋叫公司墙门，公司墙门和路亭在1956 年的台风中被损毁，后无修复，现在已无踪迹可寻，桥附近现有民房，名称还叫公司里。

公司桥

公司桥已被遮掩在杂草荆棘中，桥下的小溪还在流，桥南树林中的古道还隐约可见，但石板早已找不到了。

2019 年，连接丰驿线和丰夹线的后山沥青公路贯通，公司桥就在此公路边上，离丰驿线连接处约百米。

◎上溪坝桥

上溪坝桥位于东光大园，跨曹家大溪，东西走向，桥西是老驿丰公路，桥东偏北 300 米处是西赤石夫人庙。该桥系单孔石梁桥，有石梁 3 块，桥梁长 3 米，宽 2 米，无桥栏，无台阶，因古时桥下有垒水坝而叫溪坝桥。20 世纪 60 年代，东光村在上溪坝桥东首桥头设立抽水机埠，利用从东进闸抽上来的四十里河水，进行二级翻水，通过桥北面的跨溪引水槽往西向竺郎畈等地供水，往东向曹家和黎家的田畈供水。

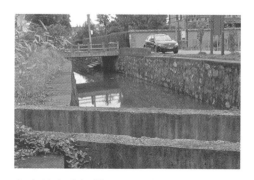

如今的上溪坝桥

上溪坝桥早先是竺郎畈等自然村与黎家及西赤石夫人庙方向往来的主要通道，2015 年已重建，尚有老桥脚

遗存。

新上溪坝桥长 6.4 米，宽 6.5 米，桥上设混凝土柱加钢管桥栏。

◎双板桥和红板桥

两桥均位于五婆岭下的上溪，上溪发源于孝闻岭，向南流入四十里河。

双板桥为单孔石梁桥，跨上溪，西北—东南走向，并铺 2 块石梁。梁长 3 米，桥宽 1.5 米，石砌桥台，无桥栏，无台阶。20 世纪 80 年代初，为了通机耕路，石桥拆除，旁边建钢筋混凝土梁桥，2019 年驿丰公路新建，上溪整治，部分改道，后两边砌石，水泥梁桥重新改建。

红板桥位于双板桥北面，跨上溪，南北走向，单孔石梁桥，并铺 2 块石梁，梁长 3 米，桥宽 1.2 米，石砌桥台，无桥栏，无台阶。此桥因桥梁石呈红色而称红板桥。双板桥和红板桥相距约 350 米。

2019 年，红板桥拆除，下面的溪改道东移，新建钢筋混凝土梁桥，古桥遗址在新桥西边 15 米处。

以上两桥是古代上虞县城北门外去驿亭、小越和虞北各地的通道，20 世纪 20 年代，乡贤陈春澜捐资在从小越到驿亭翻孝闻岭至上虞县城的道路上铺设石板。经过双板桥和红板桥的道路，中间用石板，两边用鹅卵石铺成；同时对这两座桥进行了重修。参与捐资的，还有潘家陡乡绅宋白楼。（以上由陈培加撰稿）

后山村古桥

◎五婆岭溪桥

五婆岭溪桥地处后山村创业五婆岭方向，为单孔石梁平桥，南北走向，建造年代不详。桥旁曾建有泥墙屋凉亭。

五婆岭溪桥曾是周边百姓出入的主要交通通道，后山人去往丰惠赶集、上学，北门谢家、东光黎家的农人进山，都经由此路，早先的道路为石弹路面。

道路往北，可直达横塘五夫营房。
1949 年后，有中国人民解放军浙江省
军区所属部队驻扎于此。因此，村里
上了年纪的老人常能回忆起军队步伐
整齐、列队过桥的场景。

五婆岭溪桥

因村庄建设、道路改造，此路后
来仅作为村民出入田畈之用，目前桥
板尚在，但因有泥土覆盖，桥面已不
可见，两侧桥墩有移位，可见粗大厚实的石桥块件，溪水也依然潺潺不息。

◎ 东落马桥

丰惠之东有落马桥，是古县城的重要地标性建筑。但在后山村，也有同名
的落马桥，且有东西两座。

此处的落马桥之名，相传与王阳明塾师许璋有关。许璋，字半珪，是传说
中上虞古代的"三仙六奇人"之一，也是对王阳明学说影响较大的人。在《惠
保堂许氏家谱》的名人列传中，有"王阳明塾师许璋"篇。古虞许氏的聚居地
在今丰惠东门外，而东门外人与后山人素来联系紧密。相传许璋先生曾居住于

萝岩山脚，王阳明骑马到后山拜望老
师时，过桥须牵马步行，后人为纪念
这位大贤，将此地的几座桥称为"落
马桥"。

东乐河是后山村沿线地段的主要
河道，与四十里河相通，河面宽 3 米，
早先河上船来船往，十分热闹。相距
200 米左右，分别建有东、西两座落
马桥。

东落马桥

东落马桥地处后山创业东乐河三界池上，南北走向，通东门落马桥，系单
孔石梁平桥，长 4 米，宽 3 米，并铺有 4 块桥板，桥上拖拉机能够通行，桥下
可过脚划船。早先有创业人迁居到落马桥，他们回村里田地劳作都通行此桥。

目前，东落马桥还在使用，因桥板断裂几经修筑，原先的4块桥板两边各少了一块，剩下两块桥板供人出入行走。

◎西落马桥

西落马桥位于后山村创业"后八亩"东乐河上，南北走向，单孔石梁桥，桥面用宽40厘米的3块石板平铺，桥墩及桥边石块有不少是牌坊柱石垒砌叠铺。河面宽1.2米，长4米，十分结实坚固，桥下可容人撑船经过。据村民回忆，几十年前，船到西落马桥旁，货物装上卸下，一艘艘载着田地山林里收获的农作物去丰惠城里售卖，回程则带回草木灰、粪肥。

桥旁是创业一队的田畈，队里村民常于此下河撑船罱取河泥，那肥沃的河泥，

黑得发乌，油光闪亮，铲入田地里，既可做基肥，也可做追肥。后来，由于河道堵塞，河床抬高，影响水流通畅，桥于2012年前后被拆除。目前河两岸散落有部分石桥块石构件，看上去粗犷厚实。

西落马桥遗迹

◎溪层头桥

溪层头桥位于后山村后二泉池墩，跨于北海溪上，南北走向，通落马桥，为单孔石梁桥，上铺5块60厘米桥板，桥宽3米。后来桥板从5块增加到7块，桥面更加开阔，村民出入行走便利，车辆亦可通行。2004年道路建设时，桥被覆盖，桥板未动，仍在地面之下。

据村民介绍，早先，桥东北首曾是草木丛生的"刺柴窠"，人一进入，便陷身其中，难以出来，这里也一度成为老百姓躲避战火和劫掠之处。

有上了年纪的长者回忆，听其祖辈说，桥西南田畈里，曾挖掘出数不清的轮船桅杆和残破的船只构件，或许在遥远的年代，这里曾有极宽阔的大江大河，也曾经桨橹声声，白帆点点。

◎棋盘桥

棋盘桥地处后山村后一自然村，东西走向，位于蚂蟥钉上游的棋盘里，故称棋盘桥。棋盘名来自萝岩山上的棋盘石。此桥与接下来记录的蚂蟥钉桥、公司独板桥一样，均系大岙溪上古桥。

棋盘桥最初仅有独块桥板，后改建为3块桥板，之后再次扩宽桥面。桥的四周较多住户，其既是山民运输田地山林作物的通道，也是百姓出入村庄的便捷路。2004年前后，公路拓宽时，桥被埋于地下。如今，还能在桥址处看到古桥痕迹，有溪水顺流而下，从10厘米厚的桥板下流过，不疾不徐，流过春夏秋冬。

棋盘桥现况

◎蚂蟥钉桥

蚂蟥钉桥地处后山村后一自然村，天打潭西首。因为其位于蚂蟥钉下游，故有此桥名。该桥系单孔石梁桥，东西走向，铺有2块桥板，长约2米，虞东后山、高峰人、通明西堰头人出入都过此桥。原来的溪流很宽，靠南喇叭口更是开阔，彼时撑船往来频繁无阻。桥边道路，先为泥路，后拓宽为机耕路，到20世纪80年代末90年代初，道路拓宽硬化，桥隐于地下。另外，在天打潭东首有观龙桥，与西边的还云桥相对，桥的结构与蚂蟥钉桥相似。

◎科三房溪桥

科三房溪桥位于后山村老科三房，以地名为桥名，桥下溪流为乌龟岙溪，流经盛家来到科三房。桥为单孔石梁桥，由宽40厘米、厚15厘米的2块桥板组成，桥宽80厘米，长1.5米，东西走向。此桥处于村中位置，是老科三房、新科三房、盛家、高峰等百姓出入之要道。多年来，溪桥屡次垂危，曾经过多次维修。至于具体是哪一年做路平桥，很多人回忆不起，只记得1964年时科

三房溪桥还在，1974 年小拖拉机也还能过此桥。

科三房溪桥

如今溪流依然流经此处，溪水过处，也可看见零星散落的一些石材构件，这是古桥历史最好的见证。

桥旁有水潭，名曰眼睛潭，确实潭如其名，山间泉水汩汩而下，潭水终年不枯不竭，清澈见底，供人们洗漱之用。

◎严家溪桥

严家溪桥遗迹

严家溪桥位于后山村萝岩自然村的严家溪之上，十里河桥北首，始建年代早于十里河桥，与十里河桥紧密相连，东西走向，为单孔石桥。该桥桥面宽1 米，由 50 厘米的 2 块桥板组成，桥板厚 30 厘米。其为十里河沿岸石桥之一，早先去余姚或丰惠均须经过此桥。后来交通逐渐发达，此桥的重要性逐渐减弱，加之年久失修，最终倒掉后不再修复。目前桥已不在,但遗痕可辨。

◎三界岭桥

三界岭桥亦名耕余桥，位于后山村后一自然村许家畈，东西走向，桥下小河为新源河支河，另一侧与十里河相连，为十里河沿岸石桥之一。耕余桥的桥名，出自成语"耕三余一"，反映了劳动人民对粮食储备的重视和对丰收的祈盼。不过，在后山村，大

三界岭桥

家只知三界岭桥，问起"耕余桥"则无人知晓，猜测是"耕余"二字绕口，不易喊响之故。

　　三界岭桥为单孔石板桥，上铺设 0.65 米宽、0.2 米厚的桥板 2 块，桥面宽 1.3 米，桥板长 3.5 米，两侧还有引桥各 3 米，总长 9.5 米。两侧桥墩由石块垒砌，结构紧密，显得十分坚固。桥旁，特别是引桥上，藤枝破缝而出，遒劲缠绕，尽显沧桑古意。

石板保存完好

桥台上的石阶

　　据当地上了年纪的老人介绍，桥板北侧面"1963 年造"字样，应为重建年份，具体建造时间已不可考。随着时间推移，三界岭桥已逐渐失去其作为进出要道的功能，但仍是村民在田畈间行走的通道。

老桥的石材

◎观龙桥

　　观龙桥位于后山村建设自然村陆家畈，十里河北岸，高马路天打潭东北首约 100 米处。

　　相传很久以前，曾有官员在此下船登岸，观萝岩山挺拔俊秀，赞叹不已。因当地百姓也称萝岩山为龙岩山，

观龙桥

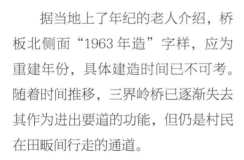

故此地有了"观龙口"之名，桥亦称"观龙桥"。又因与朝廷官员之渊源，当地也有百姓认为应是"官龙"二字。

然而，细看桥的侧面，依稀还能看到镌刻着的桥名——"平安桥"，这大概是俗名与大名的区别。边上还镌刻有始建或重建此桥的年份，受风雨侵蚀，字迹已变得很模糊，经反复辨认，确定是"光绪庚子年"，亦即 1900 年。

桥侧的石刻

桥台边的石板

观龙桥为单孔石板桥，与十里河相连，东西走向，桥面并铺 50 厘米宽、20 厘米厚的 3 块桥板。桥面宽 1.5 米，桥板长约 3 米。目前的 3 块桥板之间有较大的缝隙，系 20 世纪 80 年代群众为双轮车出入之便，移动桥板以扩大桥面之故，早先的 3 块桥板之间是严丝合缝的。

两台由条石干砌而成，用材考究，平整结实，虽经岁月的磨砺，仍坚固如初，不曾走样。

古朴的桥梁

观龙桥为十里河沿岸保护完好的古石桥之一。随着时代的变迁，村庄内新的道路在不断拓展和延伸，观龙桥随之变得冷清，但它依然默默伫立，为在田畈劳作的村民群众提供跨溪便利。古桥凹凸不平的桥面，粗糙斑驳的外观，与桥头的枯枝虬藤相配合，给人一种古朴沧桑的美感。（本节由甄秀丽撰稿）

北门村的古桥

◎驼背桥

此桥还有人叫西落桥，位于丰惠古城北门外，元贞桥往北偏西 150 米处，东西走向，跨羊肚皮河，为单孔石梁桥，独块石梁，长约 3.5 米，宽约 1.2 米，桥两端各有 3 米长的桥台，条石叠砌，因其石梁板向上呈弓形像驼背，所以叫驼背桥。驼背桥跨过的河，有一处河兜较宽，形似山羊的肚皮，羊肚皮河名字由此而来。

驼背桥是古代上虞古城出北门与虞北各地往来的过河通道，桥两端有石板路，石板古道往北经五癸山西麓的五婆岭、孝闻岭直到驿亭、小越等地。20 世纪 90 年代末，在丰惠工业园区扩建中，羊肚皮河被填埋，驼背桥被改成地下水泥涵管。

◎狗颈桥

狗颈桥位于丰惠城北的四十里河南岸，元贞桥西边，布谷岭的北面，城北护城河在狗颈桥下和四十里河相通。四十里河的船只通过狗颈桥，经护城河向东可到东门吊桥进入街河，向西南经茶亭桥（西门吊桥）可去西溪湖各地。

狗颈桥很早就有，《万历志》载："由北门出……过西曰狗颈桥。"因狗颈之名不雅，有人便将其雅化为"久敬桥"。

狗颈桥为单孔石梁桥，东西走向，上置 2 块跨度为 3 米的石梁，桥宽 1.5 米，桥台用长条石筑砌，无桥栏，桥两端各有台阶 3 级，桥下可通一般农船。

从东黄浦桥到西黄浦桥，纤路在运河的南岸，狗颈桥为纤路桥，凡是拉纤者都得从狗颈桥上经过。1978 年，三溪至丰惠的丰三河开挖，古桥拆掉后改建成钢筋水泥拱式桥，改名丰三桥，丰三河仍从桥下汇入四十里河。2008 年运河拓宽时，丰三桥被拆除。2016 年，原址旁边新建钢筋混凝土梁式桥。

新丰三桥全长30米，全宽3米，净跨22米，两端各有台阶20级，全桥两边有水泥护栏。新的丰三桥，连接了运河边上的观赏步道，已成为丰惠古城沿运河的景点之一。

运河上拉纤撑船已成为过往历史，狗颈桥也成了老年人心中的记忆。

新丰三桥

◎路亭桥

路亭桥位于古城北门外的四十里河北岸，羊肚皮河在流过路亭桥后汇入四十里河。路亭桥北面是驼背桥，东边是元贞桥，因桥边有古代出北门第一亭而叫路亭桥。

路亭桥东西走向，跨羊肚皮河，为单孔石梁桥，上铺2块石梁，跨度3米，桥宽约1.5米，有台阶2级，无桥栏。

路亭桥是古县城出北门经元贞桥后去虞北各地的跨河通道。桥不高，只能进出河泥船等一般农船。

2007年，运河拓宽，路亭桥被拆除。（本节由陈培加撰稿）

附录：丰惠古桥散文选

去丰惠，看一座古桥

吴仲尧

三月，这个时节的江南草长莺飞，植被渐盛。我穿过幽长而宁静的弄堂，沿着被时光雕刻成斑驳的石板路，走进千年古镇丰惠，去看镇上最具代表性的一座古桥。

我读过许多关于这座古桥的文字，但没有机会亲近它，这些年来，古桥便一直惦记在心间，似童年往事，念念不忘。当我头上的白发写满沧桑，经学生引荐，终于有了一次看望古桥的机会。据史料记载，古桥初建于宋，为单孔石拱桥，后有元代等慈寺僧人永贻等化缘重建，得名等慈桥。又因桥上有九尊石狮，故重名为九狮桥。抗战时期，侵略者无情的炮火摧毁了璀璨的文明，用来"镇桥"的九尊石狮难逃一劫，现已无迹可寻。幸亏桥身依旧，经受了800多年风雨的磨砺，那一弯飞虹似的桥洞固若金汤，石与石的砌缝仍十分紧密，在古代没有钢筋、混凝土等建造材料和起重机械，能把石块砌置得如此严丝合缝，不得不佩服当时造桥匠师们的手艺和智慧。

驻足桥头，看层层叠叠布满桥身的木莲，应和着季节，在不断悄悄吐放着

新绿。这些木莲为等慈桥遮风挡雨，无怨无悔，到底有多少年了，已无从考证。但木莲与古桥相得益彰，相依相伴，携手共度漫长的悠悠岁月。石缝里长着一蓬蓬绿油油的野草，仿佛没有经历过风雨侵蚀和严寒摧残似的，沐浴春光，恣意生长。桥西侧有一株葳蕤的广玉兰，那一树绚丽的粉红，正如周身散发着青春气息的少女，与等慈桥的苍老形成鲜明对比。

俯视桥下流淌千年的街河，依旧流水潺潺，只是再也寻觅不到往日船来舟往、官员迎送、商贾云集的热闹场面。唯有临河错落有致的民舍的倒影，在粼粼波光中不断变幻出一幅幅灵动的水乡风情画。桥墩旁停泊着两只乌篷船，有游客或坐在船头拍照，或抚着船舷临水照影。一级级条石铺就的河埠头，苔藓沾染，泛出幽幽的青色，鲜见有主妇蹲在埠头边洗涤衣服被褥的情景。时间在向前流淌，流淌的时间已然还给了街河流水的澄澈，绿得似一条翡翠色的绸带，清得能看到水底游弋的鱼虾。小桥流水，这可是江南古镇不可或缺的重要元素与灵魂啊。不管老街怎样灰白、老去，只要这一泓荡漾的碧波能得以永远年轻、清亮，那么，再幽暗的时光也会是多么透明呵。

拾级而上，只见桥面上一块块被风霜雨雪打磨得光滑的青石板，镌刻着岁月的痕迹，看上去却依然坚不可摧。我下意识地生发出一种感喟，这模样，多么像父辈们被生活的重担压得弯曲，近乎有点变形的脊梁，年年岁岁，就这样承载着人们的喜悦，当然也承载着人们的困惑与艰辛，在风雨中飘摇，在月光下默立。古桥缄默，静谧悠闲，面对世间喧嚣浮华，便是淡淡的莞尔一笑。

走上桥顶，我伸手抚摸石栏，犹如抚摸老人皱褶纵横的脸庞，那些粗糙不平的坑坑洼洼，令手指产生麻麻的感觉，那麻麻的感觉好像渗进血管里，慢慢地就游走在心间了。是呀，等慈桥稳稳当当地横着，就像一位和蔼慈祥的老人，听着人们的嬉语，护着人们的路途。春夏秋冬，雨雾霜雪，送走了一代代追梦的人。不说远的，光在近现代，就走出了王一飞、胡愈之、吴觉农、叶天底、范寿康等让人敬仰的先烈乡贤。更有新四军浙东游击纵队的将士们，当年从这里北撤，开赴前线为缔造新中国去浴血奋战，等慈桥见证了这一彪炳史册的伟大事件。可见，一座桥不仅仅连接着一个地方的交通，更承载着一个地方的历史。

站在桥上望去，沿河的民居已修缮完毕，乌黑的门板、雕花的窗棂、粉白的墙壁、古朴的瓦当、翘角的飞檐……衍化出独特的古镇风情，染上了浓郁的怀旧色彩。时间已近正午，袅袅炊烟缭绕在老街的上空，悠扬婉转，勾勒出水墨丰惠的风姿雅韵。住惯了老街老屋的主妇们，正围着灶台忙碌，烹制饭菜的声响传出户外，诱人的香气飘出窗口，弥漫，四散，保留着农耕时代的原生态，我的双眸看到了生活这两个字的深长和古老。再顺着街河极目眺望，老街深处，有曲折巷弄，有幽静台门，有枕河人家，安宁生息，尽享盛世。

沧海桑田，岁月更迭，等慈桥守望着丰惠这座千年古镇，也守望着每一个人的世事沉浮。或许，人生就是一座桥，儿时的脚步从桥上走过，就这样一步一个脚印，一个脚印一段思量，走过幼稚，走过忧伤，走过痛苦，走过欢笑……于是，我想借助这篇短文，以表示对等慈桥永久的眷念和怀想。

注：本文曾发表于 2019 年 4 月 25 日《上虞日报》和 2019 年夏季号《烟台散文》。

虞城内河水系

金慎言

"青山横北郭，白水绕东城"的上虞古县城丰惠，集 1132 年的历史积淀，其丰富的人文古迹，可颂、可忆者多矣，但滋润这一切的根，是古城内河水系。

老子曰："上善若水。"水造福万物，滋养万物，水是古城的魂。虞城内河以四十里河为骨干河道，延伸出大小支河及水渠，配以涵洞、坝闸、池塘等水利设施，已具相当规模。这里倾注着虞城历朝历代主政者的智慧，也是千百年来人民血汗的结晶，使得上虞古城成为宁绍平原上一粒璀璨明珠。

纵观早年古城内河水系的状貌，布局合理，集百姓日常生活与交通航行于一体，其水"多、清、静、柔"，洋溢着激情与活力，使当下的丰惠老人魂牵梦萦。

古城开门见河，出门跨桥。街河（俗称县河）引四十里河之水，进西黄浦桥入西门，蜿蜒向东延伸，沿途接纳了玉带、巽水两条支河，流量倍增，穿城

而过，出东门，经东黄浦桥，仍入四十里河，全长约 2000 米。玉带河之源在城西南之高山，汇无数条涓涓细流，至三溪水量颇丰，进西南门，一路狂奔，经百来个埠头，千万人抚摸，被驯服，出望稼桥融入街河。其间另有两条支流跟街河相通，三条支流跟巽水河连接。主干全长 1500 米。巽水河吸南溪之山水，该溪集城南百楼山诸涧之水，流量甚大，一支由城外进入潮河，另一支进城南水门至南街大夫第，后分三支。一支为暗河至丰惠桥侧入街河。一支向东流淌叫城横河。一分支向西延伸，至三岔江。后又分三支，两支跟玉带河相连，一支出便水门，全长约 3000 米。城内主干河、分支河有船只相通，同时分岔出众多无名水渠，在修竹古木掩映下，绕过墙角，穿过小桥，时而明，时而暗，斗折蛇行，虽不通舟楫，却清水静流，埠头林立，联系着千家万户。

问"河"哪得清如许？不仅是因为有源头活水来，而且潜居着一条日夜游动的"龙"。虞城百姓，耕读传家，受历史文化熏陶，爱河规矩多多：夏日酷暑，不准进河沐浴，偶有顽童泅渡嬉戏，家长见之，必喝令上岸，一顿棒打；平时禁倒垃圾或污秽之物，居民区有约定的垃圾堆放点；不准在河岸、埠头角里小便，墙边地角有料缸（蓄粪便），有料船及时来收购；不准在内河捕捞鱼虾……这些不成文的乡规民约，却相沿成俗。每当夏收前夕和初冬季节，数十艘农船轮返在河上罱河泥，清了河床又积了肥。罱泥船副产品甚多，除鱼、蚌外，也偶尔罱得手表、钢笔、银簪、金镯，这是上天特殊的恩赐。鲜活的河水感动了圣洁的"龙"，使它甘愿俯首帖耳，日夜蜿游，恩泽黎民。

古城清晨之水尤为清洌，一夜静静地流淌，浊水东去，涧水涌来。每当晨雾朦胧，鱼儿欢跃之时，在千百个河埠头上，忙碌着拎水、担水的人们。当旭日普照河面时，舟来船往，熙熙攘攘。河埠头、池塘边聚集着身穿斜襟衣衫的少妇，挽袖露足在河里漂洗，沿河上下，捣衣声、欢笑声此起彼伏。

明月当空，街河犹如温柔的少妇，含情脉脉。若站立等慈桥顶，低头俯视，河面平静如镜，不闻河水潺潺，也无浪花涟漪。偶见鱼儿跃出水面，"啪"一声，水花一现，转眼即逝。河身弯曲延伸，时宽时窄，静静的，柔柔的，线条分明。沿途黛瓦粉墙、飞檐斗角，古桥、亭台、牌坊倒映水中，虽不及南京秦淮的繁华，却也宁静、古朴、典雅。

河道把偌大的城池分割得支离破碎，但一座座桥又把两岸修复如初，错落有致，使她具有江南水乡"小桥流水人家"的神韵。至中华人民共和国成立之初，城内有大小桥梁 50 余座，每一座古色古香的石桥，都是历史的见证，更是弥足珍贵的精神依托。

古城最喧嚣处要数通济桥脚的船码头。窄小的街河，承载着客、货两运船只。客船有"快船"（有班次的航船）和小划船两类。小划船即乌篷船，与大航船相比，犹如当下"打的"，价格较贵，但手划脚踏，灵活轻便，速度倍增。快船，一日两班次，从古城至外梁湖，摆渡去江对岸曹娥。快船长十公尺许，两支橹，三班牵。可乘客 30 人左右，至外梁湖。货船的吨位有大有小，由顾客选定，西可至外梁湖入曹娥江。向东出通明坝，入姚江，去余姚、慈溪、宁波。

光阴流逝，社会前进。河里担水、淘米、漂洗已为现代文明所替代；农船、快船、乌篷船也已完成历史使命；昔日繁忙的河埠头，尚存不多，或湮灭，或被覆着苔藓、荒草、野藤；昔日"曹娥江外驿纤长，百曲清流绕石梁""柔情一声惊雁过，短篷三尺逐鸥飞"，这些上虞古运河上的景物，曾赢得过无数文人骚客的吟咏，如今景迁物移。如今呈现在眼前的古运河：河岸整齐，垂柳飘拂，河面开阔，碧波如锦，500 吨级货轮在古运河上穿梭航行。

更可喜的是，当下"五水共治"已全面开展，丰惠城建办已把内河整治列入重要议事日程，拆违、疏浚、砌坎，雷厉风行，古城将会绿更多，水更清。

今天的我们，更应该珍爱水、呵护水、改造水，把古城建设成绿树成荫、清波蜿游的宜居胜地。

注：本文原载 2017 年 8 月 31 日《上虞日报》。

庙弄口与木桥头

沈荣良

老上虞丰惠城里的城隍庙弄口，是城区里边的一个小小区块，又是一个名气很大的地方。就像绍兴城里的轩亭口，杭州河坊街的梅花碑，只要一说起来

人人耳熟能详，地方上的人最熟悉不过了。

庙弄口这地方，因城隍庙的存在而热闹。城隍庙的大门正对着的是一条通向西大街的青石板路，这条路也就百多步路的样子，是一条不算窄的街道，两边也有十几家店铺，就是不知因何称它为"庙弄"。庙弄与西大街相交，形成一个不小的空间。再走二三十步路，靠近了街河，是城里有名的"木桥头"。庙弄口其实是庙弄与西大街的十字交会处。

庙弄口成为远近闻名的闹市，也不是最近几年的事。据明万历《上虞县志》行市篇记载，"布帛丝绵，旧在儒学前，今移城隍庙内"，距今已有四百多年的历史。城隍庙既有戏台，又有行市，还有应节庙会，可以想见，逢年过节人山人海、熙熙攘攘的闹腾景象，人气非常旺盛。而西大街历来是老县城的商业繁华之地，庙弄口自然成了商贾、百姓的汇流中心。

西大街商业的长期繁荣，不单单是西大街从东到西这一条街。走过木桥头，在桥的那头是一家专为招徕这一带的船户客商的"汤氏茶馆"，茶馆处于木桥顶头的交通要道，常常茶客满座招呼不及；下桥往西一直到小八字桥的河岸边，一溜停满了装货的航快和桨划船；西父子台门出来的路口，有一个三丈余宽的航船码头，再过去还有马家弄口、小八字桥边的划船埠头。20世纪50年代中后期，城里人出门远行，货物进出还没有陆上交通工具，最舒适、最安全的就是乘坐航快，货物进出也主要依靠航船，每天上下午都会有一班航船或快船开往梁湖或上源闸。木桥东边的东父子台门下来也是一个航船码头。快船既载客人又载货物，早、中两班船开船或者到船的时候，那个海螺吹的"呜哇呜哇"，从八字桥到东面的济富桥，整条街河上都可以听得到，街上的人知道是快船开了。如是快船到了，那个船头脑，黑黑瘦瘦的阿荣一定会快步跑到街上来，高声招呼："哎，李点王，15件货到哉，给你送来还是你自己来拿？要快些哦！"说完又一阵风似的跑到另一处再去通知下一家，用同样的话语、同样的声腔重复着相同的一件事，只想尽快把货卸掉，装满，再赶路。

快船到达的一段时间是庙弄口最热闹的时候，坐船去的，提货发货去的，灵市面的统统汇集在一起，还有从四乡上街赶市买茶食、衣料、用具的和赶热闹的，人来人往，摩肩接踵，20世纪50年代小县城的市井万象被宣泄得一览无余。中午时分，这种气氛继续延伸到一侧的"丰惠饭店"里去。饭店里，新招进的店员，都是年轻貌美的小姑娘，穿着齐整又端庄，待客热情，所以很多生意。很多食客一是奔着饭店的饭菜美味可口，价格实惠；另外呢，也是因为想看看传说中的美女究竟有多靓。正午时分是饭店一天当中最繁忙的时刻，也是烟酒气氛最浓烈的时候，一桌桌的客人团团围坐在一起，喝酒、猜拳、行令，神采飞扬。食客盈门吃桌翻桌，好似要把整个店堂抬上天去。旧时的饭店用的饭桌基本上和私人家里一样，都是八仙桌。桌子小，占的地方也省，狭小的店堂十分紧凑地放满了饭桌，把饭店的气氛烘托得热火朝天。性急的客人等不了，也有人为图方便省钱，跑到隔壁兆荣馒头店光顾几个肉包和一碗馄饨，匆匆对付过一顿的。

　　下午四点以后，晚班的快船将要到来。若是在夏天，庙弄口、木桥头的另一番闹热景象又开始漫溢起来。杨头伯的西瓜摊已经摆在了饭店门口的街沿下，瓜摊四周用提来的河水泼了又泼，用来降温去尘，一边还把洗净的西瓜用井水浸泡在一个大桶里，一边撕开嗓子："来！甜西瓜来，现摘的甜西瓜来，甜又甜来凉又凉，两分洋钿买一块。"杨头伯在这里卖水果好多年了，吆喝西瓜的声调抑扬顿挫，拿捏得十分到位，非常好听，常常会引得这一带的小孩偷偷地学着乐。这时，斜对面丰惠服装社边上，庙弄转角头，一个专卖夜饭便当卤煮的张大姐也生火开锅，卤煮的大油豆腐、五香香干、白切猪头肉一一摆上摊板，带有淡淡五香的气息开始弥散开来，一旁的油锅里臭豆腐干已经开炸，一股特有的油炸臭豆腐的香味弥漫在整个庙弄口，木桥那边茶馆里的茶客，旁边服装社的师傅，甚至于再远一点的隆记南货店也有人出来，等在摊旁边一边闲谈一边等臭豆腐干炸起来。离庙弄口不远的馆子店、小饭店，这时也在庙弄口摆出卤味熟食摊。老上虞城里的扎肉、炸酥鱼等一些卤味很有名气，此时摆出摊来，自然是算好的夜饭下酒助餐的美食，一时间摊旁已经等满了人。

　　夏天中午的气温很高。小城里的街道全部用的青石板，天下大雨，雨水通过石板的缝隙随时流入下面的大沟，不会留下一摊摊水汪；若是天晴气温高，傍晚的时候提来一大桶井水往街路上一泼，那炎热的气息马上消退，留给人一丝丝的湿润和清凉。小城夏天的夜晚真的是舒适、惬意，惹人怀恋。

　　木桥那面的茶馆，下午以后茶客就少了。许是因为几百年来都是这样子的，一到傍晚，白天的暑热退去，街河上又吹起一股股带着凉意的风。于是木桥上面的围栏石上，从南到北两边坐满了乘凉聊天的人们，像吸附在石墩上的螺蛳一样，桥面上给过往行人留下一条只能容一人通过的路。偶而有一小姑娘路过

此处，往往胆战心惊，也往往引来一阵开心的嬉笑。这种老人乘凉议事聊天的习惯一直延续到现在。

许是因为历史形成的习惯，庙弄口、木桥头一直是一个民间的草根议事中心。木桥头的"汤氏茶馆"之前因为行业整顿，已经不再开门营业，但是茶客的习惯还是不能一下子改过来，叫作"议朝事、灵市面、讲滩头"，还是有事无事到庙弄口走一走，到木桥头坐一坐，美其名曰："到木桥头乘风凉去。"

庙弄口和木桥头在老上虞城里只是一个小小的地方，却是这个古县城历史文化演进的最好的见证。

注：本文原载 2020 年 3 月 9 日《绍兴晚报》。

秋泊丰惠桥

范智荣

泊，有个基本释义：停留。一个金秋周日的清早，兴冲冲的我将脚步停留在丰惠桥上。我与友人们相约，将在这桥头集合，作古城丰惠一日游。

清风徐来，拂面而过，牵动着我的思绪。

以前的金秋，我喜欢走南闯北去旅游，也爱到异国他乡去游走。自从步入人生之秋，凡有帅哥美女再来约我去远方秋游，我总是摇摇头，觉得还不如回丰惠老家走一走。尽管远方有美丽的大草原，有神奇的海底世界和海市蜃楼，还有雄浑的戈壁和沙丘，更有黄河长江吟咏气势磅礴的诗和奔月嫦娥惹得吴刚捧出的酒，但那美不胜收的一切毕竟太大太虚也太远，不是金戈铁马唱大风者或文采风骚数风流者，很难去欣赏、感悟和享受，所以我这凡夫俗子宁愿到古城来赏秋，就在熟悉的风物、风情、风俗中，将故乡的质朴和纯真尽情收受。

时间尚早，丰惠桥畔静悄悄，我徘徊在秋天的风里。

古城周围远远近近的山丘，使季风减速变缓，凉风轻轻拂动，犹如无数双采摘叶片的纤手，一夜间就完成了城里城外枯黄焦叶的采收——又如天女散花般撒得多处落叶飘零，现出一个令人思绪纷繁的别样的古城之秋。这样的秋天早晨，我曾去八达岭北望，曾到嘉峪关西眺。那如箭的凛风，啸叫着给人以雄性犀利之感，可惜只懂得横扫，根本不留柔情。哪像我故乡的风，这丰惠桥上的风，拂来有情，飘去留意。古城的金秋，风舞街巷醉人心！

晨光下，有位着白色太极服的汉子从南街健步走来，望着这晨练者仙风道骨般的身影过桥而去，我仿佛一下穿越到宋时的星月下，分明看到了那位上虞县令楼杓——当年的他，曾以县衙年终结存和自己的俸禄，重修了我脚下这座古桥。街河两岸百姓对他感恩戴德，称修葺一新的桥为"德政桥"。然而，作为父母官的楼杓一句"天以丰岁加惠我民"的谦辞，便使官名的"丰惠桥"一直沿用下来，后来千年古城也以桥名作地名，就叫"丰惠"。我想，这丰惠一词本身包含秋收之意。在那农耕时代，收成主要靠农业，没有农作物的丰收，就谈不上丰兆年。金秋，实乃"天以丰岁加惠我民"的关键时节；丰惠，正是勤劳智慧的古城人民对秋收季节的礼赞。

正值蟹黄鱼肥时节，一个从东小街赶来的卖鱼翁也上桥来面秋醉风；当他担着水盆跨桥北去时，晃动着的盆里的鱼儿好一阵欢蹦乱跳的弄晨写意！遥想它们的祖先，就在那秋风萧瑟，洪波涌起的西溪湖畔，被开创神州水库养鱼先河的道商鼻祖陶朱公小心投放下水去；那鱼儿繁衍生息，随波逐流向东游，使得这桥下的街河也变得水柔鱼多。

解读古城的历史与文化，古老的街河是最好的窗口。在这条自西向东流经古城，长约二公里，已有两千多年历史的街河上，散落着十多座像丰惠桥一样古老的石桥。那一座座式样各异，结构奇特，功能不一的古桥，联结与延伸着古城，既珍藏着江南水乡的柔与韵，又讲述着故乡丰惠的灵与毓……每一座古桥就是一段历史，就是一个故事；每一座古桥都与两岸新老屋宇构成一幅江南古城特有的图画，蕴含一种璀璨桥文化凝重的历史的美，这种美是由时间创造的。我行走在古桥上或街河边的纤道上，我就走进了丰惠历代政绩卓著的名人丰碑的长廊中，我就走进了中国古代造桥匠师用独特的智慧和精湛的技艺创作的不朽的画廊中，我就走进了丰惠深厚的文化积淀中，我就不能不赞叹古城那经久岁月留下的文化与时间的美丽……

"古城丰惠我的老家，街河清清伴我长大……"我情不自禁地哼唱起自

己作词的那首《丰惠老家》，"一条条鸬鹚船捕鱼捉虾，河水里流淌童年的梦想……"

我最初"秋泊"于丰惠桥，还是在小屁孩的时候。

那年月，母亲老是在迎向大街的丰惠桥脚一角摆摊卖螺蛳。我往往在十时许前去探母尽孝！那小套路无非装模作样地替母亲擦擦汗、揉揉肩、捶捶背，趁着周围人连声夸我人小心孝，而母亲正乐不可支时，我便果断出手，收取"孝敬服务费"——大抵是笑嘻嘻地往她收钱的那只小木盒中撮出个五分硬币：先花四分买只肉馒头吃，再用剩下一分买截甘蔗来啃。有个秋天上午，我照常又屁颠屁颠地直奔丰惠桥而来，刚拐上桥面，就一眼瞥见了西侧街河上那道独特的风景：水面泊着一条小木船，有个黝黑的渔夫正指挥着一群乌黑的鸬鹚捕鱼。我当即停留了脚步，扑向桥栏，定睛细看。随着"扑通、扑通"几声，那船舷上几只矫健的鸬鹚纷纷下水了，它们收拢翅膀，伸长脖子，用脚蹼奋力划水。其中一只显然发现了鱼儿，径直朝我这边桥下加速划来。我忙翘起小屁股，躬着小背板，俯视河面。那鱼嗅到了危险，一头冲进了桥跨下的水藻中。鸬鹚四下寻找着，见那鱼竟伸出头来窥探，便一下将鱼头吞进嘴里；鱼拼命甩动着尾巴，却不能逃脱。鸬鹚由于被细绳缚着脖子，也难以把鱼吞吃下去，只好游上了船。渔夫利索地挤出鸬鹚喉囊中的鱼儿，它就兴奋地再次钻入水中。后来，鸬鹚们都上了船，分列于两舷，渔夫忙碌地拿些小杂鱼喂给它们，随即划船离去。我意犹未尽地凑近正在桥脚叫卖着的母亲，又故伎重施去"撮"硬币，不料伸出的手却被捉住了。母亲敛起笑容，目光严厉，以不容违拗的口吻让我学鸬鹚：不能光顾自己吃，也得有所奉献，做个有用之人！她抬手拍着一只售完螺蛳的空木桶，嘴巴却向东首蔬菜集市上一努，令我去捡菜叶来，装入桶里，带回家去好喂猪。

从此，只要是晴天，几乎是每个上午，总会有一个又黑又瘦的小男孩出没于丰惠桥东边沿河那熙熙攘攘的赶集人群中：他就像只潜游河里追寻鱼儿的鸬鹚，总是穿行于买卖蔬菜的板车摊间，四下寻觅——他便是童年的我！虽说捡起的只是人家丢弃的菜叶，但在我稚嫩的心中却是拾起了生活的希望。当我满头大汗地钻出人群，赶到桥脚螺蛳摊边，迎着母亲赞许的眼光，将手捧的一把菜叶放入那只空桶时，兴高采烈的模样也煞似那上船向渔夫交出嘴中鱼儿的鸬鹚……

"古城丰惠我的老家，街巷深深伴我成长。一块块青石板铺到云霞，巷弄里哺育青春年华……"站在桥上的我继续哼唱着《丰惠老家》，目光掠过街河，向着西南远眺……

古老的丰惠桥联通着城中八街四十弄。从桥南沿西小街走去，穿过马家弄，就到十字街。那是个曾经四周环水的偌大的街坊，在它西北角的玉带溪南岸，有户枕水人家。我的人生之舟就是从那个农家小院启航的，以后便在深深的街巷中逐步长大。不过，在我的记忆中，那一块块铺路的青石板，只是拼出老街巷昔日的繁荣和显赫；由于我生不逢时，那石板路面的孔孔眼眼，都诉说着年少的我艰苦生活的每个足迹。然而，在那物资匮乏的岁月，我没有在缺吃少穿中消沉，却在刻苦好学中奋起。我每每在绕过三岔港赶往长者山麓的上学途中，默诵着方志敏烈士的《清贫》，借以砥砺自我，战胜困难。真是皇天不负苦心人！十八岁那年，我跨入了决定自己命运的考场，想不到作文题就是写篇《清贫》读后感。于是乎，我文思泉涌，将真情实感倾注笔端。当年金秋，我携带铺盖行李，跨过丰惠桥，来到杭州拱宸桥，求学于浙江广播电视学校……

已过七点了，友人们还没到，我伫桥凝想着往事。秋去秋又来，已有很多河水在桥下流去了。当年的我秋泊桥上而获得灵感的那一幕幕，依然历历在目。

1985年金秋，我致力于电视专题《谢晋故乡行》的创作。作为著名上虞乡贤、一代电影大师，谢导回到家乡谢塘时十分激动。我虽在现场抓拍到一组他紧握老乡之手的动人镜头，却一时想不出恰当的词句解说它，直到周末返回老家的路上，仍在搜肠刮肚地思考着。跨上丰惠桥时，我迎面遇见一位分别几年的初中同学，两人热情握手。话别时，我脑海中竟一下跳跃出谢导还乡那组画面的解说词："多么熟悉啊！路，是走过的路；人，是相识的人！谢晋投入家乡的怀抱，一时按捺不住内心的激动——长满老茧的手啊，让我再抚摸一会儿……"

我结婚时，妻子向她所在单位借用了一个小套间作新房，恰好位于丰惠桥西南那栋毗邻的两层小楼上。那样，我泊于桥上的次数就更多了。秋风送爽的日子，我喜欢在晚饭后下楼来，或踱步于桥面，或静坐于桥栏，同时构思着电视纪录片脚本。每当思路厘清，灵感上来，便立马上楼去奋笔疾书。我写《壮丽的分娩》：丰惠解放四十年，历史的画卷铺展了古城的沧桑巨变。我写《古城掠影》：巡看丰惠大地，故土的文明锦绣在眼前处处呈现。我写《先驱者之歌》：

叶天底纪念馆里的塑像，牵动青春的魂魄。我写《英台故里小百花》：弦上《梁祝》仍绕梁，台上《梁祝》换新装；上虞越剧小百花推陈出新，上演新编《梁祝》，委婉动听的声腔载着令人愁肠寸断的凄美爱情悲剧，让观众如痴如醉……那一系列作品，后来都编入了我结集出版的《萤海拾贝》一书，并于 2000 年 8 月正式发行。曾荣获中国电影华表奖最佳编剧奖的国家一级编剧、著名作家沈贻炜教授评介它说："这是一组贴近现实的组歌，那字里行间热土的蒸腾让我感到一片亲情的萦绕。无论是很纪实的片段，还是浓墨挥洒的抒情，都来自作者不能须臾分离的乡恋……"

是的，乡恋让我迷醉于丰惠这片故土，让我喜爱秋泊丰惠桥！

记得我儿子满月的那个金秋日子，丰惠桥似乎也洋溢着喜气，不时有丰收的茧农过桥，他们用扁担挑着或用板车载着一筐筐秋茧，美滋滋赶往茧站去投售。傍晚，桥上欢声笑语，桥下秋水东流，我就在小楼上临河的走廊处自斟自酌：好一个小桥流水人家的景致和情调！把酒临风的我一下豪放起来，便欣然吟咏——

古老而瑞祥的丰惠
像一片桑叶
街河东流
是一条不死的秋蚕
古城
一颗历史留下的蚕茧
…………

只听几声耳熟的叫唤，已见友人们来到面前，但我尚未从秋思中回过神来——

往事越千年
用心血点燃的薪火
总在代代相传
秋蚕缘何不死

因为桑叶

永远活嫩新鲜

…………

之后，我便乘着诗兴，陪伴友人们去秋游——

走在老街巷可见悠悠丰惠

登上长者山能看现实古城

故乡人民比眼前美景

更能直接地给我箴言

只要是秋蚕

总会结成那一颗蚕茧

…………

千年堤塘——夹塘

姚友根

很久以前，夹塘的地名还没有出现，这里是一片茫茫湖泊，碧蓝的湖水中有一座小山，像一只乌龟静卧于湖水里，朝南山坡的一间茅舍里，住着一位老翁。一天晚上他做了一个奇怪的梦，提醒他几天后有远方的客人要登门拜访。

第三天上午，果然看到湖中有一艘小船向山边驶来，靠岸后，一位衣冠整洁的男子走下船来，身后跟着他儿子，礼貌地询问老翁此为何地。老人答："这一带称上虞一都，脚下叫湖山。请问客人欲去何方？"客人说："我们从中原去明州，途经此地，见这里湖光山色，景物宜人，花草树木，姹紫嫣红，决定借宝地暂时逗留，打扰您老了！"老翁暗忖此乃梦中所托，便说："千里有缘，高

兴事呀!"

客人名叫姚琬,从吴兴去明州(宁波)上任,其子名叫姚世荣,系舜帝第96世孙,父子相伴而行。

有了这次相遇,之后姚氏父子不论宦海如何浮沉,心中总铭记着那一片绿洲。后来姚世荣从明州官职上卸任,就移居此地,成为夹塘姚氏的始祖。

要在这里繁衍生息,先得治理山水,开荒拓土。姚氏先祖在十里渣湖的中心处,筑起一条长约1华里,宽7米,高5米的堤塘。他们从不远的山坡上抬来大量石块填底护岸,并向两边挖泥加塘,经过多年的艰苦劳作,终于筑起一条坚固拔直的堤塘,两边因挖泥形成了宽广的河道。堤塘的西边后称大渣湖,东边为小渣湖,夹塘的地名也由此而来。

这项水利工程,治理了水患,增加了可耕种土地,为姚家人安居乐业打下了基础。这条塘路的中段,有一座跨长3米的石梁桥,上面平铺4块石板,宽2米余,靠西首还带有一道闸门,便于大、小渣湖水位的调节。直到如今,夹塘人去世出殡经此桥,儿子需跪在桥头,恭送棺木过桥,表示对长辈的孝心。

笔者童年时,堤塘两边长满了百年柏树,粗大苍老的树根裸露在塘坎,每当春暖花开季节,柏树枝繁叶茂,一片翠绿,柏花谢时,塘路和两边的河面上撒满了花瓣;在炎热的夏天里,柏树是天然的遮阳伞,走在堤塘上,丝丝凉风,轻轻吹拂,树上蝉鸣鸟唱,声声入耳。

大渣湖边纵横交叉的河流,既利于农田灌溉,又能获取河泥作为基肥,还可养鱼栽菱,多种经营。河道上,东西走向也有两座单孔跨长3米的石梁桥,通向中央湖田、里湖田,为通行带来方便。

小渣湖有一望无际盛开的荷花,朵朵嫩蕊凝珠,飘来阵阵清香,沁人心脾;到了秋天,柏树叶子变得五彩斑斓,枝端结满洁白的柏籽,如摘几粒放在手心,有股浓浓药味;每当大雪纷飞,塘路上白雪皑皑,银装素裹,分外妖娆。春花秋月、夏风冬雪,塘路为家乡平添了绚丽的色彩。

堤塘南端称为湖塘角,宽阔处有始建于明代的姚氏宗祠,至今保存完好,规模在上虞数一数二。傍湖而立的姚氏宗祠,烟火相继,舜脉不绝;散发着古朴馨香的千年堤塘,山河远阔,乡韵浓郁;自宋代以来,在虞舜精神的滋润下,喝着大渣河水的夹塘人,英才辈出,为本地和国家做出了贡献。正如祠堂内楹联所云:"渣湖萦环溪泉涓集连姚邑,滋润八方黎民礼义惇厚祖;萝岩青屏峰峦荟萃朝舜祠，历代英杰傲骨清风谱春秋。"

如今，日出而作日落而息的农耕文明时代早已过去，往日的时光如梦远去，唯有这条千年堤塘至今还在，留下深深的岁月印记，后来者也将在长堤上追梦，追随祖先的足印，继续向前。

岳庙桥下的童年

陈丽娟

记忆的阡陌上，童年没有冰淇淋，更没有八音盒，只有广阔无垠的田野，清波漾漾的河流，还有那青苔茵茵的石桥。

说起石桥，记忆最深的是岳庙桥，因桥南面的岳帝庙而得名。

岳庙桥是一座高龄石梁桥，横跨在低吟浅唱的四十里河上。四十里河因是航运要道，所以岳庙桥造得特别高，四墩五孔，也显得很长。桥是石头的化身，全用石条砌成，桥面则是大石板铺就。桥栏上有 12 个石柱子，上面雕刻着姿态不一的狮子，南面的狮子上满是青白色的苔藓。桥两边有长长的石级，铺得非常平整。桥下有四个长方体的石桥墩，像巨人般擎起了桥身。

桥南面的河岸上栽着好些垂柳，柳烟袅袅，掩映着古桥，水中画，画中桥，美到极致。每当老坝开闸时，湍急的水流从桥下急速而去，水葫芦等漂流物在桥墩下撞击、转圈、拐弯，而后奔腾而去，岳庙桥便成了"观潮台"，我和小伙伴总会目不转睛地注视桥下，观漩涡狂舞，赏鱼儿欢跳。

春暖花开，草长莺飞，岳庙桥边的河岸上长出了鲜嫩的茅草，露着嫩尖的茅针直愣愣地昂着头，诱人俯下身子伸手就拔，一根又一根，不久就是一大把。小伙伴们狂奔着来到岳庙桥上，或仰躺在石板上，或趴在栏杆上，或斜靠在石狮上，美美地剥着茅针吃。浅绿色的茅针肉，嚼着嚼着，会有一种淡淡的甜味，足以慰藉我们辘辘的饥肠。其实茅针到处有，可是我们特别喜欢在岳庙桥边采，大概是因为桥上的那种享受吧。

夏日炎炎，暑气逼人，岳庙桥是我们的"跳水台"。胆大的小伙伴会从岳庙桥的栏杆上高呼着口号向下跳。桥很高，溅起的水花很大，桥上的人探头向桥下观望，若许久不见跳下去的人浮出水面，会惊呼其名，可那家伙却在不远处探出了头，朝我们嬉笑，引得桥上的人声声怒骂。此跳亦称鲤鱼跳，危险系数高，大人一直严加管束，可该跳的依然照跳不误。

我胆小，只会在老坝放水后，从桥边慢慢下河。这时候河床两边露出碎石泥沙，些许螺蛳探头探脑地在碎石上蠕动，我们便弯腰拾螺。水很浅，我挽起裤管蹚过一段水路来到桥墩下，水刚漫过我的小腿，我就贴着桥墩把手伸进水里摸螺蛳。那里的螺蛳特别大，只是螺身上粘满了青苔，清洗特别麻烦，但是我喜欢，因为贴着桥墩摸螺蛳的感觉很好。有时在乱石上磕破了皮肤，回家还得遮遮掩掩，怕大人呵斥，更怕父母心疼，可过后，依然执着着我的执着。

红叶似火，秋露微凉，岳庙桥边的柏籽熟了。柏树像喝醉酒的老人，在秋风里摇摆，那叶子红得醉人，站在桥上眺望，像着了火一般。我和伙伴们常去桥边采来一张张心形的红叶，夹在书本里，翻动时耀眼的红光在闪烁，还发出沙沙的声音，真是美翻了。红叶落尽，枝头满是白色的果子，跟薏米很像，但比薏米大。柏籽可以换钱，我们会爬上不高的柏树去采摘。树虽然不高，但是枝丫多，且喜伸向河面，我们便用捕捉知了的网兜去兜。摘够了，我们提着大袋，拎着小袋，去收购站里卖掉，尔后大摇大摆地在街上买喜欢的零食，那一刻我们最惬意了，靠自己劳动换来的果实，吃着特别爽。

北风呼啸，天寒地冻，儿时的冬天比现在冷多了。寒风吹过，雪花纷飞，岳庙桥上满是积雪，石狮子好像披上了厚厚的白棉袄，大青石板也不见了，岳庙桥成了一座雪桥。我们从桥脚捏起一团雪，放在石阶上向桥上滚，一个人推不动便几个人推，推过桥面时，那雪球已经跟我们一般高了。然后再用力一推，雪球像笨重的大熊猫向桥下滚去，身体反而越来越小，所过之处，雪沫飞溅，滚到桥脚已是一摊碎雪。接着，雪仗开战，桥上一组，桥脚一组，雪团飞舞，击中目标时彼此都哈哈大笑。阳光透过云层，把金色的光辉洒遍大地，一摊碎雪上闪烁着彩色的光点，桥上的积雪被我们搞得一片狼藉，唯有石狮子依然身披白棉袄，静静地看着我们无忧无虑地笑，看着我们疯子一般地乐。

12岁那年，一天放学回来，我猛然发现岳庙桥不见了，水面上空空如也，我的心顿时空了。我以为岳庙桥是神一般的存在，我以为岳庙桥是那么坚不可摧，谁知说拆就拆了！我伤心地在河边徘徊，我想再次踏上桥去，可是脚下唯有那滔滔河水，我的心与河水共呜咽。

当我擦干眼泪接受桥已不在的事实的那一刻，我也就告别了童年，收拾心情踏上漫漫的人生征程。残梦不断，桥亦永存，到如今，几回梦里相见，与其说在追忆石桥，不如说是对美好童年的依恋。

《丰惠古桥》诞生记

　　发掘、传承家乡历史文化是丰惠乡贤研究会义不容辞的责任。上虞古县城丰惠有着悠久的历史、灿烂的文化，历经岁月的洗礼，许多辉煌的建筑已湮灭在时空中。好在运河侧畔的古城，碧水长流，青石幽幽，纤道码头，古迹犹存。尤其是河道上的石桥，古朴典雅，美轮美奂，充分显示出古人的智慧和技艺，是当今丰惠不可多得的瑰宝，值得深深挖掘，细细分说。为此，丰惠乡贤研究会组织相关人员，着手编写《丰惠古桥》一书，为先贤树丰碑，给今人做借鉴，留后人以史料。

　　然而，要编纂此书又谈何容易，有关桥梁的古籍难寻，记载不多，且仅丰惠镇上和周边村落，遗留下来的古桥毕竟有限，我们对古桥方面的专业知识欠缺，要写出古桥的深度、广度，展现古代建筑的精髓，难度很大，我们唯有临阵磨枪，迎难而上。

　　2021 年 5 月 19 日，《丰惠古桥》采编研讨会在丰惠乡贤之家召开，编纂委员会正式成立，筹备工作紧锣密鼓地开展起来。

　　欲成事，先拜师。丰惠乡贤研究会特邀请上虞文史专家罗兰芬、上虞乡贤研究会会长陈秋强、上虞区人大常委会财经工委主任冯顺昌、上虞桥梁专家陈国桢等四位专家，作为我们的顾问。他们于百忙之中赶来参加筹备会议，分别发言，谈了丰惠古桥的历史和现状，对采写、编纂进行了有效的指导。

图为会议现场

会上明确了每座古桥应该调查的内容，如建于何时、谁人所建、桥名何意、结构如何、有何建筑特色，以及桥的变迁过程、背后的人文传说等。

此事也得到了丰惠镇政府相关领导的大力支持，由丰惠镇政府发出通知，向各村下发了古桥调查表格。

暑期里，卢守先会长和陈培加先生冒着酷暑开始全镇古桥的摸排工作，他们走遍全镇 27 个行政村，向村委领导了解情况，向村中老人询问古桥的变迁史。

这次摸排调查，一共排查到古桥 242 座，包括石梁桥 201 座、拱桥 2 座、闸桥 17 座、洞桥 3 座、坝 15 座、垒水坝 3 座、木桥 1 座，成果丰硕，资料积累丰富。

地方建筑研究者黎健波是个有心人，根据调查得来的资料，对照 1971 年的卫星照片，他在地图上一一注明每座桥的位置，使人一目了然。他还就丰惠古桥群的形成，从历史、地理的角度，做了全方位的分析。

在凤鸣村走访时向老人咨询（右一为陈培加先生，右二为卢守先会长）

同年 9 月 4 日，第二次编委会议召开，这次会议的主要目标是分解任务，落实到人，采编成员勇挑重担，每人都担负起几个村或社区的采写工作。

自 2021 年下半年起，编委会成员分头进村庄，走田野，访老人，探沟壑，踏勘现场，丈量尺寸，拍摄照片，掌握第一手资料。

黎健波发言

各位编委会成员的资料为我的编辑工作提供了素材。如何把那么多的桥梁

卢守先会长拜访老人，了解该村古桥的分布和变迁

金炳尧先生在祝家庄村丈量桥的尺寸

甄秀丽女士（右）在丰惠镇后山村调查古桥

姚友根医师走访丰惠桥

沈荣良先生实地调查丰南村古桥

陈丽娟老师实地踏勘胡公闸

陈培加先生（左）在现场走访

王根灿老师在考察桥梁

有机地组合起来，是个很关键的问题。起先，我是按地域（居委、村）来划分，但显得零乱，不太满意，于是另起炉灶，改为以河流走向、水系分布加以串联，这样更能理顺关系，彰显特性。

笔者在修改文章

右图照片明显是"摆拍"的，不过编辑此书真的难度不小，得下一番功夫。每一座桥梁，我得弄明该地河流的走向，了解桥梁的位置和建筑构造，查询古今书籍中的相关记载。这一年里，除了撰写自己责任区里的桥文，所有精力都放在编辑中了，误则正之，漏则补之，精心挑选照片，插入合适的位置，不断与原作者核对，根据反馈来的信息再做修改，多个轮回才能定稿。

本书即将付梓，我如释重负，心中涌起一股成就感，但我深知，这全是众人拾柴的结果。

感谢丰惠镇政府领导们的大力支持；

感谢罗兰芬主任等四位顾问的热情指导和赐稿；

感谢陈秋强会长一如既往的支持并为本书题写书名；

感谢本书主编卢守先会长的精心组织，身体力行，领导有方；

感谢陈培加、姚友根和金炳尧三位大哥，在种好自己的责任田后，又额外承担任务，且一直是我咨询、请教的对象；

感谢沈荣良、甄秀丽、王根灿三位老师，他们在调查期间都身有小恙，但仍执着前行，保质保量完成任务；

感谢一位丰惠籍无名英雄，他怀着浓烈的爱乡之情，以高超的专业眼光，牺牲大量业余时间，字斟句酌，细致入微，为书稿做了大量修改。

感谢摄影师葛晓霞，多次放弃休息时间，拍摄了大量的精美照片，技术高超。

葛晓霞在探春桥头拍摄

感谢黄俊彦、吴仲尧、范智荣、

金慎言、陈丽娟、魏新宇、范科进、葛国泉等师友赐予稿件或作品，丰富了书本的内容。

积跬步以至千里，汇小溪可成江河。正是各位领导、编委、朋友们的八方相助，不断奉献，才促成了《丰惠古桥》的诞生。尽管因本人水平有限，时间仓促，书中还有不少谬误、遗漏，但我已深感欣慰，待到正式出版后，再捧书相赠，接受指正！

执行主编：史济荣

2022 年 6 月 20 日

后 记

    2019 年 2 月，丰惠乡贤研究会出版了《丰惠老台门探秘》。2020 年 11 月，丰惠乡贤协会出版了《上虞熟语谚谣赏览》一书，在 11 月 28 日《上虞熟语谚谣赏览》的首发式上，坐在我旁边的上虞区人大常委会财经工委的冯顺昌主任对我说，丰惠老县城托运河而兴，街河是运河的一部分，有河必有桥，镇上的运河还在，古桥大多保存完好，如果能出一本关于丰惠古桥的书，挖掘丰惠的桥文化，整理出相关的史料与故事，也是对丰惠历史文化的挖掘，是一件很有意义的事情。冯主任的一番话让我怦然心动。是呀，我们协会的宗旨是挖掘故乡历史、抢救文化遗产、弘扬乡贤精神和服务丰惠发展。我们已经出版了《丰惠老台门探秘》和《上虞熟语谚谣赏览》，如果我们能再出版一本《丰惠古桥》，就能从更多方位挖掘故乡的历史文化。这既能服务于当代古县城的复兴，又能为后代子孙查考丰惠桥文化提供依据，的确是一件好事！

    心动不如行动。为论证出版《丰惠古桥》的可行性，2021 年 3 月，我请教了曾在丰惠分管文化工作并为丰惠的文史挖掘整理利用做出贡献的上虞区文史专家、上虞区史志研究室罗兰芬副主任。不久，我就得到罗主任热情昂扬的回复。她认为，丰惠是运河时代的产物，随着《浙江省大运河文化保护传承利用实施规划》和《浙江省诗路文化带发展规划》及《浙东唐诗之路建设三年行动计划（2020—2022）》的实施，若能出版《丰惠古桥》一书，将有利于丰惠的诗路文化带建设，促进丰惠古城的文旅融合发展，为古城复兴添砖加瓦。她还建议，书的后面附新桥的情况，把区域内的桥梁都写入，使此书成为全面翔实的丰惠"桥谱"。听了罗兰芬副主任的分析，我对写作之事顿时充满了信心。这个想法也得到了上虞区乡贤研究总会陈秋强会长和丰惠镇领导的支持。

　　出一本书，最要紧的是寻找一位学问深厚、敬业负责、能统揽大局、文字编辑能力强的高手担任执行主编。此时我就自然想到了我们协会的副会长、绍兴市作协会员史济荣老师。十几年以来，史老师自己出过书，有出书的经历，更可贵的是他一直孜孜不倦地挖掘乡土文化，在弘扬地方历史文化上乐于奉献，是上虞区政协聘请的文史研究员。请他担任《丰惠古桥》的执行编辑是最佳选择。当我将想法与他商量时，他很快就答应了下来，感谢他的热心热情！

　　接下来就是组织编写班子。编写班子成员，最重要的是热心于丰惠古桥文化的挖掘，有对乡土文化的爱好，同时也要具备一定的写作能力。于是，我们在镇域范围内进行挑选和联系，并通过网络发布公告进行招募，以自愿为原则向协会报名参加。很快，编写班子就定下来了。

　　为了确保《丰惠古桥》一书的专业性，在出书过程中不走弯路，我们聘请了上虞文史专家和有关领导等四位顾问，请他们参与日常工作指导。

　　在协会领导班子中形成共识以后，2021年5月采编正式启动。我们组织了第一次采编会议，进入了采编程序——制定采编计划、举行采编会议、明确采编要求、落实采编任务。我们感到欣慰的是，在开始对丰惠域内各个村、社区的古桥进行排查时，丰惠镇政府大力支持。丰惠镇政府专门发布了丰惠镇人民政府丰政〔2021〕16号文件《丰惠镇人民政府关于开展丰惠镇域古桥摸排工作的通知》至各村、社区，有力地推动了整个采编活动的进程。

　　为了争取在2022年完成书的出版，尽早对各个村、社区的桥进行摸排显得十分重要，以便为后续分工采访做准备。于是，我与史济荣老师进行了分工。镇上（社区）古桥的摸排由他负责，各村由我负责。任务落实，责任明确。虽是酷暑天，高温难耐，我还是与热心古桥文化的采编人员陈培加一道拉开了每天自驾一村的古桥排查之行，上午举行座谈会、实地察看和拍照，下午进行材料整理，利用网络对排查稿子进行审查核对，晚上发在采编群里向大家进行汇报，然后讨论和修改，坚持不懈。一个月时间，27个行政村没有一个落下的，共整理了两万五千多字的查访资料和摄影、录音等影像记录。我们把目前还存在的和目前已经消失的古桥分为木桥、石梁桥、拱桥、闸桥、洞桥、坝、垒水坝等桥梁形式进行了分类登记，为下一步分工采访、编辑打下了基础。

　　2022年正好是丰惠设县治1200周年。根据镇领导的要求，《丰惠古桥》一书首发式要求在这一纪念活动之中进行。于是，这成了各位采编共同努力的时间目标。辛勤的付出必然会带来丰硕的成果，感谢执行主编史济荣老师的发愤工作，感谢各位采编人员的辛勤付出，感谢从事新闻信息采编工作多年的成玲丽的多方位指导，同样也感谢各位领导的重视和专家的悉心指导以及丰惠镇各个村、社区领导的大力支持，《丰惠古桥》一书在经过一年多的工作以后，终于在 2022 年 7 月与浙江工商大学出版社签订了出版合同，正式启动了出版工作。我们用实际行动实现了初衷，值得庆贺！

最后，请允许我代表上虞区乡贤研究会丰惠分会、丰惠镇新乡贤联谊会，代表全体采编人员，向为此书出版进行热情赞助的各位企业家及在此书编写过程中给予帮助、提供史料的各位领导、贤士深表谢意！

卢守先

2022 年 7 月

鸣　谢

　　《丰惠古桥》在编纂出版过程中，得到了一些爱心单位和社会贤达的热情支持和慷慨资助。

　　资助者名录如下：

　　浙江康隆达特种防护科技股份有限公司，赞助 5 万元；

　　中恺投资有限公司董事长施其云先生和夫人严夏青女士，赞助 3 万元；

　　绍兴市上虞东林针织品有限公司总经理谢兴灿先生，赞助 2 万元；

　　柬埔寨益升制衣有限公司董事长周紫根先生和夫人经爱珍女士，赞助 2 万元；

　　杭州荣欣电子设备有限公司创办人车铭章先生，赞助 1 万元。

　　绍兴精微堂中西医诊所创办人施干权先生，赞助 1500 元；

　　江苏省环境保护局原副局（厅）长赵铨先生，赞助 1000 元；

　　纳入绍兴市上虞区文联 2022 年度"曹娥江杯文艺精品扶持项目"，补助 2 万元；

　　以上合计人民币 15.25 万元。

　　特向以上赞助者表示衷心感谢！

　　另有谢晓峰、丁志强、徐伟军、宋汉其、田斌、许渭根、陈百珍等先生（女士），对本书编纂出版给予了很多关怀，特此致谢！

《丰惠古桥》编纂委员会

2022 年 8 月